教育部人文社会科学重点研究基地四川大学南亚研究所
教育部区域和国别研究培育基地四川大学南亚研究所
四川大学中国西部边疆安全与发展协同创新中心

印度教民族主义与独立后
印度政治发展研究

陈小萍 · 著

Hindu Nationalism and the Development of
India's Post-independence Politics

时事出版社

目　录
CONTENTS

绪　论

1992年12月6日，印度教民族主义激进分子强行拆毁了位于印度北方邦圣城阿约迪亚的巴布尔清真寺，并决定在此重新建立印度教罗摩庙。这次拆寺事件引发了自独立以来印度国内最大规模的印穆教派骚乱，造成了巨大的生命财产损失。然而，印度教民族主义政党印度人民党（BJP）却从罗摩建庙运动中赚取了大量印度教徒选票，1996年一跃成为议会第一大党，首次在中央短期执政。1998年和1999年，印度人民党继续成为议会第一大党，并在中央组建联合政府，成功任满一届。自此，印度教民族主义势力摆脱了政治边缘化地位，成为印度政治舞台上的关键角色。

印度教民族主义是在怎样的背景下产生的？独立后印度教民族主义运动与印度民主政治是如何相互推进的？为何印度教民族主义运动在20世纪八九十年代迅速崛起于印度政治舞台？印度人民党执政后推行了哪些民族主义政策？印度教民族主义对印度国内政治、国际政治分别产生了哪些深刻影响？这些就是本书试图探讨的问题。

第一节　本书意义

印度教民族主义孕育于英殖民晚期，并在分治前后印穆教派冲突背景下得以快速发展，它是当今印度社会中一股重要的社会政治思潮。独立后，印度教民族主义意识形态在世俗、民主政治框架内稳步推进，并在全球化背景下迅速赢得中产阶级的支持。印度教民族主义的政治得势既是印度教民族主义团家族利用印度教神话和仪式进行大众动员的结果，也是印度人民党务实利用印度政治和意识形态真空，实行政党结盟策略的结果。本书的研究具有以下意义：

第一，分析印度教民族主义的政治化进程，有助于我们认识独立后印度教与政治的关系。独立之初，尼赫鲁领导的国大党政府为印度确立了世俗主义建国原则。在西方背景下，世俗主义主要指国家政治与宗教分离，宗教不得干预政治；在印度的环境下，“世俗”却指国家平等对待一切宗教，这为国家干预宗教生活提供了依据，同时也预示了后独立时代印度政治宗教化和宗教政治化趋势。独立运动期间，圣雄甘地利用印度教伦理精神发动了非暴力不合作运动，赢得了殖民解放。同时，印度教民族主义也以印度教作为凝聚印度教民众的工具，发动了反英运动，并且努力制止穆斯林的分离诉求。作为一种政治动员的意识形态工具，印度教在独立运动期间发挥了巨大作用，这决定了印度教将在独立后印度政治生活中扮演关键角色。

印度是个名副其实的“宗教博物馆”，几乎包括了世界上所有的宗教信仰者，其中印度教徒最多，约占总人口的82%。印度教坚持种姓制度，除了4种瓦尔纳（婆罗门、刹帝利、吠舍和首陀罗）外，还有上千种次种姓和表列种姓。这样，印度社会实际上被宗教和种姓严重分裂，很难达成统一。然而，在民族独立运动中，印度知识分子努力挖掘印度教文化精髓，号召人民团结起来抵制英国殖民者。在面对共同的敌人英国殖民者时，印度教发挥了一定的凝聚力。以甘地为代表的民族运动领袖诉诸于传统印度教宗教文化，在印度争取民族独立的斗争中发挥了重要的作用。①印度的独立史表明印度教不仅是私人领域的宗教信仰，而且可以成为大众运动的政治意识形态工具。甘地甚至说道，“政治一旦与宗教相分离，政治就失去了意义”。② 然而，独立伴随着印巴分治，印度遭遇了分裂的重创，这对具有强大包容性的印度教社会来说是个沉重打击。独立后，印度

① 欧东明：《近代印度的宗教民族主义——以提拉克和甘地为例》，《南亚研究季刊》2004年第1期，第80页。

② 艾耶尔编：《圣雄甘地的道德和政治书写》（Raghavan Iyer ed., *The Moral and Political Writings of Mahatma Gandhi*, Oxford: Clarendon Press, 1986），第374页。

政治正是带着这一心理包袱蹒跚前进，同时印度教民族主义也以分治所造成的伤害为由掀起了反穆斯林浪潮。

独立运动期间产生的印度教民族主义势力对印度获得殖民解放作出了一定贡献，但是其在独立后印度政府职位安排中却因贴上“教派标签”而被边缘化。尽管如此，这并没有阻碍印度教民族主义在印度民主制框架下寻求发展。1951 年，印度教民族主义者成立自己的政党——印度人民同盟（1980 年重组为印度人民党），并以夺取国家领导权为目标。独立后前 20 年国大党在印度政治中的垄断地位压制了印度教民族主义的上升空间，同时也为其务实政治结盟创造了机会。1975—1977 年英·甘地实施紧急状态后，印度人民同盟所在的团家族加入了社会主义派发动的反国大党政府运动中，并最终以联盟形式在新德里执政。20 世纪 80 年代在国内外宗教势力复兴背景下，团家族迅速抓住机遇发动宗教游行和罗摩庙运动，为印度人民党成功扩大了票仓。结果，印度人民党成立仅仅 16 年就成为印度议会第一大党，并于之后组建中央联合政府。

在印度教民族主义发展过程中，印度教认同既是保护中产阶级既得利益的标识，也是吸引落后种姓和落后阶级进行政治动员的有力工具。20 世纪 80 年代以来，印度教认同成为印度宣称其国际地位的主要考虑，即印度人相信印度要成为世界上举足轻重的国家，就必须保持其印度教文化特征。① 在印度国内外各种因素的影响下，印度教民族主义温和与极端力量于 20 世纪 90 年代形成合流，并最终导致印度人民党于世纪之交成功执政一届。2004 年印度大选后，印度人民党丢失了全国领导权，但是它在地方政治（如马哈拉施特拉邦、中央邦、古吉拉特邦）中的势力依然强大。2014 年 5 月，莫迪领导的印度人民党在大选中以绝对多数胜选，再次获得中央领导权。印度教民族主义力量无论是执政或在野，无论是以极端或温和的方式，都给印度国内、国际政治施加了深刻影响。

第二，以历史时间为序考察印度教民族主义的发展，有助于准确把握印度教民族主义意识形态的演变。印度教民族主义意识形态酝酿于 19 世纪

---

① 邱永辉：《印度教、民族主义与印度人民党》，《南亚研究季刊》1998 年第 4 期，第 45 页。

的印度教改良运动，罗易、达耶难陀等主张改革印度教陋习，复兴印度教文化的精神优越性，抵制英国殖民者影响。同时，印度教改革者主张学习西方的教育与印刷技术，推动印度教的传播和影响力。达耶难陀主张模仿其他宗教的改宗活动，将续迪（Shuddhi）[①] 运用于印度的穆斯林和基督徒，让他们改回到印度教。印度教改革者的思想对后来的印度教民族主义运动产生了深刻影响。

20 世纪初期，印度穆斯林发起"哈里发运动"，反对英国殖民者同时也把矛头对着印度教徒，加剧了印度教徒对来自殖民者和穆斯林两者的威胁意识。20 世纪 20 年代印度教大会成立，印度教大会主席萨瓦卡尔提出"印度教特性"（Hindutva）意识形态，这标志着印度教民族主义正式形成。[②]"印度教特性"强调印度教文化价值观，认为"印度教民族"（Hindu Rashtra）是"印度教、印地语、印度斯坦"的结合。这样，从宗教、文化、语言、神圣领土的叠加中，印度教民族主义正式形成。随后，国民志愿团的首领戈瓦卡尔继续借用西方的民族理论，提炼出民族"五元素"（即领土、人种、宗教、文化、语言），证明了"印度教民族"的合理性。戈瓦卡尔不仅传播"印度教特性"意识形态，而且提倡"国家虔信论"，要求每个人都要为印度国家无私奉行，为国家的统一和强大而努力。国民志愿团采用特殊的组织形式即夏卡（Shakha），[③] 给印度教民族主义运动注入了新活力。萨瓦卡尔和戈瓦卡尔发展了"印度教民族"理论，认为印度国家应该是"印度教民族"多数人的国家，穆斯林和基督徒则被排除在外。

基于"两个民族"理论，印巴于 1947 年分治，大规模的教派迁移和教派仇杀给印度教徒留下了深深的伤痕。国民志愿团为来自巴境内的印度教徒提供了大量的物质和精神帮助，加强了印度教民族主义运动的群众基础。随着形势的发展，国民志愿团调整之前的"非政治"定位，发展了自己的政治翼印度人民同盟，以及自己的工人组织、妇女组织和学生组织，

---

① 原指对被污染的高级种姓进行的一种净化仪式，使他们重新回到高级种姓里。后来经达耶难陀改革，指将改宗为穆斯林和基督教的印度教徒，再改宗回到印度教。

② 李盟：《外部威胁与民族主义》，《国际政治科学》2007 年第 2 期，第 42—44 页。

③ 夏卡（Shakha）是国民志愿团最基础的组织单位，每个夏卡包括不到 100 名团员，按年龄分组。夏卡团员通常早晚都要集会，并接受一定的意识形态教育和体能训练。

1964 年还成立了文化翼世界印度教大会。这样，印度教民族主义运动“团家族”[1] 正式形成，并逐渐演变为印度政治社会的主要力量。

团家族成员都以国民志愿团为母体组织发展起来，并受“印度教特性”思想的影响，但各自也进行了意识形态的调整，进一步丰富了印度教民族主义意识形态内容。印度人民同盟的总书记乌帕迪亚亚提出“整体人本主义”理论，就是要利用印度教传统文化精神（达摩）来治理印度，而不是借用西方的什么主义。乌帕迪亚亚的理论重点不是强调印度是印度教民族的国家，而是强调要保护印度教传统文化和精神，并以此来建立一个理想社会。相比萨瓦卡尔和戈瓦卡尔明显排外的印度教民族主义理论，乌帕迪亚亚的理论具有一定的进步性。

1980 年印度人民党（BJP）成立，其之前与左翼社会主义力量政治结盟的经历，使得 BJP 最初选择了以“甘地式社会主义”作为其意识形态基础，从而与激进的印度教民族主义保持距离。然而在印度教复兴势力日趋高涨的背景下，BJP 显然背离了主流民意，于是在 20 世纪 80 年代后期重新拾起“印度教特性”主张，与团家族其他成员形成合力，掀起了罗摩出生地运动。以此为契机，BJP 迅速在印度政治舞台上崛起。1992 年巴布尔清真寺事件后，BJP 开始淡化教派色彩。1996 年大选中，BJP 以“整体人本主义”诉诸于全体选民，同时采取灵活务实的政治结盟策略，最终赢得选举胜利成为议会第一大党，且首次在中央执政。

第三，印度教民族主义是全球化背景下新一轮民族主义浪潮的一部分，本书的研究有助于丰富民族主义研究成果。随着全球化的深入，各国的民族文化纷纷受到冲击，这导致新一轮民族主义浪潮的出现。一些国家利用人们的怀旧情结，开始大力推广基于本土文化的民族认同，其中宗教在民族文化认同中扮演了重要的角色。伊斯兰世界诉诸于伊斯兰教，从而与西方主导的全球化潮流相抗衡。像印度这样的东方文明国家也呼吁印度教传统的回归，以此宣称与西方物质文明、伊斯兰文明的区别。从这种意义上说，印度教民族主义成为全球化背景下民族主义浪潮的重要部分，它是对泛伊斯兰民族主义和全球化的反制。

---

① “团家族”指围绕国民志愿团而建立起来的一系列组织，见第一章第三部分。

无论是为了反对英国殖民统治，还是为了反对穆斯林的分治，印度教民族主义运动正是靠在印度教徒中树立一种受威胁意识而逐步发展起来的。随着经济全球化的加深，西方消费文化渗入印度社会，这给印度教精神文化造成巨大冲击。后殖民国家印度陷入一场认同危机，印度教民族主义运动致力于为迷茫的人们提供一种生活方向和动力。中东北非的伊斯兰复兴浪潮，一定程度上刺激了印度教民族主义的发展。近年来，国民志愿团和世界印度教大会在印度国内外持续宣传印度教文化，强化印度教认同建构，试图增强印度实现大国梦必需的软实力。

第四，从现实的角度看，对印度教民族主义的研究有助于我们了解印度当前的政治发展，并为中国制定对印政策提供参考。2014 年 4—5 月，印度举行了第 16 届大选，印度人民党和国大党竞争激烈。以治理古吉拉特邦而闻名的纳伦德拉·莫迪带领印度人民党参加印度 2014 年大选，并取得绝对胜利。印度人民党曾于 2004 年丢失中央领导权，时隔 10 年后重新成为国大党的替代者，并结束了自 20 世纪 80 年代末以来的印度“悬浮议会”格局。5 月 26 日，莫迪宣誓就任新一届印度总理，组建全国民主联盟政府。莫迪在 2002 年古吉拉特邦教派骚乱中的强硬教派形象备受争议，为了赢得支持或巩固权力，莫迪所在的印度教民族主义团家族是否会煽动大规模教派冲突，这是国内外密切关注的问题。政治教派化、经济自由化、文化教育“橘黄色化”① 成为印度教民族主义者谋划政治胜算的有力武器。2014 年再次执政的印度人民党在人民院拥有绝对多数席位，它是否会更加迅速、全面和广泛地实施印度教特性计划，从而改变印度社会政治面貌？对以上问题的回答离不开对印度教民族主义意识形态演变与国内政治环境变化的考察。

第二节　研究现状

随着 20 世纪 90 年代印度人民党在印度政坛上的崛起，一大批研究印

① 橘黄色是印度教民族主义组织国民志愿团使用的三角旗的颜色，这里指印度文化教育领域趋向印度教化。

度教民族主义的著作出现了，这些论著重点探讨了以下一些领域：

印度教民族主义产生的背景、发展历程和思想主张。法国学者贾夫里罗特的《印度教民族主义运动和印度政治：1925—1990 年代》① 以时间跨度为线索，比较全面地介绍了印度教民族主义产生的背景、主要代表人物及理论主张。从印度教民族主义发展的动态角度，作者分析了其改变国家文化的长期战略与政治调适的短期战术之间的微妙互动，认为印度教意识与政治温和化在变化的社会环境下不断冲突与融合。巴特的《印度教民族主义：起源、意识形态与现代神话》② 考察了从 19 世纪末到 20 世纪 90 年代印度教民族主义和“印度教特性”的演变历史，并评价了主要思想家的社会和政治哲学思想及其代表作。

印度教民族主义运动代表人物。印度学者古鲁瓦希纳在《现代印度的印度教民族主义者》和《后现代印度教的政治化》③ 中对 11 位重要的印度教民族主义者进行批判式分析，剖析了印度教文化民族主义的历史渊源及其对当代印度政治的影响，指出了印度教民族主义的极端位移。卡伦果在《国民志愿团的政治勾结》④ 中分析了国民志愿团 5 位领导人的思想主张，认为国民志愿团为了振兴印度教民族会继续加强对政治的渗透和控制。

印度教民族主义发展的宗教、社会、心理因素。韦尔的《宗教民族主义：印度教徒和穆斯林》⑤ 则从宗教民族主义传统的角度，指出宗教共同体想象导致了印度教民族主义的产生和发展。汉森的《橘黄色风潮：现代

① 贾夫里罗特：《印度教民族主义运动和印度政治：1925—1990 年代》（Christophe Jaffrelot, *The Hindu Nationalist Movement and Indian Politics, 1925 - 1990s: Strategies of Identity - building, Implantation and Mobilisation*, New Delhi: Viking, 1996）。

② 巴特：《印度教民族主义：起源、意识形态和现代神话》（Chetan Bhatt, *Hindu Nationalism: Origins, Ideologies and Modern Myths*, Oxford: Berg, 2001）。

③ 古鲁瓦希纳：《现代印度的印度教民族主义者》（J. Kuruvachira, *Hindu Nationalist of Modern India: a Critical Study of the Intellectual Genealogy of Hindutva*, Jaipur: Rawat Publications, 2006）；古鲁瓦希纳：《后现代印度教的政治化》（J. Kuruvachira, *Politicisation of Hindu Religion in Postmodern India*, Jaipur: Rawat Publications, 2008）。

④ 卡伦果：《国民志愿团的政治勾结》（Pralay Kanungo, *RSS's Tryst with Politcs: from Hedgwar to Sudarshan*, Delhi: Manohar, 2002）。

⑤ 韦尔：《宗教民族主义：印度教徒和穆斯林》（Peter Van Der Veer, *Religious Nationalism: Hindus and Muslims in India*, California: University of California Press, 1994）。

印度的民主与印度教民族主义》[①] 认为印度教民族主义运动是一种“保守革命”，主要针对后殖民时代印度政治和公众文化领域的民主转变。卡卡尔的《暴力的色彩》[②] 以1990年海德拉巴的冲突为例，通过心理分析的方式看待冲突，考察了集体认同是如何由个人自我感情和态度建构起来的。文中分别以印度教徒和穆斯林为考察对象，分析了他们各自认同建构的心理过程。卡尼尔的《印度教民族主义的思想世界——分析一种政治意识形态》[③] 以英国的印度教徒移民为考察对象，从新建构主义认知心理分析视角分析了印度教民族主义意识形态的矛盾与对立，指出印度教民族主义意识形态不是非黑即白的僵化体，而是一个演化的过程。

印度教民族主义政党。格拉汉姆的《印度教民族主义与印度政治：印度人民同盟的产生与发展》[④] 研究了第一个印度教民族主义政党——印度人民同盟在20世纪50—70年代的演变，并探讨了该党没有成为印度社会有影响的政党的原因。马利克、辛格的《印度的印度教民族主义者：印度人民党的崛起》,[⑤] 阿特尔的《操纵政治：瓦杰帕伊东山再起》,[⑥] 麦克圭尔、科普兰编的《印度教民族主义与政府治理》[⑦] 和阿德雷、赛斯编的

---

① 汉森：《橘黄色风潮：现代印度的民主与印度教民族主义》（Thomas Blom Hansen, *The Saffron Wave: Democracy and Hindu Nationalism in Modern India*, New Jersey: Princeton University Press, 1999）。

② 卡卡尔：《暴力的色彩：文化认同、宗教和冲突》（Sudhir Kakar, *The Colors of Violence: Cultural Identities, Religion and Conflict*, Chicago: The University of Chicago Press, 1996）。

③ 卡尼尔：《印度教民族主义的思想世界——分析一种政治意识形态》（Christian Karner, *The Thought World of Hindu Nationalism: Analyzing a Political Ideology*, New York: The Edwin Mellen Press, 2006）。

④ 格拉汉姆：《印度教民族主义与印度政治：印度人民同盟的产生与发展》（Bruce Graham, *Hindu Nationalism and Indian Politics: the Origins and Development of the Bharatiya Jana Sangh*, Cambridge: Cambridge University Press, 1990）。

⑤ 马利克、辛格：《印度的印度教民族主义者：印度人民党的崛起》（Yogendra K. Malik and V. B. Singh, *Hindu Nationalists in India: the Rise of the Bharatiya Janata Party*, New Delhi: Vistaar Publications, 1994）。

⑥ 阿特尔：《操纵政治：瓦杰帕伊东山再起》（Yogesh Atal, *Mandate for Political Transition: Reemergency of Vajpayee*, Jaipur: Rawat Publications, 2000）。

⑦ 麦克圭尔、科普兰编：《印度教民族主义与政府治理》（John McGuire and Ian Copland ed., *Hindu Nationalism and Governance*, New Delhi: Oxford University Press, 2007）。

《联合政治与印度教民族主义》[1] 都围绕印度人民党的政治发展而进行论述，这些论著尤其关注执政前印度人民党务实的选举战略，以及执政后推行的民族主义政策及其限制，并预测了印度人民党的政治未来。

印度教民族主义的政治动员手段。拉贾戈帕尔的《电视之后的政治：印度教民族主义及印度公众的再塑造》[2] 分析了1987—1989年印度国家电视台播放印度史诗《罗摩衍那》和《摩诃婆罗多》后，印度教民族主义如何利用电视媒体传播效应建构民族语言，进行政治动员并取得成功。厄尔斯特的《阿约迪亚运动及其之后》[3] 详述了印度教民族主义掀起的阿约迪亚罗摩庙运动的过程及其影响，指出印度教民族主义通过罗摩这个宗教象征进行教派动员，其目的就是制造一个统一的印度教徒选票仓，并从中捞取巨大政治好处。

另外，也有大量印度政治、社会著述探究印度教民族主义现象，如斯利瓦思特瓦的《印度的政治体制：印度政府和政治》[4] 和赫韦特的《印度的政治运动和民主》，[5] 都用一定篇幅分析了印度教民族主义是如何在印度的政治体系内发展的，又对印度的民主政治产生了什么影响。科布里吉、哈里斯的《重新发现印度》[6] 分析了20世纪90年代印度教民族主义精英分子重构印度社会的努力。印度学者塔利亚在《印度社会和政治》[7] 中对印度教民族主义进行了分析，肯定了国民志愿团恢复印度教文化的努力和

---

① 阿德雷、赛斯编：《联合政治与印度教民族主义》（Katharine Adeney and Lawrence Saez eds.，*Coalition Politics and Hindu Nationalism*，Oxon：Routledge，2005）。

② 拉贾戈帕尔：《电视之后的政治：印度教民族主义及印度公众的再塑造》（Arvind Rajagopal，*Politics after Television*：*Hindu Nationalism and the Reshaping of the Public in India*，Cambridge：Cambridge University Press，2004）。

③ 厄尔斯特：《阿约迪亚运动及其之后》（Koenraad Elst，*Ayodhya and After*：*Issues before Hindu Society*，New Delhi：Voice of India，1991）。

④ 斯利瓦思特瓦：《印度的政治体制：印度政府和政治》（L. N. Srivastva，*Indian Politcal System*：*Indian Government and Politics*，Delhi：SBD Enterprises，1987）。

⑤ 赫韦特：《印度的政治运动和民主》（Vernon Hewitt，*Political Mobilisation and Democracy in India*：*States of Emergency*，Oxon：Routledge，2008）。

⑥ 科布里吉、哈里斯：《重新发现印度：自由化、印度教民族主义和大众民主》（Stuart Corbridge and John Harriss，*Reinventing India*：*Liberalization*，*Hindu Nationalism and Popular Democracy*，Cambridge：Polity Press，2000）。

⑦ 塔利亚：《印度社会和政治》（S. P. Taneja，*Society and Politics in India*，Delhi：Swastik Publishers & Distributors，2009）。

社会服务工作，但反对“印度教民族”的提法，认为这将疏远穆斯林和基督徒，不利于印度的统一。

20世纪90年代以来，国内也出现了一些关于印度教民族主义的研究成果。邱永辉的《印度教认同与印度人民党》、《印度教、民族主义与印度人民党》、《浅析“印度教特性”政治》、《浅析印度人民党的观念变化》[①]等论文分析了印度人民党政治崛起的原因及其影响。朱明忠的《印度教民族主义兴起与印度政治》[②]分析了印度教民族主义代表人物及其意识形态主张，以及印度人民党对印度政治的影响。姜景奎在《印度教民族主义及其影响》[③]一文中剖析了印度教民族主义产生的历史背景，以及印度教民族主义对印度政治所具有的积极和消极两重影响。王红生的《二十世纪印度教民族主义的历史与社会探源》[④]分析了印度教民族主义发展的历史起源与社会背景，认为印度教民族主义者通过对穆斯林的愤恨来消解现代化造成的紧张和压力，同时指出印度国内左、中、右三股政治势力相互借重的权宜结盟助长了印度教右翼政治势力的上升。从博士论文来看，宋丽萍的《印度人民党的崛起与执政》[⑤]分析了印度人民党崛起的社会、政治背景，同时对其执政后的经济、外交政策予以探析。宋德星的《“重新发现印度”：印度人民党政府的国际政治思想、基本战略及主要实践》[⑥]集中探讨了印度人民党执政后的安全战略与对外政策。张力的《冷战后时期印度的外交与战略安全》[⑦]论述了基于印度教传统的战略文化对印度外交安全政策的影响，考察了印度人民党执政时期印度的大国外交与核选择。另外，林承节的《独立后的印度史》、《印度现代化的发展道路》、《印度独立后的政治经济社会发展史》和孙士海的《南亚的政治、国际关系与安

---

① 邱永辉：《印度教认同与印度人民党》，《四川大学学报》（哲社版）1999年第1期；《浅析印度人民党的观念变化》，《南亚研究季刊》1999年第3期；《浅析“印度教特性”政治》，《南亚研究季刊》2003年第2期。

② 朱明忠：《印度教民族主义的兴起与印度政治》，《当代亚太》1999年第8期。

③ 姜景奎：《印度教民族主义及其影响》，《东方研究》，国际文化出版公司，2002年11月。

④ 王红生：《二十世纪印度教民族主义的历史与社会探源》，《北大史学》第4集，1997年。

⑤ 宋丽萍：《印度人民党的崛起与执政》，北京大学博士学位论文，2003年。

⑥ 宋德星：《“重新发现印度”：印度人民党政府的国际政治思想、基本战略及主要实践》，中国人民大学博士学位论文，2005年。

⑦ 张力：《冷战后时期印度的外交与战略安全》，四川大学博士学位论文，2006年。

全》等著作也涉及印度教民族主义崛起的原因及其影响分析。

印度教在印度民族独立运动中发挥了历史性作用，这为印度教民族主义的产生与发展奠定了基础。20 世纪 20 年代，印度教大会的成立和“印度教特性”意识形态的提出，标志着印度教民族主义的正式形成。作为民族主义的一种表现形式，学术界并没有对印度教民族主义思潮进行准确定义，大多学者只是努力对其进行描述。比如，我国学者王红生在《二十世纪印度教民族主义的历史与社会探源》中这样说，“印度教民族主义意指印度社会中一些人主张通过复兴印度教，振兴印度教传统文化，改造印度国民软弱涣散的心理素质，克服印度社会中教派林立、种姓对立、社会分散缺乏内聚力等弊病，在此基础上将印度建成一个统一而强大的现代国家。这一思潮同时具有强烈的教派主义和民族主义的价值取向，因而被称为印度教民族主义”。① 邱永辉在《印度教、民族主义与印度人民党》中将印度教民族主义看作印度民族主义的右翼形式，即印度教教派主义，认为其就是以大印度教文化作为永恒的民族主义的唯一基础，宣称印度教徒不仅是印度的一个宗教团体，也是一个民族。② 朱明忠也认为印度教民族主义是一种带有强烈教派主义性质的民族主义思潮，其根本宗旨是“保护印度教的民族、宗教和文化，进而求得全面发展，并复兴古代印度教国家”。③

国外学者对印度教民族主义的解读是多角度的，比如贾夫里罗特认为印度教民族主义是一种排他性的族群—宗教民族主义，主要是对西方（英殖民者和基督传教士）与穆斯林少数派对印度教徒构成的威胁的反映，其主要的关切是印度教认同的连续性和主导地位。④ 韦尔将印度教民族主义看作南亚宗教民族主义的一种，认为印度教认同建构加速了对印度教民族

---

① 王红生：《二十世纪印度教民族主义的历史与社会探源》，《北大史学》第 4 集，1997 年。

② 邱永辉：《印度教、民族主义与印度人民党》，《南亚研究季刊》1998 年第 4 期，第 44 页。

③ 朱明忠：《印度教民族主义的兴起与印度政治》，《当代亚太》1999 年第 8 期，第 30—31 页。

④ 贾夫里罗特：《印度教民族主义运动和印度政治：1925—1990 年代》（Christophe Jaffrelot, *The Hindu Nationalist Movement and Indian Politics, 1925 – 1990s: Strategies of Identity – building, Implantation and Mobilisation*, New Delhi: Viking, 1996），第 191 页。

的想象。[1] 印度社会学家南迪认为，正如其他族群民族主义一样，印度教民族主义并不是印度教的极端形式，而是一种现代信仰，它努力在全球民族国家体系内，将印度教重新打造（retool）为一种民族意识形态，将印度教徒塑造为一个恰当的民族。[2] 从印度教民族主义者自身立场来看，他们认为印度教民族主义具有自己独特的发展历史和文化内涵；印度教民族主义源于印度教传统文化，也受到西方现代民族意识的启蒙；印度教民族主义具有西方族群民族主义的主要元素（即地域、种族、宗教、文化和语言），同时也具有自己独特的历史、地域和文化根基；因此印度教民族主义是普世性和人性化的结合，要避免形而上学的印度教民族主义思维。如帕塔奈克反对将印度教民族主义看作狭隘的印度教沙文主义。在他看来，印度教民族主义是普世的、人性的、宽容的、非教派的、非宗派的和非神权的。[3]

国内外学者对印度教民族主义概念的描述呈现差异，大多中国学者将其看作维护印度教群体利益的教派主义或宗教民族主义，国外学者更多地从传统到现代、从殖民到后殖民印度社会文化变迁视角考察印度主体人群的民族诉求。就对印度教民族主义概念的描述来看，国内外的学者都将印度教民族主义视为印度教与民族主义结合的产物，无论这种民族主义是国家层面的民族主义，还是国家内的次民族主义。

综上可见，有关印度教民族主义的研究文献中英文成果比较丰富，而中文成果相对薄弱。国内现有的印度教民族主义研究成果多以学术论文为主，主要以印度人民党为研究切入点，缺乏对团家族其他成员政治活动的考察。鉴于国内还没有一部系统、全面论述印度教民族主义及其政治影响的中文专著，本书的研究就显得非常迫切与必要。本书的研究注重三个结合：一是全面勾勒与重点分析相结合，即在对印度教民族主义一个世纪的发展历程做一总体勾画的同时，重点论述 20 世纪 80 年代以来印度教民族

---

① 韦尔：《宗教民族主义：印度教徒和穆斯林》（Peter Van Der Veer, *Religious Nationalism: Hindus and Muslims in India*, California: University of California Press, 1994），第 22 页。

② 南迪：《不确定的时期》（Ashis Nandy, "The Twilight of Certitudes: Secularism, Hindu Nationalism and Other Masks of Deculturation", *Postcolonial Studies*, Vol. 1, No. 3, 1998），第 283 页。

③ 帕塔奈克：《印度的印度教民族主义》（D. D. Pattanaik, *Hindu Nationalism in India*, Vol. 1, New Delhi, 1998），第 64 页。

主义的政治崛起；二是印度人民党与团家族其他成员相结合，既分析印度人民党的选举战略和执政政策，也分析国民志愿团、世界印度教大会的政治和文化活动；三是全国层面与地方层面政治相结合，研究中既探析了印度人民党执政时期在全国层面实施的安全、经济和文化政策，又探讨了团家族在古吉拉特邦和部落等地方层面的政治活动及影响。国内外现有研究为本书研究打下了基础，同时也给此课题的研究留下了空间。

第三节　研究的理论方法和思路

学术界针对民族主义的分析层次包括国家层面的民族主义和国内各种次民族主义。前一种民族主义是为了建构国家认同或民族认同，以期赢得国际社会的认可；后一种民族主义是国内的族群或地方势力努力追求自身利益最大化。具体说来，国家层面的民族主义即公民民族主义，着眼于国家统一和民心凝聚，在印度表现为“印度人意识”和大国梦想，以及印度人国家认同感的上升。印度国内的次民族主义则指基于宗教、语言和地方的民族主义诉求。实际上，印度国家层面民族主义与次民族主义相互交织，甚至相互演化，这是因为国家民族主义在多民族国家中实际上以主体民族的民族主义为核心。① 比如印度民族运动期间，甘地重视挖掘印度教文化精髓，以非暴力、不合作思想领导了反英殖民的斗争，并最终赢得了印度独立，这使得国大党倡导的国家层面的世俗民族主义实质上具有印度教色彩。就印度教民族主义来说，一方面它极力主张重建罗摩庙，恢复印度教团体的荣誉与利益，具有次民族主义的特征；另一方面它又建基于印度教传统战略文化，强调印度国防实力，努力提高印度的国际地位，这使得其具有国家主义的特征。我国学者姜景奎就认为20世纪90年代印度教民族主义和印度国家主义逐渐合流、逐渐融合，是一种好的征兆。②

同时，学术界对民族和民族主义的分析也存在三种视角，即原生论、

---

① 蓝建学：《民族主义视角中的南亚国际关系》，《当代亚太》2005年第9期，第41—43页。

② 姜景奎：《印度印穆冲突的历史文化因素浅析》，《当代亚太》2003年第8期，第19页。

现代论（功能主义论）和永生论。原生论视角认为民族主义在前现代社会就已经存在，它先天就存在于人们的思想情感之中；现代论视角认为民族和民族主义是近代西方社会启蒙运动的产物，民族主义是社会精英创造出来的、用来影响大众实现自己政治目的的工具；永生论视角实际是前两种视角的结合，倾向于将民族主义理解为源于长期存在的族群忠诚，认为民族主义其实一直存在。[①] 就印度教民族主义研究成果来看，有的倾向于前种视角，比如印度教民族主义同情者认为印度教民族早在古代印度就已经存在，他们努力再现印度教的黄金时代，将恢复印度教民族的伟大象征（如罗摩庙）看作民族延续的保证。韦尔也采用原生论视角，从传统的宗教仪式（如朝圣）和习俗（如敬牛）入手，探讨了印度教徒对印度教宗教/民族共同体的想象。[②] 有的学者则认为现代化和全球化诱发了印度教民族主义，如美国学者汉森认为印度教民族主义是出于对现代性的矛盾心理，可以被看作应对现代性的方式，以克服和控制具有碎片化危险和挑战性的现代世界。[③] 瑞典学者金瓦尔认为，20 世纪 80 年代印度教民族主义在印度政治舞台上的复兴是现代性在印度扩散的结果。现代性一方面表现为一种破坏性力量，给人们带来心理上的焦虑，以及边缘化和异化感；另一方面，它加速了对过去、传统与“特定伤害”的使用和发现，并就相对于他者的自我进行不断再定义。现代化的过程加剧了主体的不安全感，为了避免生存的焦虑，人们愿意诉诸于宗教的力量。同时，全球化、私有化、消费主义和西方观念及实践的传播实际上加速了这个焦虑过程，后殖民社会的宗教领导人指责现代社会缺乏道德、伦理价值观丧失、腐败猖獗等，认为解决现代社会腐朽的最好答案在于强化宗教原则。于是，印度教民族主义成功地将宗教和民族主义融合起来，给存在的关切和本体不安全感提

---

① 塔伯特：《发现民族：印度和巴基斯坦》（Ian Talbot，*Inventing the Nation：India and Pakistan*，Bloomsbury USA，2000），第 11—12 页。

② 韦尔：《宗教民族主义：印度教徒和穆斯林》（Peter Van Der Veer，*Religious Nationalism：Hindus and Muslims in India*，California：University of California Press，1994），第 3 页。

③ 汉森：《恢复阳刚气：印度教民族主义、暴力和对穆斯林他者的排斥》（Thomas Blom Hansen，“Recuperating Masculinity：Hindu Nationalism，Violence and the Exorcism of Muslim Other”，*Critique of Anthropology*，Vol. 16，No. 2，1996），第 140 页。

供了答案。[①] 笔者在文中采用原生论与现代论相结合的视角研究印度教民族主义，认为印度教认同是现代建构与传统遗产结合的产物。印度教民族主义体现的有些特征（如改教）是新建构出来应对闪米特宗教（如基督教、伊斯兰教）构成的挑战的，另外一些则是复兴了古代价值观和象征（如朝圣）。正是这种传统与现代的连接赋予了印度教认同活力与生机，同时也赋予了它模糊性与矛盾性。[②]

印度教民族主义者对“印度教”这个概念的认识和运用是灵活的，他们有时将“印度教”当作一个宗教概念，有时将其当作一个文化概念。因此，印度教民族主义者对“印度教民族”的界定是模糊的，有时他们将印度教民族定义为从喜马拉雅到印度洋的一个地理区域，有时定义为一个包含印度教文明的区域，有时又定义为叫 Bharat 的古老文化体。就印度教民族主义的思维背景来看，无论印度教是种宗教、文化、神话或记忆，印度教民族都建立了一个国家，这个国家主要由印度教来支撑；使国家和文化共同体的边界一致，是印度教民族主义的目标。对很多印度教民族主义者来说，文化是构建民族统一的工具，他们努力做的就是从宗教和文化方面复兴印度教，从而使得印度教徒能够在政治上提升自己，并使印度成为一个现代强国。[③] 事实上，印度教民族主义运动体现了一种矛盾的政治诉求：一方面，印度教民族主义强调印度教文化认同，目的是整合以印度教文化为中心的印度民族和国家认同，赢得世界对印度大国地位的认可；另一方面，在印度教认同建构过程中，穆斯林和基督徒等非印度教信仰者作为他者与印度教自我的边界壁垒得到加固，这势必加深了印度民族和国家的分裂，有损印度的大国形象。

作为印度教民族主义政治动员工具的印度教并不是印度文化的全部，“印度教民族”并不能代表整个印度。从这种意义上说，印度教民族主义

---

① 金瓦尔：《民族主义、宗教和特定伤害》（Catarina Kinnvall，“Nationalism，Religion and the Search for Chosen Traumas：Comparing Sikh and Hindu Identity Constructions”，*Ethnicities*，Vol. 2，No. 1，2002），第 89 页。

② 欧门：《宗教民族主义和民主政治》（T. K. Oommen，“Religious Nationalism and Democratic Polity：the Indian Case”，*Sociology of Religion*，Vol. 55，No. 4，Winter 1994），第 458 页。

③ 瓦利亚瓦拉：《印度的宗教和民族主义》（Bharat Wariavwalla，“Religion and Nationalism in India，Ram the God of the Hindu Nation”，*The Round Table*，No. 357，2000），第 596 页。

并不能等同于印度民族主义。印度教民族主义将印度教作为民族认同的绝对基础，宣扬印度教文化的优越性，同时贬损和排斥其他宗教文化。正如色特所说，“任何诉诸宗教的民族主义都在进行一场冒险，它在努力创建和强化民族认同的同时，也强化了宗教认同，因此加深了宗教之间的分歧”。[①] 民族文化认同所具有的双重功能（即对内的同一化和对外的差异化），使得民族主义成为一把双刃剑。民族主义充分显示了两面性的历史作用，它既可能构建民族国家、巩固国家统一和维护民族尊严，也可能威胁或破坏国家统一。[②] 印度教民族主义的发展也面临着同样的困境。总体看来，国家内各族群之间与民族国家之间的差异—碰撞—冲突—重构—聚合—融合是世界范围内民族主义发展的辩证规律和总的趋势。[③] 在印度经济社会不断融入全球化的大背景下，扬弃成为印度教民族主义者的迫切任务，印度教民族主义必须学会调整自身以适应时代潮流。因此，本书试图在印度教民族主义嬗变和印度政治发展互动的框架下，对印度教民族主义的社会政治影响予以客观、辩证的解析。同时，对于印度如何实现多元统一下的国家民族整合，以及印度与其他民族国家如何和谐相处与友好交流，本文也作出了有益探索。

本书的研究方法如下：第一，注重利用一手文献和前沿研究成果。除了专著和报刊文章外，充分利用印度教民族主义组织的门户网站资料，以准确把握研究对象的过去、现在与未来。第二，将宏观、中观与微观研究视角结合起来。探讨印度教民族主义崛起的国际背景与印度教民族主义对国际政治的影响属于宏观研究，印度人民党执政时期的国家政策分析属于中观层面，对古吉拉特邦教派骚乱的探讨则属于微观分析。第三，利用比较研究方法，把印度教民族主义与世俗民族主义相比较、把印度教民族主义中温和与极端派相比较、印度人民党前后选举战略相比较等，比较分析的方法有助于厘清印度教民族主义发展过程中的微妙复杂现象。第四，理

---

① 色特：《对遁世的批评》(Sanjay Seth, “The Critique of Renunciation: Bal Gangadhar Tilak's Hindu Nationalism”, *Postcolonial Studies*, Vol. 9, No. 2, 2006)，第148页。

② 刘中民：《试析冷战后世界民族主义的成因与影响》，《宁夏社会科学》2005年第4期，第66页。

③ 刘中民：《关于冷战后世界民族主义的若干认识》，《世界民族》1999年第4期，第7页。

论探讨与实例分析相结合。本书借助“认同”、“民族主义”等范畴从理论上分析印度教民族认同的建构，将其与印度教民族主义团家族的朝圣游行、罗摩庙运动结合起来。第五，跨学科研究。本书探究印度教民族主义的崛起和战后政治，同时运用宗教社会学、民族学、政治学等相关学科的概念和理论研究宗教动员与政治操弄、民族主义意识形态的演变、国内政治与国际政治、国家政治与地方政治等。

第四节　研究内容

本书以时间为序探析了印度教民族主义从边缘到中心的政治化过程，以及印度教民族主义执政时期的民族主义政策，同时从国家整合的角度分析国内政治中的印度教民族主义因素，通过周边外交和印度教徒移民探讨印度教民族主义对国际政治的影响。除去绪论和结语外，论文主体共分为6章。

第一章介绍印度教民族主义产生的背景、代表人物和组织。19世纪的印度教改良运动和印度掀起的反殖民运动孕育了印度教民族主义的萌芽。20世纪初穆斯林联盟的成立催生了印度教民族主义，1915年印度教大会的成立标志着印度教民族主义的正式形成。萨瓦卡尔和戈瓦卡尔是印度教民族主义意识形态早期的代表人物，“印度教特性”和印度教民族思想主张为印度教民族主义一个世纪的发展奠定了基础。1925年成立的国民志愿团逐渐成为印度教民族主义的母体组织，以它为中心发展起来的团家族是一个涵盖政治、文化和社会等领域的庞大印度教民族主义组织体系。团家族成员共享印度教特性意识，在印度教民族主义运动内相互支撑，目的是宣称印度教民族的主体地位，建立印度教文化主导的印度国家。

第二章从三个阶段讨论印度教民族主义从边缘到中心的政治化进程。在尼赫鲁“弱世俗政治”框架下，印度教民族主义保存了实力，并且发展了政治翼印度人民同盟。英·甘地的独裁政权和“伪世俗主义”政策激化了国内矛盾，人民同盟和社会主义派等反对派势力进行务实的结盟，推翻了国大党政府，最终人民党联合执政使得印度教民族主义势力首次位于国家政治生活的中心。1980 年成立的印度人民党在教派动员和政党结盟双重战略下，迅速崛起于印度政治舞台，并于 20 世纪 90 年代末在中央执政。

第三章探析印度教民族主义政治崛起的国内外背景。20 世纪 80 年代以来国际上伊斯兰复兴主义的兴起不仅催生了克什米尔政治伊斯兰的出现，而且激发了印度国内的印度教复兴意识。此时，国大党领导人出于个人政治利益目的而打宗教牌，为了迎合印度教复兴势力在锡克分离问题上采用了强硬打压手段，这助长了国内印度教徒的极端宗教情绪，也有利于印度教民族主义进行大众教派动员。面临锡克教徒和克什米尔的分裂威胁，团家族基于印度教朝圣传统发动了国家统一游行。“游行政治”在统一印度教群体上发挥了重要作用，并且为印度人民党扩大了选票仓。在团家族发起的“阿约迪亚罗摩庙运动”中，印度教民族主义者以民族象征（罗摩）受到威胁为由，建构了印度教认同，实现了印度教民族的团结。最终，印度教民族主义狂热分子拆毁了巴布尔清真寺，这使得印度国内宗教认同得到了强化，印度人民党却以此收获了印度教徒的支持。

第四章从安全、经济和教育文化三个方面考察印度人民党执政时期（1998—2004 年）的民族主义政策。BJP 认为自己在国家安全上显著不同于其他软弱政党，它一上台就迫不及待地进行核试验，以民族受到威胁和获取民族认同为核试验找借口，显示了印度教特性派强硬的民族主义立场。在变化的经济环境下，印度人民党选择司瓦德希与自由化并重的经济民族主义政策。BJP 所提倡的经济民族主义本质就是一切经济活动都应该以印度本土为主，并为国家利益服务。BJP 的文化民族主义政策就是反对国大党安抚少数派的“伪世俗主义”，通过改写历史教科书和教育人事安排使教育领域全面印度教化，同时 BJP 还允许国民志愿团（RSS）在印度社会中大力推行印度教特性教育文化活动。

第五章从印度国家整合的角度探讨了印度教民族主义对国内政治的影响。印度教民族主义的印度教民族建构过程排斥了穆斯林，从而加剧了印度国内印穆教派冲突，也加固了印穆教派认同壁垒。这从 2002 年古吉拉特邦教派骚乱中可以看出。女性进入印度教民族主义运动中赋予了女性有限的权利，但是印度教民族主义的男权特征和教派意识形态阻碍了印度女性的平等发展。印度教民族主义组织在部落地区的印度教同质化过程不仅破坏了部落文化，而且挑起了印度教徒与基督教徒的对立。印度教民族主义对异质文化和边缘群体的霸权主义态度导致印度国家民族整合更加艰难。

第六章论述印度教民族主义对国际政治的影响。印度教民族主义所具有的文化霸权主义和沙文主义倾向，对印度的战略安全和外交产生了深刻影响。印度教民族主义者的国家安全观促使印度跨过核门槛，加快了印度大国地位诉求的步伐。鉴于历史与现实原因，印度教民族主义者强调巴基斯坦构成的安全威胁，倾向于在印巴关系中持强硬态度。随着印度教民族主义向印度海外移民群体的扩散，在欧美国家多元文化和种族歧视的背景下，印度教群体重视印度教认同建构，为团家族的海内外发展项目踊跃筹集资金，并且积极参与居住国政治活动，影响着居住国和祖籍国印度的关系。

第一章 印度教民族主义的产生

对于印度教（Hinduism）和印度教徒（Hindu）这两个概念出现的时间，学术界普遍认为印度教徒早于印度教。印度历史学家罗米拉·塔帕尔认为，随着中世纪大量穆斯林来到印度土地上，为了区别与自己宗教信仰不同的群体，他们开始使用印度教徒这一词语指代原来生活在印度斯坦这块土地上的人。[①] 我们今天使用的印度教（Hinduism）这一词汇到 19 世纪才正式出现。英国学者卡尼尔认为印度教第一次出现是在 19 世纪英国殖民统治印度期间，印度教是东方主义和殖民主义话语的建构，在“西方自我”想象中充当了“东方他者”，同时作为英国殖民者在次大陆实行分而治之的政治工具。[②] 1881 年，英属印度政府进行第一次大规模人口统计，宗教首次成为对人口进行分类的范畴，印度教和伊斯兰教成为官方认可的两大主要宗教，“印度教徒多数派”和“穆斯林少数派”的概念区分由此产生。

事实上，长期以来印度次大陆的人们以“吠陀的法”或“永恒的法”来指称自己的信仰传统，印度教徒也用自己所属的宗教派别来称呼自己的信仰，如毗湿奴崇拜、湿婆崇拜、萨克蒂崇拜等。在印度次大陆的古代历史上，并没有出现一个能够概括所有不同派别信仰且被所有信仰者统一使

---

① 塔帕尔：《想象的宗教共同体》（Romila Thapar，“Imagined Religious Communities? Ancient History and the Modern Search for a Hindu Identity”，*Modern Asian Studies*，Vol. 23，No. 2，1989），第 209 页。

② 卡尼尔：《印度教民族主义的思想世界——分析一种政治意识形态》（Charistian Karner，*The Thought World of Hindu Nationalism：Analyzing a Political Ideology*，New York：The Edwin Mellen Ppress，2006），第 34 页。

用的名称。近代以来，随着印度国内外的研究者越来越多地使用印度教这一名称，印度国内的普通民众也逐渐接受了以 Hindu 指称印度教徒，以 Hinduism（印度教）来表示自己独特的信仰，并区别于伊斯兰教和基督教。在大多数分析印度教政治、社会影响的英文书籍中，Hindu 既可以表示印度教，也可以指称印度教徒。

尽管印度教这个名称被大家接受了，但是就印度教的准确定义却一直困惑着学术界。西方学者从印度教的多中心、多元性和包容性出发，相继提出了“榕树论”、“丛林论”和“海绵论”试图对印度教进行定义。卡尔·马克思认为印度教是一种奇怪的组合，“它既是纵欲享乐的宗教，又是自我折磨的禁欲的宗教；既是林伽崇拜的宗教，又是扎格纳特的宗教；既是和尚的宗教，又是舞女的宗教”。① 我国学者发现印度教非常庞杂，难以定义，比如朱明忠认为“印度教是多种宗教信仰、民间习俗、生活方式和社会组织的综合体”。② 邱永辉认为印度教作为一种历史存在，具有不可驾驭的韧性。在她看来，首先印度教是一种生活方式而非神学体系，神圣和世俗之间没有明确的界限，宗教仪式与日常生活之间没有严格划分，宗教与文化之间没有真正的差异或紧张关系。其次，印度教是个多信仰体系，而无共同信条。印度教作为一种民族信仰体系，既不源于一位先知的启示，也不在众人中宣教，更不强加于人。因此，邱永辉认为印度教本身排斥一切定义，其无定义状态便是印度教的常态，或是最佳状态。③ 尽管如此，世界范围的印度教研究资料表明：公元前 1500 年兴起的吠陀教作为印度教的雏形，后来发展为婆罗门教，并经过吸收佛教和耆那教的教义，最终形成了庞杂的印度教宗教体系。

随着英国在印度确立殖民统治，印度教知识分子开始直接接触西方思想、价值观和政治经济制度。他们既羡慕西方的科学、技术、法律和社会成就，同时也深知印度千百年的沉湎冥想和积贫积弱已使民族的活力枯竭，认为西方对印度构成了严重的威胁。在这种背景下，印度教知识分子

---

① 卡尔·马克思：《不列颠在印度的统治》，《马克思恩格斯全集》第 9 卷，人民出版社 1999 年版，第 144 页。

② 朱明忠：《恒河沐浴——印度教概览》，四川民族出版社 1994 年版，第 10 页。

③ 邱永辉：《印度教概论》，社会科学文献出版社 2012 年版，第 34—35 页。

经过痛苦的沉思和反省，积极呼吁进行印度教社会改革。他们决定沿着西方现代理性的路线，改革印度教的传统陋习，从而达到以学习西方来复兴印度社会的目的。正是这时期的印度教改良运动为20世纪初期形成的印度教民族主义运动奠定了意识形态和组织模式基础。①

第一节　19世纪印度教改良运动

19世纪兴起于孟加拉、马哈拉施特拉和旁遮普等地区的印度教改良势力设法在印度教徒中注入一种自尊和爱国感情，让他们记住自己的精神遗产，从而抵消西方物质优越的“神话”。在普通印度教徒的印象中，工业化带给西方人的是物质上的富裕，但是他们缺乏对终极真理的关注。虽然印度教有对宇宙和人生的深刻思考，但是长期的沉湎冥想使得印度民族活力消耗殆尽。在西方文化的影响下，一批印度教知识分子逐渐醒悟，发动了印度教改良运动。印度教改良主义者强调印度教中伦理、精神和文化的背景，坚持认为印度教不是一种传统意义上的宗教（传统宗教强调仪式和宗教外在的标志），而认为印度教是一套哲学思维，包含对宇宙和精神的解释。这时期的印度教改良运动中，“梵社”和“圣社”的影响最大，对印度教社会的改革和复兴发挥了重要的作用。

“梵社”（Brahmo Samaj）由罗姆莫汗·罗易（Rammohan Roy）在1843年创立于孟加拉，该组织希望消除极端宗教信仰，消除印度教中的不良社会实践。从改革的角度看，罗易接受西方对印度教多神、种姓制度和女性地位的指责，但是他批评了西方传教士的宣教活动，坚定地维护印度教，抵制基督教的传播。罗易认为，根据《吠陀》经典，每个人都被赋予了梵的一部分，因此人与神之间不需要中介。从这种意义上说，印度教比基督教优越，印度教的“吠陀黄金时代”之说正是这个时候得以成形的。

① 扎沃斯：《圣社与印度教民族主义的源头》（John Zavos, “The Arya Samaj and the Antecedents of Hindu Nationalism”, *International Journal of Hindu Studies*, Vol. 3, No. 1, April 1999），第57页。

罗易早就注意到印度教社会中的一些陋习，比如撒提（Sati）[①] 和偶像崇拜。他认为这些落后实践是后期加诸于印度教的，主张恢复印度教原型。为了净化印度教，以获得真正的信仰，必须清除后人掺入到印度教中的杂质，恢复印度教的本来面目。罗易反对撒提制度，并努力让英印政府在1829年将撒提确定为非法行为。在宗教改革方面，罗易呼吁印度教徒对陈腐的宗教思想内容进行理性批判，让印度教回归到宗教本源，重新发现印度教思想的原始纯洁性。他认定《吠陀》、《奥义书》是印度教真正的源泉，并选取重要部分翻译成孟加拉语和英语。罗易推动宗教和社会改革的主要方法是社会宣传和政治鼓动。他向人们散发宣传改革的小册子，创办孟加拉文和波斯文刊物宣传改革。同时，他极力推行英国式教育，并为创建加尔各答英文学校发挥了重要作用。罗易组织了大量集会和请愿活动，不仅引导了舆论导向，也给政府施加了影响。

在罗易去世后的最初10年内，“梵社”成为人们定期聚会、举行宗教仪式的小团体，“梵社”的影响力逐渐减弱。为了改变“梵社”毫无生机的状况，罗易的继承人德本德拉纳特·泰戈尔（诺贝尔文学奖获得者泰戈尔的父亲）为“梵社”发展指出了新方向。首先他拟定了入会仪式，使“梵社”从一个松散的会社发展为一个正规组织；接着他建立了一所神学院，监督并抵制基督教传教士的扩张；最后他创立了新的礼拜仪式（即梵天仪式），既强调虔信又强调道德义务。在这些新的举措影响下，“梵社”成员迅速增多。

“梵社”的发展需要新鲜血液，由英国归来的K. 钱德拉·森被推为领导。K. 钱德拉·森对偶像崇拜深恶痛绝，主张弃绝所有的印度教偶像崇拜，否定种姓制度。由于K. 钱德拉·森激进的改革思想，他与“梵社”内的老成员产生了矛盾，这促使“梵社”最终一分为二，即以传统印度教为信仰的“真梵社”和K. 钱德拉·森及其年轻成员组成的“印度梵社”。[②] 后期，森本人的思想发生了很大变化，他开始批评西方现代国家的

---

① 撒提（Sati）是传统印度教社会中的一种陋习，指丈夫去世后，妻子在丈夫的葬礼上自焚，或者跳入火炕殉葬，这样丈夫的灵魂才能转世。

② 邱永辉：《印度教概论》，社会科学文献出版社2012年版，第112页。

道德腐朽，认为印度教虽然技术上落后，但是精神上很优越。①

“梵社”致力于改革印度教实践中的陋习，它使一种新的印度教得以自信成长，认为印度哲学宗教比西方的哲学宗教高明。在印度教先进知识分子看来，英殖民者对印度的影响有积极的一面，但更多的是挑战和威胁。罗易及其继承者发起的印度教改革，就是对西方生活方式和基督教构成的挑战作出回应。然而，他们所追求的改革是在与西方思想的碰撞和融合中激发的，而不是在与西方思想的对抗中产生的。比如在罗易的印度教改革过程中，他主动推行西方的文化教育，开办英语学校等。可以说，“梵社”在印度教社会陋习改革方面发挥了突出作用，但是其活动并没有对英国殖民统治提出公开质疑，因此也没有唤醒印度民族复兴的意识。随着改革进程的深入，“梵社”的社会改革动力就变得很弱小。“梵社”所倡导的改革运动开始重视印度教社会自身的优点和问题，这为后来的民族主义运动进行大众动员提供了启示。

19 世纪后半期，在孟加拉和西印度的印度教知识分子中还存在一种新型的政治意识，即混合宗教情感和民族象征思想，其代表人物是班克姆钱德拉·查图帕德亚（Bankimchandra Chattopadhyay）。在查图帕德亚看来，政治整合和宗教文化重建是同一枚硬币的两面，他认为印度教是一种民族宗教，是一种根植于《吠陀》的宗教。② 面对印度臣服于穆斯林和英国人的历史与现实，查图帕德亚觉得当时印度的首要任务就是印度教文化的整合。经过改良的、重新整合的、纯洁的印度教，将是世界上最完美的宗教，欧洲的物质主义根本不能与之相比。查图帕德亚的民族—文化重新整合思想对于“圣社”的形成具有重要影响。

“圣社”（Arya Samaj）由达耶难陀·萨拉斯瓦提（Dayananda Sarasvati）于 1875 年在孟买成立。达耶难陀借鉴了罗易和 K. 钱德拉·森的思想，反对盲目信仰、偶像崇拜和仪式风气，也强烈反对印度教社会中流行的歧视妇女和低种姓陋习。他努力推行宗教纯洁和社会改革活动，希望以此将

---

① 贾夫里罗特编：《印度教民族主义文摘》（Christophe Jaffrelot ed., *Hindu Nationalism: a Reader*, New Jersey: Princeton University Press, 2007），第 6—8 页。

② 夏特吉：《民族主义思想与殖民世界》（Partha Chatterjee, *Nationalist Thought and the Colonial World*, Delhi: Oxford University Press, 1986），第 61 页。

印度教徒团结起来。然而，“圣社”在孟买的工作仅限于城市中的少数人，没有发展为大众性的运动。

1877 年达耶难陀来到旁遮普，用两个月时间建立了旁遮普“圣社”，随后就领导了轰轰烈烈的群众性运动。“圣社”在旁遮普迅速发展起来的影响力与当时旁遮普的环境紧密相关。在旁遮普的西南部，印度教徒早就感觉到穆斯林的政治压力，而后来兴起的锡克教逐渐将宗教演变为一种政治军事力量，这无疑让印度教徒感觉自己处于两种强势宗教的围攻之下。随着英殖民者统治了旁遮普，英国的军事行政力量与基督教传教力量联合，对旁遮普的印度教徒构成了更大的威胁。面对穆斯林、锡克教徒和英国人及基督教势力构筑的重重包围，印度教徒感到非常无助，这种情形下达耶难陀领导的“圣社”担当了旁遮普印度教徒的“救星”。[①]

达耶难陀将印度教徒（包括不可接触者）改变宗教信仰看作对印度教的挑战，为此他在“圣社”中开展了再改教仪式，即给那些听信基督教传教士的鼓动而改信基督教的原印度教徒，举行一种净化仪式续迪（Shuddhi），让他们重新回归印度教。续迪本来是一种净化程序，但是达耶难陀将它调整为再改宗技术，这得到了基督教的启发。[②] 续迪成为“圣社”最主要的工作，达耶难陀通过他的演讲为这种再改宗运动提供理论和观念上的支持。达耶难陀在世期间，续迪主要将一些基督教徒改回到印度教，但是后来续迪运动所针对的主要目标则是穆斯林和锡克教徒。[③]

“圣社”很快成为北印度最有影响力的宗教改革组织，它强调“回到吠陀去”。“梵社”歌颂的“吠陀黄金时代”强调了它的宗教维度，而达耶难陀认为除了宗教精神，“吠陀黄金时代”也体现在人民及其所拥有的文化和土地上。达耶难陀宣称吠陀时期的雅利安人就是印度本土人，神赋

---

① 涂特亚、戈鲁瓦：《20 世纪初期旁遮普印度教教派意识的出现》（K. L. Tuteja and O. P. Grewal, “Emergence of Hindu Communal Ideology in Early Twentieth Century Punjab”, *Scientist*, Vol. 20, No. 7/8, July – August 1992），第 5 页。

② 嘎伊：《印度的续迪运动》（R. K. Ghai, *Shuddhi Movement in India*, New Delhi: Commonwealth Publishers, 1990），第 2 页。

③ 扎沃斯：《圣社与印度教民族主义的源头》（John Zavos, “The Arya Samaj and the Antecedents of Hindu Nationalism”, *International Journal of Hindu Studies*, Vol. 3, No. 1, April 1999），第 66—68 页。

予了他们最完美的语言——梵语，梵语是其他所有语言的母语。达耶难陀认为雅利安社会具有非常公正的价值观，并对种姓制度作出重新解释。他认为种姓社会不是传承等级关系，而是基于价值的社会分工，在最初的雅利安社会里，宗教老师根据每个孩子的特长和兴趣分配他们到不同的瓦尔纳，每个瓦尔纳发挥了相互补充的作用。

达耶难陀以上思想观点受到了西方个人主义的影响。事实上，他的改良主义观混合了来自于"威胁他者"的耻辱感和对"他者"的模仿。达耶难陀并不像罗易那样将英国殖民看作天意安排，而将英殖民看作对包括种姓制度的印度教文明的威胁。为了化解这种威胁，达耶难陀主张对西方适度的模仿，在这方面他与罗易一样。达耶难陀的改革观点不是要将印度变成西方，而是使印度的价值观变得像西方一样人性化。他努力的目的是既要劝导英国通过立法改变印度的社会习俗，也要阻止印度教徒羡慕西方而改宗基督教，因为达耶难陀相信西方社会吸引印度教徒之处早已埋藏在印度古老的传统里。可见，达耶难陀的主要目的就是模仿西方从而更有效地抵制西方的影响。①

同时，达耶难陀领导的"圣社"开始在教育上进行改革，将印地语进行大众推广，以此抵制殖民者利用英语进行的殖民身份建构。寻求自我身份认同是寻求独立印度前景的重要组成部分。"圣社"关于教育的观念和实践，特别是推广印地语，在印度寻求自我身份认同方面发挥了关键的作用。早在1872年达耶难陀去加尔各答拜访"梵社"领导人K. 钱德拉·森时，后者就提出用印地语作为宣传宗教和社会改革的媒介。其间，达耶难陀还感受到了孟加拉思想家布德维·穆可帕迪耶（Bhudev Mukhopadhyay）② 和拉晋德拉·米特拉（Rajendralal Mitra）③ 早期的民族观点，即使用印地语是为印度民族重建做准备。④ 将印地语作为现代教育的媒介，

---

① 贾夫里罗特编：《印度教民族主义文摘》（Christophe Jaffrelot ed., *Hindu Nationalism: a Reader*, New Jersey: Princeton University Press, 2007），第9—10页。

② 19世纪印度孟加拉作家，他的作品展示了孟加拉文艺复兴时期的民族主义和哲学思想。

③ 19世纪孟加拉文艺复兴中的关键人物，现代史上第一位印裔印度学家，他通过科学方法研究历史，并对考古学作出了巨大贡献。

④ 库马尔：《印度教改良主义与中北印度的教育》（Krishna Kumar, "Hindu Revivalism and Education in North - Central India", *Social Scientist*, Vol. 18, No. 10, October 1990），第8页。

这是印度教改良主义者的一大功劳。伴随着印地语与乌尔都语的分化趋势，印地语作为反殖民主义象征的政治价值凸显，印地语最终成为强化印度教民族主义意识的潜在工具。①

达耶难陀去世后，“圣社”继续在旁遮普发展，并逐渐变得政治化。随着19世纪后期反殖民主义民族情绪的高涨，印度人民极力要求维护自己的文化传统，在此基础上“圣社”提出“印度是印度人的印度”的口号。② 19世纪出现的印度教改良组织“梵社”和“圣社”主张消除印度教社会中的落后习俗，复兴神圣纯洁的印度教文化，并以此团结和凝聚印度教徒，树立印度教徒的自豪感。“梵社”和“圣社”从事的宗教改革活动是对英殖民威胁的反映，其包含的民族关切不仅促成了甘地领导的印度民族独立运动，也促成了印度教民族主义的正式形成。

第二节　印度教民族主义的形成

自19世纪以来，印度民族意识的萌芽总是与印度教文化复兴相互交织，正如马利克所说，“对那时候的印度精英来说，印度民族认同的概念不能脱离印度教认同”。③ 在“梵社”和“圣社”的宗教改良运动之后，印度教与民族主义政治的联系日益紧密。维韦卡南达成为印度民族运动的倡导者，他认为印度教精神遗产是正在出现的民族认同的基石。在近代印度出现的轰轰烈烈的民族独立运动中，圣雄甘地正是利用印度教这面旗帜，倡导各宗教团结起来抵制英殖民者，成功地领导了非暴力不合作运动。与此同时，保守的印度教徒也注重利用印度教精神鼓舞印度教徒，成立印度教组织，呼吁印度教徒团结起来抵抗英殖民者，同时表达对穆斯林少数派群体的不满，从而形成民族运动中的一股特殊势力。可见，印度民

---

① 库马尔：《印度教改良主义与中北印度的教育》（Krishna Kumar, “Hindu Revivalism and Education in North - Central India”, *Social Scientist*, Vol. 18, No. 10, October 1990），第4—5页。

② 邱永辉：《印度教概论》，社会科学文献出版社2012年版，第116页。

③ 马利克、瓦吉佩伊：《印度教武装分子的出现》（Yogendra K. Malik and Dhirendra K. Vajpeyi, “The Rise of Hindu Militancy: India's Secular Democracy at Risk”, *Asian Survey*, Vol. 29, No. 3, March 1989），第322页。

族独立运动中对印度教的不同利用，产生了两股民族主义思潮，一股是甘地所在的国大党倡导的世俗民族主义，另一股是保守印度教徒倡导的印度教民族主义。印度教民族主义势力既针对英国殖民统治，也针对穆斯林等少数派的权利吁求，力图把印度建设成一个以印度教文化特色为主导的世界强国。20世纪20年代，印度教大会的成立以及“印度教特性”意识的提出，标志着印度教民族主义思潮正式形成。

一、印度教大会（Hindu Mahasabha）

19世纪晚期，印度教高种姓商人阶层给农民大量放贷，农民无法偿还时，商人就以农民的土地作抵押。结果印度教商人占领了大片土地，威胁到了英殖民者的统治。于是，1901年英殖民者在旁遮普颁布了“旁遮普土地分离法案”（Punjab Alienation of Land Act），限制农村土地产权的转变。这一措施被认为损害了印度教高种姓商人的利益，伤害了印度教精英阶层的感情。1906年，穆斯林联盟成立，明托勋爵允诺穆斯林代表，将为印度穆斯林少数团体设立单独选区。1909年，在“莫里—明托宪法改革”框架下，穆斯林单独选区在英属印度得到实现。上述事件深深刺激了印度教徒知识分子，“圣社”领导人罗迦玛尼亚·提拉克（Lokmanya Tilak）鼓励印度教徒成立自己的政治组织，以保护印度教徒的利益。1907年，印度教徒在旁遮普成立了印度教协会（Hindu Sabha），这是对英殖民者政策焦虑的直接反应。同时，针对新成立的穆斯林联盟，印度教协会则是直接在印度教群体中成立的对等政治组织。[①] 后来，“永恒达摩信仰者”也在中央省建立了印度教协会，反对英殖民者在市政选举上照顾穆斯林并让其单独设立选区。无论是从组织规模还是活动范围来说，印度教协会源于地方层面印度教徒的政治反应，至多是将旁遮普和中央省印度教运动联系起来的一个

---

① 汉森：《恢复阳刚气：印度教民族主义、暴力和对穆斯林他者的排斥》（Thomas Blom Hansen, “Recuperating Masculinity: Hindu Nationalism, Violence and the Exorcism of Muslim Other”, *Critique of Anthropology*, Vol. 16, No. 2, 1996），第144页。

省际组织。[①] 因此，印度教协会在印度国内影响并不大。

早期印度教各个组织内部缺乏团结，难以形成统一的民族共识，主要表现为改革派“圣社”和正统派“永恒达摩信仰者”之间的分歧。很快，事情出现了转机。在旁遮普印度教协会的努力下，“圣社”和“永恒达摩信仰者”开始了关键的合作，他们一致认为穆斯林对印度教徒构成了巨大威胁，印度教徒不能再起内讧了。为了保护印度教集体的社会政治利益，他们决定成立一个全国性的政党组织，即 1915 年 4 月在赫里德瓦尔（Haridwar）成立的全印印度教大会（All - India Hindu Mahasabha）（也称为印度教大会）。印度教大会的成立是对它主观上感受到的威胁他者的反应，具有清晰的印度教民族主义特征。[②] 这次，威胁他者既不是基督教传教士，也不是殖民官僚，而是穆斯林，因为穆斯林不仅与英殖民者合谋制造分区选举，而且在“哈里发运动”（Khalifah movement）[③] 期间的动员势头对印度教徒不利。“哈里发运动”期间，印度的穆斯林不仅举行游行反对一战的胜利者英国，同时将矛头对准印度教徒。在印度争取民族解放期间，印度教徒和穆斯林教派冲突公开化了。20 世纪 20 年代早期，印度教派骚乱频繁，其中在曾经教派关系并不那么紧张的南印度也爆发了骚乱。事实上，印穆第一次大的骚乱就发生在南部的喀拉拉邦，主要原因是穆斯林农民不满意印度教徒地主。很快骚乱便席卷整个印度，这激起了印度教徒的强烈反应。甚至国大党的一些领导人也发表声明，称印度教团体的利益受到了威胁，呼吁全体印度教徒团结起来，展示印度教的实力，反对穆斯林的暴力。

成立初期，印度教大会不是一个独立的政党而是附着于国大党。1923 年，国大党著名领导人马拉维亚（Madan Mohan Malaviya）主持了印度教大会的全国大会。国大党的另一位领导拉吉帕特·雷（Rajpat Rai）也参与

---

① 戈顿：《印度教大会和印度国大党：1915—1926》（Richard Gordon，“The Hindu Mahasabha and the Indian National Congress，1915 to 1926”，*Modern Asian Studies*，Vol. 9，No. 2，1975），第 150 页。

② 贾夫里罗特：《印度教民族主义运动和印度政治：1925—1990 年代》（Christophe Jaffrelot，*The Hindu Nationalist Movement and Indian Politics*，*1925 - 1990s*：*Strategies of Identity - building*，*Implantation and Mobilisation*，New Delhi：Viking，1996），第 19 页。

③ 第一次世界大战后，战胜国决定取消奥斯曼帝国哈里发的地位，遂引起印度穆斯林的游行反对。

了印度教大会的活动，这期间印度教大会成为一股重要的政治力量。[①] 在甘地成为国大党领导人后，他引入了更加集中的决策机制，使得印度教大会成为印度政治中印度教品牌的体现。然而，甘地的风格和计划是基于普遍性和改革性的印度教，印度教大会完全反对改革的观点，而是关注如何将印度教定义为印度民族工程的基础。[②] 无论是在国大党还是在广泛的印度公共领域，甘地并没有给印度教大会更多的运作空间。印度教大会更像国大党内部的一个游说团，这样的地位削弱了印度教大会的普遍基础，最终印度教大会与国大党分道扬镳。

20 世纪 30 年代晚期，印度教大会在马哈拉施特拉人萨瓦卡尔（Vinayak Damodar Savarkar）的领导下，成为一个完全独立的组织。萨瓦卡尔决定将印度教大会转变成一个独立的政治组织，这一决定产生了重要的影响，影响到它与其他政治组织和殖民机构的互动。为了能够在印度未来政治安排中受到英国殖民者的重视，印度教大会首先给英殖民者提供二战支持，后来又参与了国大党发起的"退出印度"运动。印度教大会的务实政策选择并没有让它得到英殖民者的好感。相反 1945 年 6 月，在英总督于西姆拉主持召开的改组行政议会的筹备会议中，印度教大会被排除在外。随后，印度教大会加速了全国范围的印度教徒动员，最终发展成为一个意识形态激进的印度教民族主义组织。

第二次世界大战期间，甘地领导国大党发起抵抗英国的"不合作"和"退出印度"运动。印度教大会内部成员在支持英国抗战上出现了分歧，萨瓦卡尔建立印度教军事协会，招募和训练印度教军人，表示支持英国抗战，同时也为应对未来可能的印穆冲突做准备。印度教大会总书记达特（S. R. Date）却违背了萨瓦卡尔的意愿，与国大党在中央省建立联系。达特说，"那时，一方面我支持国大党的'不合作'和'退出印度'运动，另一方面我支持印度教大会招募军人，我们发挥了双重作用"。[③]

---

① 邱永辉：《印度教概论》，社会科学文献出版社 2012 年版，第 138 页。

② 扎沃斯：《圣社与印度教民族主义的源头》（John Zavos, "The Arya Samaj and the Antecedents of Hindu Nationalism", *International Journal of Hindu Studies*, Vol. 3, No. 1, April 1999），第 58 页。

③ 冈达勒卡尔、巴达恰亚：《全印印度教大会和英殖民统治的终结》（Nandini Gondhalekar and Sanjoy Bhattacharya, "The All India Hindu Mahasabha and the End of British Rule in India, 1939 – 1947", *Social Scientist*, Vol. 27, No. 7/8, July – August 1999），第 58 页。

1944 年，穆克吉（Shyama Prasad Mookerjee）接任印度教大会主席后，一些媒体评论他的演讲是朝向民族利益努力的步伐。穆克吉甚至与国大党和穆斯林联盟建立了工作关系，摆脱了印度教大会内部的派别限制，推行一种政治实用政策。穆克吉在“退出印度”运动之前还与甘地进行了谈话，讨论了印度的政治形势。1942 年 8 月，印度教大会的活动家参与了“退出印度”运动，这使得萨瓦卡尔派不能否认组织内存在国大党同情者。事实上，穆克吉和他的同僚采取了实用的路线，不断发动游行反对殖民政府关押国大党领导人，同时也要确保这样的支持不会破坏印度教大会独特的政治身份，以引起英国政府的重视。在国大党发动“退出印度”运动后，印度教大会工作委员会立刻通过一个决议，宣布印度重要的政治组织或政党应该形成一支统一阵线，这将促使英国政府让步，接受印度独立。他们将决议信发往各个政治组织领导人，包括受压迫阶级、穆斯林联盟、锡克教徒和印度基督教徒，希望得到他们的支持。①

穆克吉努力将印度教大会发展成为一种大众组织，英国殖民者并不欢迎这种趋势，认为印度教大会与国大党在组织和政治立场方面有很多相似性，对英殖民政权构成了威胁。随着英殖民者逐渐重视国大党在印度政治中的作用，印度教大会却被英殖民政府抛弃了。1945 年 6 月，印度教大会被排除在为议会改组进行筹备的西姆拉会议之外，这标志着印度教大会与英殖民政府的协商关系发生了彻底改变。印度教大会一改之前的务实政策，其立场开始调整为反对英殖民政府、反对国大党、反对穆斯林。

1945 年萨瓦卡尔重回到印度教大会并任主席，他为印度教大会塑造了一种与国大党显著区别的政治身份。萨瓦卡尔曾写道，“大会不是一个印度教达摩大会，而主要是一个印度教民族大会，它是一个泛印度教组织，在社会、政治和文化方面塑造印度教民族的命运”。② 政治意识形态决定了印度教大会与国大党宣扬的世俗主义目标和宪法观念是显著不同的，从而赋予了印度教大会一种特殊政治身份。早期，萨瓦卡尔的作品呼吁印度教

---

① 冈达勒卡尔、巴达恰亚：《全印印度教大会和英殖民统治的终结》（Nandini Gondhalekar and Sanjoy Bhattacharya, “The All India Hindu Mahasabha and the End of British Rule in India, 1939 - 1947”, *Social Scientist*, Vol. 27, No. 7/8, July - August 1999），第 59 页。

② 同上，第 50—51 页。

徒团结并振作起来，反对英殖民统治，但是后来他集中于反穆斯林。在萨瓦卡尔看来，穆斯林具有政治野心，他怀疑穆斯林会宣布自己是后殖民印度统治的唯一合法继承人。对穆斯林的疑虑和恐惧使得萨瓦卡尔以印度教大会为平台，发起了针对穆斯林和伊斯兰的声讨。[①] 萨瓦卡尔领导下的印度教大会意识形态非常激进，以至于尼赫鲁不准备与他合作，因为尼赫鲁将印度教大会看作教派主义和极端主义组织。于是，萨瓦卡尔决定将印度教大会的重心从北印度移到中印度，主要集中在中央省和孟买。[②]

二、萨瓦卡尔的“印度教特性”思想

1923 年，萨瓦卡尔的书《印度教特性：谁是印度教徒?》正式出版，书中提出的“印度教特性”意识影响深远。萨瓦卡尔在书中首次尝试给“印度教民族”（Hindu Rashtra）赋予一个清晰身份，“印度教徒因为宗教的、种族的、文化的和历史的亲缘关系，结合成一个同质的民族”。[③] 萨瓦卡尔的“印度教特性”思想将印度教民族主义思想表述公开化，赋予印度教民族主义运动显著的意识形态基础。因此，萨瓦卡尔被称为 20 世纪印度教民族主义运动之父。[④]

在《印度教特性》一书中，萨瓦卡尔借鉴西方族群民族主义理论，提炼出印度教民族认同的核心要素。认同（Identity）是一套识别象征体系，用于界定自我的特征，表示与他者的不同。社会学领域发展起来的群体认同是某一群体对其群体特性的认知，主要体现为人们确定身份的问题，如“我们是谁”、“我们从哪里来”、“我们与他们的区别是什么”等。[⑤] 根据

---

① 米什拉：《认同和宗教》（Amalendu Misra, *Identity and Religion*: *Foundations of Anti – Muslim in India*, New Delhi: Sage Publications, 2004），第 16 页。

② 贾夫里罗特编：《印度教民族主义文摘》（Christophe Jaffrelot ed., *Hindu Nationalism*: *a Reader*, New Jersey: Princeton University Press, 2007），第 12—14 页。

③ 萨瓦卡尔：《印度教特性》（Vinayak Damodar Savarkar, *Hindutva*: *Who is a Hindu*? New Delhi: Bharatiya Sahitya Sadan, 1989），第 4 页。

④ 米什拉：《认同和宗教》（Amalendu Misra, *Identity and Religion*: *Foundations of Anti – Muslim in India*, New Delhi: Sage Publications, 2004），第 185 页。

⑤ 威腾、戈德弗雷编：《群体认同》（David A. Whetten and Paul C. Godfrey eds., *Identity in Organizations*, *Building Theory through Conversations*, London: Sage Publications, 1998），第 18 页。

客观世界的不同，人们往往承载了多样的群体认同，其中民族认同是一种重要的群体认同形式。萨瓦卡尔认为印度教民族认同的首要标志是神圣的雅利安圣土（Aryavarta）；[①] 然后是种族，印度教徒是吠陀祖先的后裔，从古代就开始在这块土地生活；除了宗教、种族和领土，萨瓦卡尔提到语言是印度教民族认同的支柱之一，在此他意指梵语也指印地语。这样，萨瓦卡尔就在“印度教特性”与“印度教、印地语、印度斯坦”三部分之间建立起等式。从宗教、文化、语言、人种、神圣领土的叠加中，印度教民族第一次出现了。[②]

在印度教改良前辈的影响下，萨瓦卡尔发明了一个新的印地语词汇“印度教特性”（Hindutva），认为印度民族认同就集中体现在印度教特性上。印度教多数人群体被认为代表印度，不仅因为印度教民族是最大的民族，而且因为它是最古老的民族。印度教徒是印度这块神圣土地的主人，宗教少数人是外来者。宗教少数人必须遵守“印度教特性”文化，因为它是民族文化。在私人生活中，宗教少数派可以信仰他们的神，遵守他们的宗教仪式，但是在公共场合他们必须对印度教象征表示忠诚。在萨瓦卡尔看来，宗教少数人主要针对穆斯林和基督徒，他们是非印度宗教的鼓吹者；佛教徒、耆那教徒和锡克教徒并不是非印度教徒，他们是跟印度教紧密联系的教派的信徒。[③] 根据“印度教特性”界定的印度教民族，指的是那些既把印度当作祖国，也当作圣地的人民。

自萨瓦卡尔提出“印度教特性”概念以来，印度社会就对其进行了长时期的争论。印度教民族主义者认为“印度教特性”代表的是文化民族主义和积极的世俗主义，并认为该观念代表的是宗教宽容、世俗价值和对祖国的热爱。印度穆斯林群体将“印度教特性”看作反对宗教少数人的反动观念。印度教群体里的不可接触者认为“印度教特性”是婆罗门的法西斯主义。在印度知识界，有的学者将“印度教特性”称为多数人的原教旨主

---

① 古代印度雅利安人居住的地方，指恒河—雅穆纳河两河之间的地区及毗邻地区，北起喜马拉雅山，南至文迪亚山脉和萨特普拉山脉，这一块领土也被印度人称为印度斯坦。

② 贾夫里罗特编：《印度教民族主义文摘》（Christophe Jaffrelot ed., *Hindu Nationalism: a Reader*, New Jersey: Princeton University Press, 2007），第 15 页。

③ 同上。

义，有的学者认为“印度教特性”是一种温和的原教旨主义。我国学者邱永辉对“印度教特性”的研究发现，作为一种观念的“印度教特性”，就是要恢复印度教在印度政治生活中的主导地位，用印度教统一全民思想，指导全民行动。作为一种现象的“印度教特性”，指的是多数派印度教徒在国家政治经济发展中发挥主导作用，印度教享有印度主流宗教和文化地位。[①]“印度教特性”成为印度教民族主义运动长期宣传的目标和努力实践的方向。印度教民族主义者认为，正是共同的传统和文化，而不是共同的经济利益，导致一个民族的诞生。因此，为了国家和民族的团结，少数人团体应该尊重多数人团体的愿望，放弃自己的文化权利，学会在印度生活。印度教民族主义者认为强制同化是必要的，应该将印度建成为在宗教文化上具有同质性的国家。

萨瓦卡尔的书《印度教特性》是对“哈里发运动”泛伊斯兰动员的反映，书中大多想法源自于对伊斯兰和穆斯林的深深敌意。对萨瓦卡尔来说，印度的穆斯林是“第五纵队”，他们的忠诚朝向麦加和伊斯坦布尔；穆斯林具有泛伊斯兰倾向，他们具有进攻性而且组织很好；印度教徒却很虚弱且遭到种姓和教派的分化，穆斯林可能超越印度教徒；虽然穆斯林是少数派，但是他们对印度教构成威胁。当面对来自穆斯林的威胁时，充满分歧的印度教社会拥有了统一的身份认同，那就是印度教认同。认同是个动态的选择与建构的过程，自我认同的建构需要借助他者才能实现。“认同需要差异，差异需要认同”，只有通过与自我对立的他者才能建构自我认同。[②] 借助威胁穆斯林他者的形象，印度教自我认同得到了建构。基于印度教认同，萨瓦卡尔想象了印度教民族共同体。在萨瓦卡尔的印度教民族想象中，他并不是要把穆斯林赶出印度，而是要对印度穆斯林进行再改教，让他们恢复其印度教身份。[③]

---

① 邱永辉：《印度教概论》，社会科学文献出版社 2012 年版，第 145 页。

② 康勒里：《认同/差异：政治矛盾中的民主协商》（William E. Connolly, *Identity / Difference: Democratic Negotiations of Political Paradox*, New York: Cornell University Press, 1991），第 X 页。

③ 米什拉：《认同和宗教》（Amalendu Misra, *Identity and Religion: Foundations of Anti – Muslim in India*, New Delhi: Sage Publications, 2004），第 187 页。

三、戈瓦卡尔与国民志愿团（Rashtriya Swayamsevak Sangh，RSS）

萨瓦卡尔为印度教民族主义提供了一种意识形态，但是他并没有列出行动方案，以便印度教徒对穆斯林威胁采取反制行动。马哈拉施特拉人海德戈瓦（Keshav Baliram Hedgewar）1925 年在南格普尔（Nagpur）创立了国民志愿团，将印度教徒组织起来，并针对假想敌进行意识和体能训练。为了印度民族自由事业，海德戈瓦早期加入印度国大党，但是他并不满意甘地提倡的非暴力思想。于是，海德戈瓦退出国大党，建立国民志愿团。在他看来，国民志愿团成为印度教徒统一和团结的潜在力量，印度民族复兴需要的答案在于国民志愿团发起的印穆不合作运动。在海德戈瓦的意识形态里，印度民族等同于印度教民族。[①]

为了在充满差异的印度教群体中建立印度教民族的整体和团结意识，海德戈瓦提出了三个方面的建议：从哲学方面理解精神世界；从组织方面通过夏卡（Shakha）创建一个实体；从政治方面建构可行的他者如穆斯林和基督教徒。其中最重要的是组织方面，只有通过组织形式，印度教民族的精神和政治纬度才能得到宣传和强化。[②] 为此，海德戈瓦决定从基层开展工作，按照标准的模式，他在镇上和村庄创建了国民志愿团的地方组织夏卡（Shakha），年轻的男性印度教徒每天早晚在操场集会，进行武术训练，接受意识形态教育。负责夏卡的全职男人叫普拉夏拉克（Pracharak），他把整个人生都奉献给了组织。作为团领导层的一员，普拉夏拉克可能被送往印度的任何地方去发展组织网络。同时，海德戈瓦极力凸显非印度教徒他者，以此建构印度教自我认同。正如著名文化学者霍尔所说，认同是

---

① 库马尔：《印度教改良主义与中北印度的教育》（Krishna Kumar，"Hindu Revivalism and Education in North – Central India"，*Social Scientist*，Vol. 18，No. 10，October 1990），第 15 页。

② 麦克唐纳：《心理爱国者》（Ian McDonald，"Physiological Patriots：the Politics of Physical Culture and Hindu Nationalism in India"，*International Review for Sociology of Sport*，Vol. 34，No. 4，1999），第 349 页。

通过差异构建的，只有借助与他者的关系，认同才能建构起来。①

在海德戈瓦领导下，国民志愿团迅速开展了大规模的印度教民族主义运动，不仅致力于传播“印度教特性”意识形态，而且给印度教多数人团体注入了行动活力。到印度独立时，国民志愿团成为最大的印度教民族主义运动组织，约有60万名团成员。成立初期，国民志愿团对印度的公共生活并没有多大影响，因为它总是与政治保持距离。1940年，戈瓦卡尔（M. S. Golwalkar）接替海德戈瓦成为RSS首领，他仍然宣布将非政治性作为一项组织原则，但是允许团员以私人身份参与政治活动。②

戈瓦卡尔在其书《我们或我们民族性的界定》中从西方民族理论中提炼出民族“五元素”，即领土、人种、宗教、文化、语言，并运用“五元素”民族观继续证明印度教民族的合理性。③ 印度斯坦：印度教徒继承的家园，北起喜马拉雅，其他三边是无限的海洋，这是一块理想的完整地理体。印度教人种：史前时期就居住在这块土地上的古老人种，由共同的传统和共同的记忆联系在一起。印度教：伟大的印度教人种信仰印度教，印度教是一个有机的整体，它给所有人提供高贵的期望、旨趣和能力。印度教文化：在印度教对生活各方面（个人的、社会的、政治的）的影响下，印度教人种发展出自己的文化。过去两千年来印度教文化不断遭到穆斯林和欧洲文明的侵蚀，但是印度教徒的精神（如慷慨、容忍、奉献和爱）并没有完全被削弱，印度教文化仍然是世界上最伟大的文化。印度教文化不仅帮助人们崇拜神灵，而且产生了现代科学界的许多知识巨人，其中有伟大的数学家巴斯卡拉恰亚（Bhaskaracharya）、化学家和物理学家查拉克·萨姆西塔（Charak Samhita）与巴瓦普拉卡西（Bhavaprakash），另外也产生了伟大的艺术家、雕塑家、政治家、外交家、哲学家等等。所有这些人都是印度教古老文化结出的丰硕果实。梵语：从北边的喜马拉雅到南边的海洋，从东到西，梵语对大家来说是共同的语言。所有印度现代的姊妹语

---

① 霍尔编：《文化认同问题》（Stuart Hall ed., *Questions of Cultural Identity*, London: Sage Publications, 1996），第14页。

② 李珉：《印度教与印度民族主义》，《南亚研究季刊》2004年第4期，第72页。

③ 戈瓦卡尔：《我们或我们民族性的界定》（M. S. Golwalkar, *We or Our Nationhood Defined*, Nagpur: Bharat Prakashan, 1947），第21页。

言都是通过梵语发展起来的，它们相互联系，具有很多相似之处。甚至印地语也被不同省的人理解，作为表达的中介而得到使用。在印度这块土地上产生的各种方言很自然地围绕母语（梵语）而联系起来，实质上是一种语言。印度只有一种语言——梵语，其他的语言都是梵语的分支，是梵语这个母语的孩子。所以，梵语构成印度教民族的第五个元素。[①]

戈瓦卡尔认为印度斯坦、印度教徒人种、印度教、印度教文化、印度教语言（梵语和它的分支构成的语系）完成了印度教民族的概念。在印度斯坦存在且必然需要存在一个古老的印度教民族，不是其他而是印度教民族。所有那些不属于民族的（印度教人种、宗教、文化和语言），自然不在真正的民族生活之内。戈瓦卡尔认为印度斯坦——印度教徒的家园——居住且应该居住印度教民族。所以，只有那些致力于重建、恢复和解放印度教民族的运动才是真正民族的。只有那些内心里希望振兴印度教人种和印度教民族，并积极参与运动努力实现这个目标的人，才是民族的爱国者。其他的人，表现得像爱国者，但从事对印度教民族有害的活动，要么是民族事业的背叛者和敌人，要么是傻瓜或者误入歧途的愚昧者。[②]

在戈瓦卡尔看来，非印度教群体，特别是穆斯林或基督教徒，仅能成为有条件的印度人，一定程度上说就是他们接受印度教在民族历史中享有的优势。印度斯坦的非印度教徒必须接受印度教文化和语言，必须学会尊敬和敬畏印度教，除了印度教人种和文化的辉煌外他们不能拥有其他观点。也就是说，他们应该放弃对这块土地和古老传统不宽容和不感激的态度，相反应该培养对其积极的热爱和奉献精神。总之，他们必须停止成为外来人，待在这个国家且完全从属于印度教民族，不主张或不需求任何特权，更别说什么优惠措施，甚至放弃作为公民的基本权利。[③] RSS 新任团首领拉晋德拉·辛格（Rajendra Singh）回应了戈瓦卡尔的上述看法，认为

---

① 贾夫里罗特编：《印度教民族主义文摘》（Christophe Jaffrelot ed., *Hindu Nationalism: a Reader*, New Jersey: Princeton University Press, 2007），第 114—117 页。

② 戈瓦卡尔：《我们或我们民族性的界定》（M. S. Golwalkar, *We or Our Nationhood Defined*, Nagpur: Bharat Prakashan, 1947），第 52 页。

③ 麦克唐纳：《心理爱国者》（Ian McDonald, "Physiological Patriots: the Politics of Physical Culture and Hindu Nationalism in India", *International Review for Sociology of Sport*, Vol. 34, No. 4, 1999），第 348 页。

建立印度教民族是国民志愿团的目标，他说，“我们的社会应该是同质的，印度应该成为印度教联邦（Hindu commonwealth）”。[①]

第三节 印度教民族主义团家族

1915 年成立的印度教大会宣称致力于保护印度教利益，保护印度教民族、宗教与文化，复兴古代印度教国家。这个印度教色彩浓烈的组织进行了一系列保护神牛、推广印地语的活动。1923 年印度教大会主席萨瓦卡尔在《印度教特性》一书中将印度教民族称为一个同质的整体，将印度的穆斯林和基督徒归为外来者，甚至印度的敌人。“印度教特性”思想的出台，标志着印度教民族主义意识形态的公开化。然而，将印度教民族主义意识付诸于实践行动的是由海德戈瓦在 1925 年创立的国民志愿团。国民志愿团不仅在印度民族独立运动期间给予“印度教特性”有力的表达，而且通过夏卡统一和训练印度教群体，从心理和体能上武装印度教民族。成立初期国民志愿团自称是文化组织，与政治保持距离。然而，随着独立运动期间印穆鸿沟的扩大，印度教民族主义和伊斯兰民族主义势力竞相增长，国民志愿团领导人意识到他们根本不能保持在政治之外。随后，国民志愿团帮助成立了印度人民同盟和世界印度教大会，还成立了工商组织、学生组织、妇女组织、地方政党组织等等。这样以国民志愿团为中心而建立起来的一个组织系统被称为团家族（The Sangh Parivar），国民志愿团是这个组织系统的意识形态渊源和领导核心。[②]

1925 年，海德戈瓦建立国民志愿团（RSS），坚持认为 RSS 主要从事文化活动。1940 年戈瓦卡尔成为该组织领导人，在印度独立运动的高潮时期，国民志愿团的活动已经明显政治化。1973 年，德奥拉斯（Madhukar Dattareya Deoras）成为团首领，国民志愿团扩大了活动范围，在政治上起

---

① 马利克、瓦吉佩伊：《印度教武装分子的出现》（Yogendra K. Malik and Dhirendra K. Vajpeyi, “The Rise of Hindu Militancy: India's Secular Democracy at Risk”, *Asian Survey*, Vol. 29, No. 3, March 1989），第 312 页。

② 江亦丽：《当代印度教》，《世界宗教研究》1995 年第 3 期，第 11 页。

到了更加积极的作用。自此，国民志愿团通过卓越的组织和严格纪律，建立起印度教群体认同意识，在国内政治和社会中影响越来越大。

国民志愿团的基本宗旨就是团结印度教徒，为印度教民族而奉献。RSS 组织强调教育、性格塑造，教化个人为民族无私奉献，RSS 战略的核心是保持一种积极的奉献和友爱精神，唤醒民众的民族意识。在民族复兴工程中，RSS 工人是不懈传播民族精神的使者，他们从事的活动成为个人人品和民族文化的一个重要部分。戈瓦卡尔认为这是印度教徒服务印度母亲的唯一方式。

国民志愿团的组织战略是“圣社”组织战略的简化版，主要应对来自殖民主义和伊斯兰的威胁。RSS 通过夏卡创建了无数个规模很小但是虔信和高效的爱国者组织，它们将领导整个印度教徒共同体。对印度教民族主义意识形态家来说，种姓是印度教徒中真正的分歧因素。因此，RSS 需要超越社会分歧，特别是种姓。RSS 创建了夏卡这种组织形式，并使其成为同质、统一民族的熔炉。[①] 夏卡是一种日常的聚会，它努力营建一个忽略种姓的印度教徒空间。在这个空间里，不同种姓成员不受歧视地混合在一起，所有参与者只是印度教徒，在神圣祖国面前都是平等的。通过创建许多地方印度教徒空间，RSS 再现了印度教民族空间。[②] 夏卡的活动内容包括：每天早上或晚上志愿者要集会一个小时，进行体操练习和半军事训练，接受良好品行的观念和准则教育。然后，团全职活动家普拉夏拉克还要对志愿者进行意识形态训练，从而赋予他们一种最大程度的民族忠诚精神，在志愿者之间建立一种牢固的友爱关系。夏卡借鉴了多种传统成分，一个是北印度、马哈拉施特拉和孟加拉地区流行的武斗方式阿卡拉（Akhara），[③] 另一个来自传统的启示就是在印度教派别里年轻学生和古鲁（Guru）[④] 之间建立了很亲近的关系，这成为普拉夏拉克职业和人际关系的

---

① 贾夫里罗特：《印度教民族主义者对朝圣的再解读》（“The Hindu Nnationalist Reinterpretation of Pilgrimage in India: the Limits of Yatra Politics”, *Nations and Nationalism*, Vol. 15, No. 1, 2009），第 8—9 页。

② 戈郎特：《民族的空间》（Will G. Grant, “The Space of the Nation: an Examination of the Spatial Productions of Hindu Nationalism”, *Nationalism and Ethnic Politics*, No. 11, 2005），第 338 页。

③ 阿卡拉（Akhara）本来指摔跤场，后来指年轻男性聚集起来进行体能锻炼和比赛。

④ 古鲁（Guru）是对印度教精神导师的尊称。

基础。最后，夏卡也借鉴了西方殖民者的军事化和集体管理方式，RSS 活动家穿统一服装（白色上衣和卡其色短裤），配备统一的装备（棍棒或三叉戟），[①] 挥舞橘黄色三角旗。

国民志愿团希望建构一个新的印度教徒形象，他应该是爱国无私的个人，忠诚于民族和 RSS，接受良好的体质训练，表现出男性气概和勇气，能够自我约束和管理。这方面来说，RSS 团员将成为刹帝利式的武士，从而反对甘地提倡的非暴力、女性性力激发的印度教徒形象。RSS 团员的组织纪律和规范行为使得它与很多组织和运动相区别，RSS 塑造了一个伟大集体的形象。RSS 的最大功能在于加强了团员之间的联系，免除了对友谊背叛的担忧，让每个团员确信他们集体（民族）追求的真理性和伟大性。[②] 然而，在 RSS 进行的印度教民族建构工程中，团员将印度的伊斯兰教看作外来宗教，将穆斯林看作印度教徒的威胁甚至敌人。RSS 在宣传中不断谴责穆斯林，认为他们不愿意接受印度教在国家政治文化生活中的主宰地位。这样的谴责加剧了印度教徒对穆斯林的仇恨和偏见，导致印穆关系紧张，显然不利于印度不同宗教团体间的和睦相处。

1964 年，国民志愿团与印度教古鲁合作，建立了世界印度教大会（Vishwa Hindu Parishad，VHP）。VHP 的创立得到了许多古鲁的支持，他们都与 RSS 具有意识形态联系。VHP 第一位领导人阿普特（Shivram Shankar Apte）早在 1939 年就在孟买加入了 RSS，与戈瓦卡尔的相识使得他成为一位职业的普拉夏拉克。1961 年，阿普特发表了一系列文章，呼吁将现存的印度教各个流派的代表召集起来，从而加强印度教的团结。1963 年，另一位印度教古鲁辛马雅南达（Swami Chinmayananda）也建议召开世界印度教徒大会，以实现印度教徒团结的目标。从那时起，阿普特和辛马雅南达就为成立世界印度教大会而展开合作。为此，阿普特在印度全国游历长达 9 个月，联系志同道合的印度教徒创建世界印度教大会。终于，1964 年

① 三叉戟是印度教大神湿婆的武器，此处印度教民族主义者使用三叉戟意味着恢复印度教的战斗精神。

② 汉森：《恢复阳刚气：印度教民族主义、暴力和对穆斯林他者的排斥》（Thomas Blom Hansen，“Recuperating Masculinity：Hindu Nationalism，Violence and the Exorcism of Muslim Other”，*Critique of Anthropology*，Vol. 16，No. 2，1996），第 147 页。

世界印度教大会在桑迪帕尼学院（Sandipany Academy）举行成立大会，共有150名印度教古鲁参加了这次大会。会议将VHP确定为非政治的文化组织，并确定VHP的目标是“建立统一的印度教社会”。1966年，VHP在阿拉哈巴德召开了第一次代表大会，来自25个国家的2.5万名印度教徒出席了会议。1979年，VHP召开了第二次代表大会，海内外约10万印度教徒参加了此次会议。

世界印度教大会成立主要是为了应对印度国内存在的其他宗教宣教活动，它模仿其他宗教的组织结构特征来抵制它们的影响。① 20世纪60年代，印度教徒认为自己的宗教文化受到了伊斯兰教和基督教的威胁，长久下去可能会影响到印度教的存活。为了将一盘散沙的印度教徒团结起来，印度教古鲁呼吁建立印度教各派别联合体，从而壮大印度教的整体实力，扩大印度教在世界上的影响力。世界印度教大会负责将印度教各派的领导人召集起来，赋予印度教一个中央机构，使印度教社会成为具有统一领导的组织系统。VHP的基本使命是保卫印度教，但它与印度教宗教机构的联系网络使得它有能力从事各种族群宗教动员活动，比如在1966年末掀起的禁止宰杀母牛运动、20世纪80年代末至90年代初掀起的罗摩庙运动。

独立初期，一些印度教民族主义者不满印度次大陆被分裂的现状，认为这是国大党向穆斯林过于妥协的后果。1948年，一位印度教极端分子高兹（Nathuram Vinayak Godse）刺杀了甘地，由于凶手是前RSS成员，总理尼赫鲁立刻下令取缔RSS，并拘捕了RSS的一些领导人和活动家。甘地遇害之后，印度政府认为印度教大会和国民志愿团对法治构成了威胁，国大党内的自由派甚至将RSS看作印度的法西斯组织。② RSS被解禁以后，其领导人意识到他们不能期望来自执政领域任何政党的支持。之前一部分倾向于从政的RSS领导人再次要求戈瓦卡尔建立自己的政党，于是戈瓦卡尔

---

① 贾夫里罗特：《印度教民族主义运动和印度政治：1925—1990年代》（Christophe Jaffrelot, *The Hindu Nationalist Movement and Indian Politics, 1925 - 1990s: Strategies of Identity - building, Implantation and Mobilisation*, New Delhi: Viking, 1996），第193页。

② 格拉汉姆：《印度教民族主义与印度政治：印度人民同盟的产生与发展》（Bruce Graham, *Hindu Nationalism and Indian Politics: the Origins and Development of the Bharatiya Jana Sangh*, Cambridge: Cambridge University Press, 1990），第11页。

允许他们与时任印度教大会的主席穆克吉商量建党的事。这次谈判直接促成了印度人民同盟（Bharat Jana Sangh，BJS）在1951年成立。[①] 1951年10月21日，各个省的委员和其他利益团体在德里召开大会，宣布印度人民同盟正式成立，穆克吉任党主席，乌帕迪亚亚（Deendayal Upadhyaya）任党总书记。1953年，穆克吉去世，乌帕迪亚亚实际主持党的工作。乌帕迪亚亚是印度教民族主义运动中一位有影响力的意识形态家，它在20世纪60年代提出"整体人本主义"（Interal Humanism）学说。"整体人本主义"既从萨瓦卡尔的"印度教特性"中吸收启迪，其"瓦尔纳体系是个有机整体之说"也可以追溯到"圣社"的达耶难陀。为了提防少数派可能分裂印度，继任人民同盟党主席马德克（Balraj Madhok）对萨瓦卡尔和戈瓦卡尔的观点作出回应，他规劝少数人印度化，意思是他们应该吸收印度教文化特征，同化到印度教民族代表的印度民族中。[②] 1977年，人民同盟并入人民党参加了全国大选，并以轻微多数赢得了执政权。这样，印度教民族主义势力作为执政联盟的一员，首次在印度中央掌握政权。然而，在人民党执政期间，人民党中的人民同盟派别因跟RSS的联系和维护印度教教派利益而不断遭到其他成员的指责。1980年4月，主要的国民志愿团成员和人民同盟成员脱离人民党，重组为印度人民党（Bharatiya Janata Party，BJP）。1996年印度人民党一跃成为印度议会第一大党，并于1996年、1998年、1999年先后三次在中央执政。RSS为BJP提供了意识源泉和行动指南，甚至为BJP输送了组织人员，包括一些有经验的领导人。同时，RSS建立的全国网络也为BJP在全国和邦议会选举中的候选人提供了支持基础。[③] 1989年，印度人民党将"印度教特性"确定为该党的指导思想，目的是建立一个独具特色的印度教占统治地位的强国，让世界承认印度的

---

① 贾夫里罗特编：《印度教民族主义文摘》（Christophe Jaffrelot ed.，*Hindu Nationalism：a Reader*，New Jersey：Princeton University Press，2007），第16页。

② 福克斯：《甘地式社会主义和印度教民族主义》（R. G. Fox，"Gandhian Socialism and Hindu Nationalism：Cultural Domination in the World System"，*The Journal of Commonwealth and Comparative Politics*，Vol. 25，No. 3，November 1987），第237页。

③ 沃尔森、幕克吉：《印度政治中的橘黄色风潮》（Robert G. Wirsing and Debolina Mukherjee，"The Saffron Surge in Indian Politics：Hindu Nationalism and the Future of Secularism"，*Asian Affairs*，Vol. 22，No. 3，Fall 1995），第190页。

“一流大国”地位。[①]

湿婆军（Shiv Sena）于20世纪60年代在孟买成立，是一个印度教民族主义地方政党。它的目的是在孟买政治经济生活中为当地马哈拉施特拉印度教徒的权益提供保障。湿婆军的名称来源于17世纪马拉塔王国建立者、勇敢的国王希瓦吉（Shivaji Maharaj）。湿婆军为年轻活动家修建了健身室，室内墙上装饰着希瓦吉的画像，以及破坏之神——湿婆神的画像，可见湿婆军是个尚武组织，尤其重视对成员进行武力训练。20世纪80年代，湿婆军从事了一项宣传“印度教特性”、侮辱穆斯林少数的战略，它逐渐向农村地区扩张，并成为一支重要的政治力量。1995年3月，湿婆军与BJP组成执政联盟，治理工业发达的马哈拉施特拉邦。

湿婆军是一个非常集权化的组织，一直由具有威望的最高领导人萨克雷（Bal Thackeray）领导。萨克雷决定了湿婆军的意识形态导向，其他领导人与立法者的演讲和论文都或多或少地模仿了萨克雷。萨克雷和湿婆军话语的基本形式是民粹主义，1960年它努力将人民建构为一个积极的、强大的、男权化群体，将马哈拉施特拉人的精神解读为尚武。萨克雷呼吁人们为印度教徒身份而感到骄傲，成为强大的印度教徒，因为印度教徒在数量上占有优势，而且他们的文化也非常优越。据说，湿婆军只给那些值得保护的人提供保护，即自豪、勇敢和自信的人。鉴于马拉塔人可以证明的勇气和无畏精神，湿婆军认为马拉塔人（指代马哈拉施特拉邦的印度教徒）应该走在民族复兴浪潮的前列。

萨克雷在谈话中经常指责穆斯林，认为穆斯林像耗子、毒蛇一样蚕食印度的自由。他还说，“在真纳建立巴基斯坦的同时，尼赫鲁在印度国内创建了另一个巴基斯坦”。[②] 他将穆斯林看作印度教徒的威胁、反民族者、叛国者，甚至公开提议穆斯林去巴基斯坦。他在1991年的选举运动中还将谋杀甘地的凶手说成英雄。湿婆军宣传的主题主要围绕穆斯林人口增长，政府安抚穆斯林，穆斯林从事反民族活动，穆斯林的神秘、阴谋和暴力

---

① 邱永辉：《浅析“印度教特性”政治》，《南亚研究季刊》2003年第2期，第20页。

② 汉森：《恢复阳刚气：印度教民族主义、暴力和对穆斯林他者的排斥》（Thomas Blom Hansen, “Recuperating Masculinity: Hindu Nationalism, Violence and the Exorcism of Muslim Other”, *Critique of Anthropology*, Vol. 16, No. 2, 1996），第161页。

等。在湿婆军的宣传攻势下，穆斯林被认为阻止印度教徒恢复阳刚气，阻止印度教社会的经济和政治发展，使得印度不能成为世界上的强大国家。

湿婆军和RSS具有很多相似之处，首先它们都将穆斯林看作阻碍民族发展的他者，其次认为行动、统一和纪律是通向复兴印度教社会的道路。不同之处在于RSS允诺和谐、合作、集体组织、行动主义和必要的妥协，但是湿婆军相信暴力、冲突和对抗。[①] 1992年阿约迪亚庙寺之争期间，湿婆军在孟买发动了血腥的反穆斯林骚乱。北印度的许多城镇里都能听到湿婆军的口号，"无论是谁冒犯我们，都将要被打倒"，"三叉戟是印度教徒的标志"。

团家族还包括国民志愿团针对特定目标群体建立的一些组织，这些目标群体包括妇女、工人、学生、农民等。1936年，RSS仿照自己的组织机构建立了附属于团的女性组织（Rashtra Sevik Samiti）。1948年，德里的RSS领导建立了印度学生协会（Akhil Bharatiya Vidyarthi Parishad，ABVP），它最初的主要目的是抵制共产主义在大学校园的影响，目前它是印度学生联合会中成员最多的组织。1955年，RSS建立了印度工会（Bharatiya Mazdoor Sangh，BMS），其主要任务也是以印度教民族主义意识形态打击红色工会，同时也以印度教民族主义意识形态为教条，努力促进阶级斗争中的社会团结。RSS还成立了印度农民协会（Bharatiya Kisan Sangh，BKS）和司瓦德希群众阵线（Swadeshi Jagran Manch，SJM）。1952年，RSS成立了部落福利中心（Vanavasi Kalyan Ashram，VKA），它的首要目的是抵消基督教在印度部落地区的影响，因为传教士的传教和社会福利活动导致许多人改变宗教信仰。该中心模仿传教士的方法，为许多人进行再改宗。[②] 1977年，RSS成立了印度知识协会（Vidya Bharati）教育组织，它在全国建立了上万所学校和教育机构，大量雇佣印度教徒老师，向学生传授印度教文化知识。1979年，RSS创立了印度服务（Sewa Bharati），主要通过一些社会活动（如免费学校、低成本的医疗）进入印度部落和贫民窟。神猴

---

① 邱永辉、欧东明：《印度世俗化研究》，巴蜀书社2003年版，第261—262页。

② 贾夫里罗特：《印度教民族主义运动和印度政治：1925—1990年代》（Christophe Jaffrelot, *The Hindu Nationalist Movement and Indian Politics, 1925 - 1990s: Strategies of Identity - building, Implantation and Mobilisation*, New Delhi: Viking, 1996），第119页。

团（Bajrang Dal）创建于1984年，是附属于VHP的青年组织和战斗臂，多由号称志愿者和罗摩崇拜者的无业游民组成。它以修建罗摩庙的名义，在印度教徒中产阶级那里成功地募集了大量资金，同时倾向于依靠暴力达到某些政治目的。

全印民族论坛（the All India Nationalist Forum）具有相对独立性，也有自己的政治计划。该论坛努力改革印度教社会，抗议对印度教徒的歧视，指导印度教徒的选举行为以符合民族和团体的利益，提醒多数派注意印度国家和印度教群体面临的危险。同时，该论坛还努力取消宪法中给予少数派重要让步的条款，比如宪法第30条允许宗教和语言少数派建立和经营他们自己的教育机构，全印民族论坛认定这违背了民族统一的利益；宪法第370条给予穆斯林居多数的查谟-克什米尔特殊地位，该论坛坚持认为给予少数派控制的邦特殊地位，将鼓励其他少数派在印度联邦内寻求特殊地位，并最终导致印度联邦的不平衡。全印民族论坛也从军事上努力训练和武装印度教徒，从而把分散的印度教徒团结起来，建立印度教民族。①

一些同情团家族的印度教徒建立了“印度之声”（Voice of India）出版社，其目的是通过出版物为团家族提供一个完整的、激昂的印度教意识形态。“印度之声”的印刷品涉及印度教事件、运动、政党和公共人物，表现了印度教自我通过妖魔化他者而得到凸显的民族思想。为了给团家族提供一个全面的意识形态，团家族的政治组织利用“印度之声”出版物的宣传影响，在20世纪80年代发起了激烈的反穆斯林运动，并于20世纪90年代拆毁了巴布尔清真寺。②“印度之声”出版物充斥着对非印度教文化的偏见和歧视，以至于一些政党将其归为需要禁止的“仇恨文学”。

以上这些组织都是依赖国民志愿团这个母体发展起来的，从而构成了团家族。各个成员在团家族内部分工明确，发挥了相互补充的作用，他们组织聚会、游行，庆祝印度教节日等。团家族具有双头形象，它利用作为

---

① 马利克、瓦吉佩伊：《印度教武装分子的出现》（Yogendra K. Malik and Dhirendra K. Vajpeyi, “The Rise of Hindu Militancy: India's Secular Democracy at Risk”, *Asian Survey*, Vol. 29, No. 3, March 1989），第316页。

② 帕巴伊：《印度教特性中的妖魔》（M. Reza Pirbhai, “Demons in Hindutva: Writing an Theology for Hindu Nationalism”, *Modern Intellectual History*, Vol. 5, Issue 01, April 2008），第29页。

自由民主形式的政党参加选举，也利用大众组织开展它的文化和社会活动。团家族充分利用自由民主原则，比如言论自由、结社和集会自由，为强化它的组织和意识形态创建了一个广阔的公共空间。[①] 团家族的活动范围越来越大，它不仅在印度国内建立了强大的群众基础，而且开始深入海外的印度教徒群体中。

小　结

受西方教育和东方学派的影响，19 世纪印度教知识分子发起了改革印度教的运动。在这一过程中，印度教改良家呼吁印度人民摒弃印度教实践中的陋习，同时复兴值得骄傲的印度教文化遗产。印度教改良派重视本土文化、保护印度教社会的意识孕育了印度民族的萌芽。然而，在英殖民者分而治之阴谋下，印度穆斯林成立了穆斯林联盟，目的是削弱国大党领导的民族独立运动，公开寻求穆斯林团体的利益。这种背景下，印度教改良派和正统派合作建立了印度教大会，它是针对穆斯林联盟而在印度教团体中成立的对等组织。印度教大会鼓励印度教徒团结起来，反对英国殖民者，同时极力阻止穆斯林联盟的分裂行径。印度教大会主席萨瓦卡尔提出印度教特性思想，主张印度教在国家政治生活中的主导地位，认为印度教徒结成了一个同质的民族，即印度教民族。印度教大会的成立和印度教特性思想的提出，标志着印度教民族主义正式形成。

国民志愿团为印度教民族主义赋予了明确的行动方案，通过夏卡将不同种姓印度教徒融为一个整体。夏卡活动既包括保护和推广印度教文化的意识形态训练，也包括塑造印度教徒斗志的武术训练。国民志愿团的半军事化管理和良好的组织纪律赋予印度教徒强大自信，激发他们为印度民族而积极奉献的决心。国民志愿团成为印度民族统一的潜在力量，但是国民志愿团认为印度民族就是印度教民族。团首领戈瓦卡尔将印度斯坦、印度

---

① 巴勒吉：《使印度印度教化和男性化》（Himani Bannerji, "Making India Hindu and Male: Cultural Nationalism and the Emergence of the Ethnic Citizen in Contemporary India", *Ethnicities*, No. 6, 2006），第 373 页。

教徒人种、印度教、印度教文化、印度教语言（梵语及其分支）看作构成印度教民族的五元素。后来，国民志愿团发展了宗教文化翼世界印度教大会、政治翼印度人民同盟，以及附属于团的工人组织、女性组织和学生组织等，各个附属组织下面再设分支组织。这样以国民志愿团为母体形成了一个庞大的印度教民族主义组织体系，这个组织体系被称为团家族。团家族组织网络分布于印度每个角落，深入印度社会、文化、政治、经济等领域。

印度教民族主义以印度教特性为其意识形态基础，宣称印度教民族是将印度看作祖国和圣地的群体。在印度教民族主义者看来，印度教认同等于民族认同。团家族强调的印度教认同是当代建构和传统过去结合的产物。通过发现传统，团家族激活了人们的文化自豪感，通过准军事化组织训练使不同地区、语言、种姓的印度教徒结成了一个团结友爱的共同体。为了建构和强化印度教认同，团家族在文化、社会领域开展了印度教同质化运动，这有利于克服印度教群体涣散、缺乏凝聚力的问题。然而，以印度教认同为基础的民族整合却不可避免地出现排斥其他宗教文化的现象，印度教民族主义者将基督教和伊斯兰教视为外来威胁者，加固了印度教与其他宗教文化之间的教派壁垒，恶化了国内各宗教群体之间的关系。

第二章
从边缘到中心：印度教民族主义政治化进程

1947 年伴随着分治的痛苦，印度终于摆脱了英殖民统治，获得了完全独立。印巴分治导致了印度次大陆大规模教派冲突。据统计，至少有 50 万人在冲突中丧生。分治无疑给印度留下了深深的创伤，为了在印度彻底避免教派冲突，开国领袖尼赫鲁决定在独立后的印度实施世俗化、民主化治理。尼赫鲁构想的世俗主义并不是西方式的政教分离模式，而是国家平等对待一切宗教。从这种意义上说，宗教在独立后印度政治中将依然享有重要的地位。国家给予少数派的补偿性照顾政策被看作“保护性歧视”，国家的“伪世俗化”形象给印度教民族主义运动的发展留下了空间。

印度社会学家阿西斯·南迪将作为信仰和作为意识形态的宗教进行了区分。他认为作为信仰的宗教主要指前现代印度社会中变动的、合成的、宽容的宗教图景，其中宗教群体共享文化精髓，将宗教看作一种生活方式。这种宗教观点灵活地定义自我与他者，属于前现代或反现代化的范畴。相反，作为意识形态的宗教是一个次民族的标志，通常是为了保护非宗教的、政治或社会经济利益。这种宗教观是不灵活的，僵化的自我是为了反对他者，同时该宗教观突出多种对立现象：中心 VS 边缘、真正信仰 VS 歪曲、伟大传统 VS 地方文化或小传统。[①] 独立后，尼赫鲁正是基于

① 马拉姆帕里：《评析 20 世纪 80、90 年代马克思主义者和后现代主义者对印度教民族主义的反映》（Chandra Mallampalli，“Evaluating Marxist and Post - modernist Responses to Hindu Nationalism during the Eighties and Nineties”，*South Aisa Research*，Vol. 19，No. 2，1999），第 174 页。

“宗教作为信仰”，设想了印度教在国家生活中的地位与作用。然而，印度教民族主义者却基于“宗教作为意识形态”，在政治生活中最大化利用印度教，从而达到获取政治权力的目的。

第一节　尼赫鲁“世俗政治”框架下印度教民族主义的边缘地位

印度独立运动期间，印度教成为激发民族想象的源泉，以印度教为动员工具的各种民族主义力量相互交织。甘地领导国大党挖掘印度教文化精髓，以非暴力不合作的形式掀起印度民族独立运动高潮。萨瓦卡尔和戈瓦卡尔领导的印度教民族主义运动利用印度教文化精神组织和鼓舞印度教徒，以印度教处于危险中为口号，呼吁印度教徒与非印度教势力做斗争，旨在建立一个印度教文化至上的民族。用马利克的话来说，“印度民族运动基于印度教文化复兴，从性质上来说印度的民族运动是非世俗的，不过后来被尼赫鲁这样的世俗主义者劫持了”。[①] 世俗民族主义和印度教民族主义势力在独立运动期间既相互借重，又相互排斥，这种抗争持续到独立后的印度。

国大党代表的世俗民族主义发动了非暴力不合作大众运动，印度教大会代表的印度教民族主义势力给以积极响应，从而使得这场运动赢得了更广泛的支持平台。国大党内的保守派长期与印度教民族主义运动保持联系，有学者说，“从历史的角度看，国大党体现了印度教民族主义的自由面孔，但是它位于其他所有印度教民族主义者之上”。[②] 在印度争取民族解放的过程中，世俗民族主义和宗教民族主义一直相互争夺控制权，在独立后印度国家民族整合不力的情况下，两股民族主义势力依然并存，保持着

---

① 马利克、瓦吉佩伊：《印度教武装分子的出现》（Yogendra K. Malik and Dhirendra K. Vajpeyi, “The Rise of Hindu Militancy: India's Secular Democracy at Risk”, *Asian Survey*, Vol. 29, No. 3, March 1989），第 323 页。

② 沃尔森、幕克吉：《印度政治中的橘黄色风潮》（Robert G. Wirsing and Debolina Mukherjee, “The Saffron Surge in Indian Politics: Hindu Nationalism and the Future of Secularism”, *Asian Affairs*, Vol. 22, No. 3, Fall 1995），第 200 页。

一种复杂、微妙的竞合关系。出于对世俗民族主义和旁遮普、克什米尔分离主义的直接反应，印度教民族主义长期存在于印度国内政治舞台。

世俗民族主义以国大党为代表，产生于19世纪70年代。世俗民族主义的主要特点是：鼓励不同宗教、不同种姓、不同部族的人民团结起来，共同反对英国殖民者，赢得印度完全自治，并最终建立政治独立和经济发展的新印度。[①] 值得注意的是，世俗民族主义运动中的领导人如提拉克、甘地等利用宗教情感激发了人们反对英国殖民者的情绪，他们主张以印度教作为思想武器，去动员群众投入民族解放斗争。可以说，印度民族的想象存在于印度教徒血液里，这就从想象的民族共同体内排除了穆斯林和其他非印度教徒。[②] 同时，甘地利用印度教徒这个统一政治体反对英殖民主义，从而赋予了印度民族主义运动一种印度教导向，这具有明显的局限性。甘地的民族话语，或者说甘地绝对的印度教生活观孤立了穆斯林，他以一种印度教包容和恩惠的态度对待穆斯林，反而使得穆斯林很害怕。甚至有穆斯林怀疑甘地就是要将印度政治印度教化。[③]

20世纪20年代，甘地成为国大党领导人，他吸收印度教文化中的非暴力精髓，带动群众开展各种非暴力不合作运动，给英殖民当局施加了巨大压力，迫使英国同意印度自治。在巴基斯坦建国之父真纳看来，甘地倡导的印度民族主义就是印度教民族主义。非暴力、包容的大众运动建构了一个民族，并动摇了英国的殖民统治，但是大众政治的印度教基础也导致了印穆冲突。[④] 20世纪30年代后，作为甘地助手的尼赫鲁逐渐成为国大党领导人，尼赫鲁的思想虽然受到甘地的影响，但也有不同于甘地的地方，比如尼赫鲁就反对绝对非暴力思想，主张向西方学习工业现代化，发展印度民族大工业。尼赫鲁深知任何对过去历史的解读都会产生争执，用印度

---

① 朱明忠、尚会鹏：《印度教：宗教与社会》，世界知识出版社2003年版，第139页。

② 色特：《对遁世的批评》（Sanjay Seth，“The Critique of Renunciation：Bal Gangadhar Tilak's Hindu Nationalism”，*Postcolonial Studies*，Vol. 9，No. 2，2006），第145页。

③ 米什拉：《认同和宗教》（Amalendu Misra，*Identity and Religion*：*Foundations of Anti－Muslim in India*，New Delhi：Sage Publications，2004），第15页。

④ 瓦西雷：《印度的民族认同、印度教民族主义和焦虑政治》（Ashutosh Varshney，“Contested Meanings：India's National Identity，Hindu Nationalism，and the Politics of Anxiety”，*Daedalus*，Vol. 122，No. 3，Summer 1993），第250页。

的过去创建一种民族的观点有其内在的问题，因此他设法把现代化和经济发展作为民族认同的基础。尼赫鲁希望将民族身份与共同的过去、共同的起源相分离，从而倾向于一个共同的未来或共同的目的。为了实现印度世俗民族的目标，尼赫鲁故意忽略穆斯林统治历史，甚至用“印度教社会存在暴力”来为“穆斯林残暴统治”开脱，这并不能帮助印度教徒建立对穆斯林的信任，相反还潜在地破坏了印穆团结和世俗主义。尼赫鲁自己也承认，在一个宗教社会里建立一个世俗国家的努力面临着巨大的挑战。他虽然宣布平等对待一切宗教，但是他的政策实际上呈现模糊性，以至于被称为“弱世俗主义者”（Soft Secularist）。[①] 尼赫鲁为首的自由主义者并没有足够估计原始忠诚的力量，正是这种忠诚力量给印度教民族身份认同提供了强大的支持基础。[②]

独立运动期间出现的印度教民族主义源于印度教徒精英的危机感，他们视英国殖民者和穆斯林为威胁，他们的自卑情结催生了强烈的印度教民族主义情绪。印度教民族主义与世俗民族主义有所区别，他们将民族利益与教派利益混同起来，有时教派利益甚至高于民族利益。印度教民族主义具有双重动机：建立一个统一的印度，同时将印度民族和政治印度教化。穆斯林和其他少数群体虽然没有从“印度”定义中排除，但是包容少数派的前提是将少数派同化到印度教社会，让他们接受印度教在政治和文化中的主导地位。[③] 尽管印度教民族主义运动以高种姓印度教徒为主体，但是它也注意团结低种姓和部落族群，目的是建立一个高度同质化的“印度教国家”。在印度教民族主义者的观念中，印度教既可以是一种文化，也可以是一种宗教。RSS 高级领导人谢夏德利就说，“印度教不是一种宗教信仰的名称，它体现了民族生活”。BJP 主席阿德瓦尼表示，“既然印度教是

---

① 米什拉：《认同和宗教》（Amalendu Misra, *Identity and Religion*: *Foundations of Anti - Muslim in India*, New Delhi: Sage Publications, 2004），第 15—16 页。

② 马利克、瓦吉佩伊：《印度教武装分子的出现》（Yogendra K. Malik and Dhirendra K. Vajpeyi, “The Rise of Hindu Militancy: India's Secular Democracy at Risk”, *Asian Survey*, Vol. 29, No. 3, March 1989），第 310 页。

③ 瓦西雷：《印度的民族认同、印度教民族主义和焦虑政治》（Ashutosh Varshney, “Contested Meanings: India's National Identity, Hindu Nationalism, and the Politics of Anxiety”, *Daedalus*, Vol. 122, No. 3, Summer 1993），第 232 页。

对民族的描述，穆斯林可以叫作穆斯林印度教徒，锡克人可以叫作锡克印度教徒，基督徒可以叫作基督印度教徒”。①

独立后，印度教民族主义不断发展壮大，这主要是出于对世俗民族主义和地方分离主义的强烈反应。甘地没能阻止印度分治，这表达了两方面的信号：对世俗民族主义者来说，分治凸显了宗教与印度民族主义之间的对立；对印度教民族主义者来说，分治强化了他们的信念，即印度教与印度民族主义是互补的，伊斯兰与印度民族主义是对立的。独立后的尼赫鲁政府坚决选择世俗主义的道路，试图用经济发展和民主政治快速愈合人们经历的分治伤痛。然而，分治的事实加重了印度教民族主义者对穆斯林的仇恨和不信任，他们对巴基斯坦充满敌意，甚至认为印度国内的穆斯林构成了“小巴基斯坦”。印度教民族主义者在分治期间为从巴基斯坦遣返回来的印度教徒提供了很多帮助，这使其拥有了广泛的群众基础和影响力。1948 年甘地遇害事件引发了民众对 RSS 及印度教民族主义运动的愤恨，印度教民族沙文主义情绪受到了遏制。甘地去世后，印度教民族主义与世俗民族主义就为政治权力和意识形态塑造而处于相互斗争状态。印度独立初期，国大党和政府由尼赫鲁控制，出于对其个人领导魅力的信服，各个政党避免公开煽动选民的宗教情绪。总体看来，这一阶段印度教民族主义势力在国内政治中处于边缘化地位。

面对印巴分治时的教派屠杀和大规模教派迁徙留下的社会问题，独立后的印度政府坚决选择世俗化国家建设道路，企图通过快速的经济发展弥合人们心里的教派仇恨。1950 年印度宪法中明确规定印度采取西方的议会民主政治和社会主义的计划经济模式。对于这个兼采资本主义和社会主义的混合政体模式，印度教民族主义者予以了严厉批评。印度教民族主义者认为尼赫鲁的“民主社会主义”道路自相矛盾，民主不会是社会主义的，社会主义也不会是民主的。社会主义和民主都出自于西方文明，是西方的思想。印度教民族主义者认为医治印度衰败的药方只能出自于东方，这个

---

① 瓦西雷：《印度的民族认同、印度教民族主义和焦虑政治》（Ashutosh Varshney，“Contested Meanings：India's National Identity，Hindu Nationalism，and the Politics of Anxiety”，*Daedalus*，Vol. 122，No. 3，Summer 1993），第 240 页。

药方应该是印度本土的传统文化。[①]

帕塔·夏特吉认为，印度独立后政治机制、法律、公共政策和经济领域都体现了与西方中和的痕迹，这些并不是印度创造性和想象运作的结果，而是殖民统治强加给印度的。只要国家被看作外来妥协的领域，而非印度人真正自我拥有和塑造出来的，那么就不能阻止印度教徒多数派将世俗国家看作“殖民的”，而将印度教特性看作“民族的”。[②] 因此，不论是萨瓦卡尔、戈瓦卡尔还是后来的乌帕迪亚亚，都强调恢复印度教的古老传统，捍卫印度教精神和文化，用印度教的伦理价值观来建设理想的社会。

国大党政府宣布的世俗主义建国原则包括三个方面：宗教信仰自由，国家对所有宗教一视同仁；在社会和经济方面，国家对少数人集团（如穆斯林、锡克教徒等）的利益给予保护和照顾；主张社会不受种姓的支配。然而，印度宪法条款中的印度教色彩玷污了世俗主义，反映出印度教徒的偏见。比如宪法第1条“联邦的名称和领土”中表示：印度就是Bharat，应该成为一个联邦体。将印度称为Bharat反映了制宪委员会中印度教特性派的势力，他们想要用国家名称反映位于英殖民和穆斯林统治之前的古老、辉煌的印度教时代。Bharat这个词语用在宪法一开头，表明了这个词语重要的象征意义。[③]

印度国家建设的世俗化原则一开始就遭到了印度教民族主义者的激烈批评，他们认为印度是个宗教文化盛行的国家，宗教渗透到社会的方方面面，不顾印度的国情借用西方的世俗主义只会导致国家对宗教的滥加干涉。况且，西方现代社会的世俗原则与印度的世俗原则在实践上有所区别。西方在经历了启蒙运动和工业革命后，理性思维主导了国家和社会生活，宗教真正与政治分离。但是，独立后印度的世俗化实践变成了“平等地对待一切宗教”，这给国家干涉宗教事务提供了借口。印度教民族主义

---

① 朱明忠:《印度教民族主义的兴起与印度政治》,《当代亚太》1999年第8期，第34页。

② 马拉姆帕里:《评析20世纪80、90年代马克思主义者和后现代主义者对印度教民族主义的反映》(Chandra Mallampalli, “Evaluating Marxist and Post - modernist Responses to Hindu Nationalism during the Eighties and Nineties”, *South Aisa Research*, Vol. 19, No. 2, 1999), 第173页。

③ 辛格:《印度“世俗”宪法中的印度教偏见》(Pritam Singh, “Hindu Bias in India's ‘Secular’ Constitution: Probing Flaws in the Instruments of Governance”, *Third World Quarterly*, Vol. 26, No. 6, 2005), 第911页。

者认为在国家公职和教育上对少数人实施保留，这就是政府实施的“伪世俗化”政治。

通过对印度独立和建国的考察可以发现，在印度民族认同想象过程中总是为印度教民族主义留存了一些想象空间。[①] 尽管如此，独立后在印度联邦政府世俗化的总体设计中，具有教派色彩的印度教民族主义力量基本被排除在国家主流政治之外，尼赫鲁领导下的国大党执政精英将世俗主义吹嘘为是为了阻止印度教多数派的威胁。[②] 然而，国大党内部的大量印度教保守主义者并没有割裂与印度教民族主义的联系。独立后初期，国大党政府不乏印度教民族主义的同情者，如时任工业和供给部部长的穆克吉就是印度教大会的领导人。1948 年 RSS 因甘地遇害事件遭到禁止，但是其很快又以从事文化教育的名义重新开始活动，尼赫鲁政府对此采取了模糊的态度。正是这个时期，国大党内的保守派、印度教大会与国民志愿团一起努力，为成立印度教民族主义政党而积极筹备。[③] 在印度宪法框架下，印度教民族主义者不仅建立了自己的政党——印度人民同盟，而且加紧了政治动员，善于调整战略，在政治上逐渐得势。

独立后初期，人民院政治力量大都反对 RSS 的印度教民族主义主张，尼赫鲁的国大党和左翼政党都极力边缘化 RSS。出于政治上的权益考虑，RSS 决定成立自己的政党。1950 年，RSS 活动家马卡尼制订了成立新政党的计划，认为新的印度教特性政党的目的是抵制共产主义对印度的威胁。此时，RSS 领导人就新政党的讨论与印度教大会穆克吉的努力正好契合，他希望建立印度教民族主义政治平台，从而反对执政的国大党。穆克吉曾经接替萨瓦卡尔成为印度教大会的主席，独立后初期在尼赫鲁政府担任工

---

① 瓦西雷：《印度的民族认同、印度教民族主义和焦虑政治》（Ashutosh Varshney，“Contested Meanings：India's National Identity，Hindu Nationalism，and the Politics of Anxiety”，*Daedalus*，Vol. 122，No. 3，Summer 1993），第 227 页。

② 卢帕勒利亚：《政治温和化机制理论再思考》（Sanyay Ruparelia，“Rethinking Institutional Theories of Political Moderation：the Case of Hindu Nationalism in India，1996 – 2004”，*Comparative Politics*，Vol. 38，No. 3，April 2006），第 320 页。

③ 格拉汉姆：《印度教民族主义与印度政治：印度人民同盟的产生与发展》（Bruce Graham，*Hindu Nationalism and Indian Politics：the Origins and Development of the Bharatiya Jana Sangh*，Cambridge：Cambridge University Press，1990），第 12 页。

业和供给部部长。在"利亚夸特—尼赫鲁协定"（Liaquat – Nehru pact）[①]的背景下穆克吉提出了辞职，因为他认为这个条约背叛了东孟加拉的印度教徒。穆克吉也反对尼赫鲁给予克什米尔有限的自治权。1951 年 10 月，穆克吉与 RSS 高层领导在德里召开了印度人民同盟（BJS）成立大会，穆克吉被选为党主席，乌帕迪亚亚任总书记。[②]

人民同盟提倡"一个国家、一个民族、一种文化、一种法律"的口号，主要反对印度的分治。就印度独立后的民族主义观来看，BJS 认为分治后的印度应该合并起来，应该通过梵语化的文化加强印度（Bharat）的团结。同时，人民同盟反对印度是个合成民族之说，认为这是对宗教和地方少数派的安抚和特殊照顾。[③] 人民同盟强烈反对尼赫鲁的世俗主义，它将世俗主义等同于对印度穆斯林的绥靖政策，反对尼赫鲁对巴基斯坦的外交妥协政策和国内对印度穆斯林的安抚政策。最初人民同盟将独立后的印度看作印度国家，1956 年改成"印度教国家"，人民同盟认为这两个概念是等同的，共存于印度民族主义之内。[④] 人民同盟反对帝国主义的语言（英语），提倡把印地语当作印度的国语，保护母牛和其他的印度教象征。它同时支持印度大量发展国防，积极致力于印度的核能力建设。

尼赫鲁加紧实施世俗国家建设进程，希望依赖共同的反殖民记忆和实用的社会主义导向，形成一种强大的国家民族主义意识形态。在民主、世俗、社会主义的治理框架下，尼赫鲁努力将印度民族主义与宗教多元主义结合起来。20 世纪 50 年代，在外交上国大党倾向共产主义的苏联，这导致了美国与巴基斯坦在南亚的反共产主义结盟。尼赫鲁政府还将克什米尔问题提交联合国。尼赫鲁政府的内政和外交举措遭到了印度教民族主义者的谴责，他们呼吁直接占领克什米尔，清除巴基斯坦和穆斯林力量。后来

---

① 1950 年 4 月 8 日，印巴两国总理在新德里签署"利亚夸特—尼赫鲁协定"，以保障印巴分治后两国少数民族的权利，避免他们之间的另一场战争。

② 巴特：《印度教民族主义：起源、意识形态和现代神话》（Chetan Bhatt, *Hindu Nationalism: Origins, Ideologies and Modern Myths*, Oxford: Berg, 2001），第 153 页。

③ 格拉汉姆：《印度教民族主义与印度政治：印度人民同盟的产生与发展》（Bruce Graham, *Hindu Nationalism and Indian Politics: the Origins and Development of the Bharatiya Jana Sangh*, Cambridge: Cambridge University Press, 1990），第 32—35 页。

④ 巴特：《印度教民族主义：起源、意识形态和现代神话》（Chetan Bhatt, *Hindu Nationalism: Origins, Ideologies and Modern Myths*, Oxford: Berg, 2001），第 154 页。

印度与中国、印度与巴基斯坦的边界冲突强化了印度教民族主义者的安全认知，他们认为独立后的印度——他们新建立的“印度教国家”——受到了军事威胁，呼吁加强印度军事化建设，赞成印度研制核武器。尼赫鲁时期各种剧烈的社会和政治变化刺激了印度教民族主义者的敏感神经，在来自共产主义和巴基斯坦的双重威胁下，印度教民族主义的政治崛起不可避免。①

贾夫里罗特将印度人民同盟的政治演变分为三个阶段：20 世纪 50 年代基于国民志愿团的意识形态和组织的政治战略；从 20 世纪 60 年代起，印度人民同盟的战略出现混杂化，即它的战略逐渐整合到政治主流，印度教民族主义呈现温和化；20 世纪 70 年代在国家紧急状态期间，印度人民同盟采取了务实的混合战略。② 印度人民同盟进入了一个并没有经验的议会民主政治的公共领域中，所以在 20 世纪 50 年代其面临很大的竞争压力。它一面奔向宪法政治，一面集中于地方活动，两个方向都需要政治家和活动家的工作。印度人民同盟并不完全分享 RSS 的意识形态和训练，或许跟团的联系反而成为其的另一种压力。1952 年 3 月，印度人民同盟参与了针对克什米尔的“坚持真理”行动，它的主要目的是将查谟 - 克什米尔全部归入印度联邦，取消克什米尔的特权地位，反对给予克什米尔宪法自治权。1953 年，党主席穆克吉去世，党总书记乌帕迪亚亚实际控制印度人民同盟的全部工作，在其提出的“整体人本主义”意识影响下，印度人民同盟面临着战略的重新导向，即从团的意识形态开始转变，采取温和、务实的政治战略。

20 世纪 60 年代，相比国大党在人民院的席位，印度人民同盟显得太弱小。它开始转向广泛的社会和经济问题，不仅仅关注如克什米尔、母牛保护运动这些教派敏感问题。印度人民同盟主要吸引城市和乡村的中产阶级，保护他们的利益，同时也表示愿意跟非共产主义政党合作。这期间，

---

① 巴特：《印度教民族主义：起源、意识形态和现代神话》（Chetan Bhatt, *Hindu Nationalism: Origins, Ideologies and Modern Myths*, Oxford: Berg, 2001），第 151—152 页。

② 贾夫里罗特：《印度教民族主义运动和印度政治：1925—1990 年代》（Christophe Jaffrelot, *The Hindu Nationalist Movement and Indian Politics, 1925 - 1990s: Strategies of Identity - building, Implantation and Mobilisation*, New Delhi: Viking, 1996），第 153 页。

印度人民同盟的主要力量集中在北印度印地语中心地带。国大党在全国层面宣称是世俗政党，但是在邦和地方层面它又积极与印度教传统主义者和正统主义者结盟，可以说国大党基本没有给印度人民同盟留下意识形态和政治运作的空间。① 这种背景下，印度人民同盟采取了功能主义的结盟战略，即与社会主义领导分子罗希亚（Ram Manohar Lohia）和纳拉杨（Jayaprakash Narayan）结盟。马利克和辛格认为20世纪70年代早期印度人民同盟与社会主义者的结盟将右翼的人民同盟拖出了边缘地位，让它进入政治主流。② 印度人民同盟对于社会主义小党的吸引力在于其拥有良好的组织和训练有素的领导。印度人民同盟可以从经济社会主义者提倡的反帝国主义和经济自立方面得到安慰。更重要的是，印度人民同盟和社会主义者都反对国大党的霸权领导地位。

从20世纪60年代末开始，印度国家和地方层面出现多元化政党体系。③ 印度人民同盟在邦联合政府中成为重要力量，在1966—1967年邦选举后，其进入了中央邦、北方邦、哈里亚纳邦、比哈尔邦和旁遮普邦建立的联合政府。印度人民同盟获得与少数派政党联合选举和执政的经验，并跟印度教忠诚者和部分工业资产阶级形成了长期的合作关系。印度人民同盟通过反对乌尔都语、禁止宰牛运动，培养出大批激进的印度教民族主义选民。尽管印度人民同盟主要吸引北印度的印度教选民，但是在选举中它也被说成是代表全印度利益的、负责任的政党。尽管20世纪五六十年代国大党处于控制地位，但是右翼人民同盟还是在民主政治框架内缓慢发展。1952年选举中，人民同盟第一次参与全国选举，仅获得了3.06%的选票。到1967年大选，它的得票率上升到9.41%。④

---

① 巴特：《印度教民族主义：起源、意识形态和现代神话》（Chetan Bhatt, *Hindu Nationalism: Origins, Ideologies and Modern Myths*, Oxford: Berg, 2001），第162页。

② 马利克、辛格：《印度的印度教民族主义者：印度人民党的崛起》（Yogendra K. Malik and V. B. Singh, *Hindu Nationalists in India: the Rise of the Bharatiya Janata Party*, New Delhi: Vistaar Publications, 1994），第32页。

③ 巴特：《印度教民族主义：起源、意识形态和现代神话》（Chetan Bhatt, *Hindu Nationalism: Origins, Ideologies and Modern Myths*, Oxford: Berg, 2001），第163页。

④ 达塔：《印度教民族主义或实用政党政治：印度教政党研究》（Rekha Datta, "Hindu Nationalism or Pragmatic Party Politics? A Study of India's Hindu Party", *International Journal of Politics, Culture and Society*, Vol. 12, No. 4, 1999），第576页。

印度人民同盟的政治上升运动与乌帕迪亚亚的“整体人本主义”意识形态宣传分不开。乌帕迪亚亚的“整体人本主义”包括以下几方面的内容：首先用整体性观点分析人类与社会，强调达摩、利、欲和解脱是人生奋斗的目标，实际上将传统的印度教人生观与一个理想的社会联系起来；其次用整体性观点分析民族、国家和民主政治现象，通过规范个人和机构的行为，印度教达摩有利于维持民族统一与国家治理；最后用整体性观点阐释经济问题，认为发展的前提是保持人与自然的和谐，同时注重人与机器的关系。为了充分发挥人的主体作用，乌帕迪亚亚提倡权力地方化，放权给村潘查亚特，恢复古老的种姓瓦尔纳有机体系。乌帕迪亚亚的“整体人本主义”观就是借助印度文化的整体性原则来解决印度面临的社会、政治和经济问题。乌帕迪亚亚赞扬印度文化的首要特征是把生活看作一个整体，印度生活的多样性是内在统一性的表现，印度文化强调的和谐与统一才是社会发展的根本。①

乌帕迪亚亚的“整体人本主义”思想在国民志愿团、印度人民同盟和后来的印度人民党中影响很大。“整体人本主义”成为人民同盟主要的准则和政策基础，印度人民党在竞选宣言中也经常引用“整体人本主义”。乌帕迪亚亚的“整体人本主义”实质是强调印度教文化，认为解决个人、印度乃至世界问题的最终答案在于印度教代表的印度文化。② 无论是个体还是群体，只有遵守达摩才能保持整体和谐，即严格遵守道德规范，履行自己的社会分工和职责，印度社会才能实现和谐与统一。实际上，“整体人本主义”等于宣扬印度教文化至上主义，乌帕迪亚亚在探寻印度发展道路的努力中无疑排斥了其他文化的优点，这并不利于理性地分析和解决印度现实的经济、政治问题。

从20世纪60年代起，印度教民族主义就在极端与温和立场之间摇摆。极端派主张通过自我耻辱化、模仿他者、族群宗教动员和发展活动家网络来实现印度教身份认同。温和派则依赖在意识形态上与印度教保守主义者

---

① 宋丽萍：《印度人民党意识形态的发展变化》，《唐都学刊》2008年11月，第24卷第6期，第92页。

② 同上，第93页。

建立友好关系，在社会经济、民生问题上进行大众动员，并与高级种姓合作。[①] 随着印度教民族主义政治翼人民同盟的成立，“印度教国家”理论再次泛滥。印度教民族主义组织如印度教大会、国民志愿团鼓吹印度教高于一切，鼓吹印度教文化和语言构成了印度教民族，认为穆斯林是外来者。在团家族的煽动下，印度教徒和伊斯兰教徒之间的教派冲突不断加剧。据统计，“1960 年印度教徒和穆斯林之间的教派冲突共有 26 起，1961 年为 92 起，1966 年增加到 132 起，到 1980 年就达到 421 起”。[②] 印穆教派冲突成为印度国内政治动荡的重要因素。国大党英・甘地政府以维护世俗政权的名义打压印度教民族主义政治势力，反而给人民同盟的现实主义政治结盟创造了机会。

第二节　英・甘地政权加速印度教民族主义的政治攀升

1966 年，英・甘地开始在德里执政，她逐渐加强了中央集权，把政治、外交、军事权力牢牢握在自己手上，这激起了党内外的不满。印度不断涌现的贫困、通胀等经济问题也反映出国大党执政不力，于是国内涌现出一股反国大党政府力量。面对国内不断积聚的异己势力，1975 年 6 月至 1977 年 2 月英・甘地宣布实施国家紧急状态，禁止任何对自己不利的言论和集会。这种形势下，印度人民同盟务实地选择与其他非国大党势力结盟，在政党政治和院外政治平台上发起对英・甘地政府的攻击，并最终于 1977 年成为印度中央联合执政力量的一员。当英・甘地感觉支持率降低时，她又诉诸于印度教多数派寻求支持。英・甘地在 20 世纪七八十年代利用印度教徒对不同地区（阿萨姆、克什米尔和旁遮普）分离势力的恐惧，达到暂时的政治目的。如果说尼赫鲁统治时期，世俗主义实际上抑制了印

---

① 贾夫里罗特：《印度教民族主义运动和印度政治：1925—1990 年代》（Christophe Jaffrelot, *The Hindu Nationalist Movement and Indian Politics, 1925 – 1990s: Strategies of Identity – building, Implantation and Mobilisation*, New Delhi: Viking, 1996），第 10 页。

② 朱明忠：《“印度教国家”理论与印度的教派斗争》，《当代亚太》1996 年第 3 期，第 26 页。

度教多数派主义的发展，那么后来的国大党领导人则间接认可了教派身份。国大党“打宗教牌”不仅加剧了印度教徒与非印度教徒的紧张关系，而且为印度教民族主义的发展创设了空间。

1966 年 1 月，在国大党内部争夺激烈的情况下，英·甘地通过国大党内的选举，成为印度首任女总理。执政初期，英·甘地缺乏经验，显得很小心谨慎。但是，她不断在实践中学习，并善于总结经验。很快，英·甘地就显示出雷厉风行和果断的行政风格，并就印度政治、经济采取了激进的调整措施，如在旁遮普推行绿色革命，开启农业改革。针对英·甘地实行的一些激进政治经济政策，国大党内外表示了强烈的反对。同时，全国经济形势的恶化也导致了反政府势力的汹涌。英·甘地最终选择了国家紧急状态，希望保住自己的政权。①

英·甘地执政时期，印度国内面临粮食短缺和财政拮据的问题。为了解决粮食问题，英·甘地政府决定暂停五年计划，通过实行几个年度计划来进行政策调整。英·甘地还着手实施农业改革，提高农业产量，这些措施帮助她赢得了美国与世界银行的赞赏和财政支持。1966 年 6 月，为了提高产品的出口能力，增加出口，英·甘地决定对卢比贬值。这一决定引发了国大党内外的严厉谴责，反对者认为英·甘地屈从于西方压力，有损国家尊严和民族利益。同时，英·甘地同意旁遮普锡克人建立语言邦②的要求，这也遭到了党内外的反对。

1967 年 2 月，印度举行第 4 届大选，国大党在选举结果中处于领先地位。但是，这次大选中印度人民同盟的势力大增。印度人民同盟在此次选举中获得 35 个席位，成为第二大反对党。右翼政党政治势力的上升，为国大党在中央和地方推行政策构成了挑战。③ 国大党在邦层面垄断政治的格局被打破，印度人民同盟参与了中央邦、北方邦、比哈尔邦等邦政府的联

---

① 巴特：《印度教民族主义：起源、意识形态和现代神话》（Chetan Bhatt，*Hindu Nationalism：Origins，Ideologies and Modern Myths*，Oxford：Berg，2001），第 163 页。

② 1966 年印度议会通过了建立旁遮普语言邦的法案，原来的旁遮普分为三块：讲旁遮普语的地区成为新的旁遮普邦；东南部讲印地语的地区成立哈里亚纳邦；余下的部分地区并入到喜马偕尔邦。旁遮普语言邦的建立并没有平息锡克人自治的要求，相反，20 世纪 80 年代上半期锡克人的政治发展对英·甘地的中央政权构成了威胁。

③ 林承节：《印度史》，人民出版社 2004 年版，第 465 页。

合执政。这期间，国大党内部势力继续分化，削弱了英·甘地政权的支持基础。1969 年 12 月，国大党分裂为执政派和组织派。1971 年 3 月提前举行的全国选举中，国大党（组织派）与印度人民同盟等全国性政党建立了联盟，目标就是把英·甘地及其所在的国大党（执政派）赶下台。它们攻击英·甘地的激进政策，指责她为独裁者，并呼喊着打倒英·甘地的口号。针对反对派联盟的口号，国大党（执政派）提出了消除贫困的口号，结果深得人心。英·甘地领导的国大党（执政派）赢得了这次选举的胜利，而人民同盟所在的反对派联盟却输得很惨。英·甘地把 1971 年的选举胜利看作人民对政府实行的激进政策的肯定和新的授权，并继续实施了一些社会经济方面的激进化政策，如私营企业国有化。一浪高过一浪的国有化浪潮，使英·甘地政府的左倾色彩越来越浓。英·甘地推行的激进政策受到特定政治环境的驱使，既有坚持社会主义类型社会方向的考虑，也有巩固和提高自己执政地位的考虑。英·甘地的激进措施导致反对势力联合起来对其进行攻击。

1971 印巴战争中印度成功肢解巴基斯坦，取得军事胜利，这为英·甘地赢得暂时的政绩。自 1973 年起，国内政治经济形势继续恶化，反对势力联合发动了反政府运动，指责国大党政府的霸权机会主义和腐朽。英·甘地的政治形象开始下滑，她的反贫困噱头也显得无效。相反，通货膨胀严重，燃料和基本生活用品价格持续上涨。这期间出现大量学生组织的反贫困和反政治腐败游行，游行集中在古吉拉特邦和比哈尔邦。1974 年 1 月，古吉拉特邦由学生领导的抗议运动逐渐波及到整个城市，学生指责邦首席部长和教育部长腐败，要求邦政府辞职，解散邦议会。1974 年 2 月 9 日，总统接管古吉拉特邦政权，邦议会也被解散。1975 年 6 月初，英·甘地领导的国大党（执政派）在古吉拉特邦选举中遭遇严重挫折，印度人民同盟所在的人民阵线获胜。同年 6 月，阿拉哈巴德高等法院裁定英·甘地曾在 1971 年大选中违规且违法，反对党趁机掀起了逼迫英·甘地下台的浪潮。[①]

甘地式社会主义党领导人纳拉扬发起一场反政府人民运动，史称

---

① 贾夫里罗特：《印度教民族主义运动和印度政治：1925—1990 年代》（Christophe Jaffrelot, *The Hindu Nationalist Movement and Indian Politics, 1925 - 1990s: Strategies of Identity - building, Implantation and Mobilisation*, New Delhi: Viking, 1996），第 272 页。

“J. P. 运动”。纳拉扬不仅要求解散比哈尔邦和古吉拉特邦的国大党政府，而且以这两个邦的运动为契机，掀起一场全国性的反政府斗争。他呼吁不仅要推翻国大党的统治，还要发动一场彻底的革命，建立一个理想的社会。纳拉扬的彻底革命就是要吸引社会主义者选民与渴望对政治和财产进行改革的人员，希望对整个社会的政治经济制度实行变革，从而建立以农村为基础的没有压迫、没有剥削的公有制社会。

1973 年德奥拉斯成为国民志愿团首领，他将团导向到积极参与政治的方向。印度人民同盟和国民志愿团的领导都参与了古吉拉特邦和比哈尔邦的反政府运动。1975 年，印度人民同盟接受纳拉扬的建议，呼吁所有的非国大党政党和组织组成联合人民阵线，以发起共同行动反对英·甘地领导的国大党政府。早在 1974 年 3 月，国民志愿团全国大会作出的决议就具有重要意义，它在一份声明中谴责国大党和印度共产党，谴责国大党在古吉拉特邦和比哈尔邦游行之后发动的暴力政治及对人民的镇压打击，同时将自己与那些邦的无法治、混乱局面撇清了关系。这件事反映了国民志愿团一贯的政治风格，它指控共产主义者策划了那些邦的混乱，主要目的是要夺取邦政治权力。通过这个决议，国民志愿团呼吁团成员与每种爱国主义力量进行真心合作，反对目前的腐败和自私氛围。一年后，国民志愿团的全国大会又发布了一项声明，谴责共产主义的扩张，要求团成员坚定地加速 RSS 在全国范围的工作，不要顾忌任何恶意的反民族主义和自私的宣传。①

在印度教民族主义团家族和社会主义势力联合发动的反英·甘地政府的浪潮下，英·甘地于 1975 年 6 月 25 日请求总统法鲁克丁·阿里·艾赫默德宣布全国进入紧急状态，停止实施宪法。英·甘地实施紧急状态的真实意图是阻止反对派对自己的政权构成威胁，但是她在全国广播中却解释说，反对派发动的动乱威胁到公民的权利，威胁到国家的安全和经济发展，政府不得不采取这种非常措施。国家紧急状态事实上赋予英·甘地无限的权力，让她可以从事任何看起来符合印度国家利益的行动。宣布紧急

① 巴特：《印度教民族主义：起源、意识形态和现代神话》（Chetan Bhatt, *Hindu Nationalism: Origins, Ideologies and Modern Myths*, Oxford: Berg, 2001），第 163 页。

状态后，所有反对党的领导人要么被投入监狱，要么软禁在家中。国大党（执政派）内部与英·甘地持不同政见的人也被投入了监狱。英·甘地政府颁布了新闻管制令，严格审查传媒和出版活动，取消了公民的言论、集会和游行等自由权利。政府还宣布禁止许多政治组织的活动，包括国民志愿团、伊斯兰教派组织和纳萨尔派。英·甘地实施的国内紧急状态遭到了所有反对党的愤慨和指责，广大人民群众甚至表示紧急状态不是因为人民处境危机，而是因为英·甘地执政处境危急。有人甚至用“印度第一共和国的死亡和议会民主制的死亡”来描述英·甘地实施的国家紧急状态。

1976 年英·甘地修改了印度宪法，第一次在宪法中明确国家的世俗化原则。宪法第 25 条第 2 款（a）赋予国家调节和限制任何经济、金融、政治或其他跟宗教实践相关的世俗活动的权力。这是在印度独立以来最集权的时期进行的第 42 次宪法修正案，这次修正案对立法、司法和行政三者的关系进行了调整，扩大了政府的权力，为英·甘地实施独裁统治制造依据。紧急状态期间，国民志愿团由于其教派特征第二次被取缔。国民志愿团和印度人民同盟的领导被抓进监狱。紧急状态期间被关押的共有 12986 人，政治连带罪的共有 6346 人，其中 65% 是国民志愿团和人民同盟的成员。[①] 紧急状态为国民志愿团后期战略和意识形态调整施加了深刻的影响，国民志愿团想象了它从极权控制下解救印度教民族的作用，同时证实了自己对印度中央权力的想象。同时，团家族成员的入狱经历，促进了印度教民族主义势力与其他反国大党力量的务实合作。

国家紧急状态结束后，1977 年 4 月国民志愿团全国大会发布了一项声明，表扬那些反对紧急状态的斗士，呼吁维持法律和秩序。国民志愿团声明极力表扬印度社会的各个部门，尤其是国民志愿团成员，反对英·甘地极权的斗争。对国民志愿团来说，声明表达了新的政治语言，目的是将它的民族和谐与社会统一理想用自由、民主、集权和斗争等非国民志愿团话语来表达。也许更大的变化是，1977 年和 1978 年国民志愿团呼吁它的成员采取措施缓解穆斯林和基督徒的疏离感。国民志愿团的报告说许多信仰

---

① 贾夫里罗特：《印度教民族主义运动和印度政治：1925—1990 年代》（Christophe Jaffrelot, *The Hindu Nationalist Movement and Indian Politics, 1925 - 1990s: Strategies of Identity - building, Implantation and Mobilisation*, New Delhi: Viking, 1996），第 276 页。

伊斯兰、基督教的人参加到国民志愿团组织的聚会中，交流意见。结果，不同信仰者之间的隔阂减少了，一定程度上促进了相互间的善意和友好。[①]随着国民志愿团首领德奥拉斯与基督教徒和穆斯林领导会面，RSS 全国大会劝告所有的公民，尤其是 RSS 成员，通过参与社会活动加速不同信仰者相互接触的过程。印度公共文化中出现的这种民族融合局面是结束紧急状态后的一种自然反应，宗教少数人表达出民族统一的需要，宗教多数人对少数人体现了真正的包容。

紧急状态结束后，印度教民族主义团家族继续加入纳拉扬领导的全国性反政府运动。事实上，在紧急状态前后，国民志愿团和印度人民同盟之所以选择与纳拉扬领导的甘地式社会主义组织联盟，除了出于政治上的权益考虑外，还因为甘地式社会主义者提倡的反贫困意识形态与人民同盟想要实现的现代化战略相契合。纳拉扬继承了甘地主义中的社会哲学，赞成发挥地方潘查亚特的作用，让农村和村社分享土地和劳动力资源，从而摆脱贫穷。戈瓦卡尔早年也赞扬了潘查亚特体制。纳拉扬提倡的甘地式乌托邦思想激起了人民同盟的共识。国民志愿团和人民同盟赞扬纳拉扬提倡的平等和财富均分。乌帕迪亚亚的“整体人本主义”与甘地哲学中的有机乌托邦（Organic - Utopian）方面非常相近，“整体人本主义”也吸引了大量的甘地主义者。也许，乌帕迪亚亚的意识形态就是将甘地—纳拉扬意识与国民志愿团的印度教民族理想直接合成的产物。[②]

早在 1975 年末，社会主义党的纳拉扬呼吁各个政党和组织联盟，发动反紧急状态的不合作运动。然而，1977 年紧急状态结束后，国民志愿团的工作总结对其他组织发挥的作用轻描淡写，甚至连纳拉扬也很少提到。相反，国民志愿团工人和志愿者被说成对反紧急状态起到非常核心和关键的作用。这就是国民志愿团政治语言的特色。一方面，国民志愿团表示既不寻求也不需要对他们的奉献进行认可，愿意为了民族而默默工作；另一方面，国民志愿团重要的英雄式角色又不断得到推广，其他党派角色则被看作无组织和充满分歧而遭到贬低。国民志愿团宣称参加反紧急状态活动的

---

① 巴特：《印度教民族主义：起源、意识形态和现代神话》（Chetan Bhatt, *Hindu Nationalism: Origins, Ideologies and Modern Myths*, Oxford: Berg, 2001），第 166 页。

② 同上书，第 165 页。

人中，有78%（约35310名）跟团家族有联系，同样那些在紧急状态期间因维护内部安全法案而遭到拘捕的人中，有71%（约16373名）跟团家族有联系。[①] RSS还通过比较反殖民与反紧急状态的历史和相似性，从道德上重建RSS，延伸RSS的意识形态，从而使其代表或者代替整个人民。

随着1977年1月紧急状态的结束，各大政党为参加1977年3月举行的第6届大选加紧筹备。根据纳拉扬的倡议，民众党（Lok Dal）[②] 与印度人民同盟、国大党（组织派）等反对党势力联合起来组成人民党，人民同盟成为其中的重要力量。人民党以统一的党、统一的旗帜、统一的纲领、统一的候选人迎接选举，目的就是要彻底击败英·甘地，夺取中央政权。人民党的竞选口号是“自由与面包”，并且强调这次大选是让印度人民在民主与独裁、自由与奴役之间作出抉择。人民党指责英·甘地的专制与独裁，指责她没有解决经济问题，同时允诺人民党将不仅要保障人民的民主权利，还要给予人民面包、改善经济生活。英·甘地对人民党的竞选不以为意，认为这只是右翼反对党临时拼凑的大联盟，不可能形成集中统一的力量。

事实上，英·甘地的国大党（执政派）在这次全国大选中败北，国大党自独立以来第一次丢掉了中央执政权。德赛领导的人民党赢得了议会542席中的270席，得到了超过49.8%的选票。[③] 人民党在议会中构成轻微多数派，在（民主）国大党的支持下，第一个非国大党联邦政权——人民党政府成立了。德赛任人民党政府总理，人民同盟的创建者、国民志愿团的老成员瓦杰帕伊（Atal Behari Vajpayee）和阿德瓦尼（Lal Krishnan Advani）在人民党政府中担任要职。接下来，人民党在邦选举中表现得更加出色，在中央邦和德里收获绝对多数席位，在北方邦、比哈尔邦、哈里亚纳邦和奥利萨邦也取得了好成绩。这一事实表明，在北印、中印这些地方，国大党（执政派）势力受损严重，而人民党中的人民同盟势力在这些

---

① 巴特:《印度教民族主义：起源、意识形态和现代神话》（Chetan Bhatt, *Hindu Nationalism: Origins, Ideologies and Modern Myths*, Oxford: Berg, 2001），第167—168页。

② 1974年由社会主义党、自由党（Swatantra Party）、奥利萨大会党（Utkal Congress）等7个党派融合组建民众党，主要目的是反对英·甘地的独裁统治。民众党首任领导人是查兰·辛格（Charan Singh）。

③ 林承节:《印度史》，人民出版社2004年版，第499页。

地方处于上升态势。

印度教民族主义者作为人民党执政联盟的成员，独立后第一次在中央掌权。人民同盟通过国民志愿团资深成员阿德瓦尼和瓦杰帕伊而维持在执政联盟内的地位，这段执政经历足以让阿德瓦尼和瓦杰帕伊相信：一个印度教民族主义政党将可能成为一种可行的政党政治力量，成为印度的主要反对党。同时，人民同盟在人民党执政联盟内部受到制约，这注定了人民同盟最终要发展为一股独立的政治力量。人民同盟的宗教基础为它在印地语地带的北印度赢得了支持率，但是这却引起了人民党的不悦。人民党认为人民同盟的议员与 RSS 保持联系并维护印度教教派利益，指责人民同盟削弱了人民党执政的世俗基础。据说，人民同盟具有良好的组织纪律，表现出强大的凝聚力，这对松散的人民党执政联盟也构成了威胁。[①]

人民党政府面临的最棘手问题是内部各个派别之间的勾心斗角和相互拆台，内乱的原因除了意识形态分歧外，还有个人出于争权夺利的目的。这种党内斗争使得人民党消耗了几乎全部精力，无暇顾及国家的经济社会发展。从 1979 年起，人民党开始了分解的过程，反对党乘机对人民党政府提出不信任案。1979 年 8 月，人民党结束了短暂执政。1980 年 1 月，印度举行第 7 届人民院选举，英·甘地领导的国大党（英）[②] 重返印度中央政坛。眼见人民党大势已去，1980 年 4 月人民党中原国民志愿团成员和人民同盟成员就脱离人民党，重组为印度人民党。

第三节　印度人民党的政治崛起

人民党垮台是意料之中的事，它的失败并没有终止印度教民族主义者在印度政治领域寻求更宽广平台。为了在意识形态和政治诉求方面强调人

---

① 达塔：《印度教民族主义或实用政党政治：印度教政党研究》（Rekha Datta, “Hindu Nationalism or Pragmatic Party Politics? A Study of India’s Hindu Party”, *International Journal of Politics, Culture and Society*, Vol. 12, No. 4, 1999），第 577 页。

② 1979 年国大党（执政派）分为英·甘地领导的国大党（英）和乌尔斯领导的国大党（乌）。

民的真正传统，新成立的印度教民族主义政党叫印度人民党（Bharatiya Janata Party，BJP）。BJP 清楚地知道，原人民同盟的支持基础主要限定在印度北部与中部印地语地带的高级种姓和城市中产阶级，为了获取政治权力，BJP 需要从地理和人口两方面扩大选举基础。BJP 企图通过意识形态宣传来树立一个新形象，近期政治经验加速了它的意识形态和战略改变，纳拉扬和德赛对 BJP 领导人的思维产生了巨大影响。1980 年，首任主席瓦杰帕伊在孟买 BJP 成立大会致辞中强调：BJP 不仅是给其前身人民同盟起一个新名字，它还代表了纳拉扬的期望。① 瓦杰帕伊强调需要基于价值的政治，他说："我相信国家的危机主要是道德上的危机，我们生活的最大问题是自私和权力欲望代替了道德价值观，政治变成了纯粹的权力游戏。"② 道德腐败已开始渗入印度社会，为了重建政治和社会，BJP 表示要复兴甘地、纳拉扬与乌帕迪亚亚提出的纲领和政策。除了意识形态调整，BJP 也与其他政党形成选举联盟，逐渐崛起为国大党（英）的替代者。在印度教复兴主义背景下，团家族的教派动员为 BJP 建立了印度教徒选票仓。BJP 灵活运用结盟、教派鼓动和民生关切等选举战略，最终取代国大党而成为中央执政党。

一、成立初期的意识形态基础

为了淡化教派色彩，BJP 在成立初期选择甘地式社会主义作为其新的意识形态基石。BJP 相信甘地式社会主义更加适合印度的文化环境，因为它是建立在印度的精神传统基础之上的。在 BJP 看来，避免人剥削人的经济分配计划应该基于伦理和道德原则，这正是甘地式社会主义的精髓。BJP 认为资本主义导致社会不平等，马克思主义否定了个人自由，甘地则提出了一种可以替代资本主义和马克思主义的经济模式和政府治理模式，只有甘地式社会主义才能实现自由和平等。甘地主义提倡经济和政治权力的非中央化，复兴代表机制特别是地方层面参与民主政治，从而减少国家

① 瓦杰帕伊：《十字路口的印度》（Atal Bihari Vajpayee, *India at the Crossroads*, New Delhi: Bharatiya Janata Party Publications, 1980），第 2 页。

② 同上。

官僚规模。

甘地式社会主义曾经因反技术立场和反对大规模工业化而遭到批评，但是BJP领导人对它进行了重新诠释，认为只要工业化不将社会非人性化，甘地主义足够宽广并且能够接受大中小企业。为了区别于尼赫鲁采取的完全西方式科技发展模式，BJP提出印度的精神传统与科技发展之间并不矛盾，这是因为印度文明一直在融合道德价值观与积极的科学态度基础上取得进步，科学与宗教将不得不和谐共处。[①] 在BJP看来，甘地式社会主义能够实现这种和谐。甘地式社会主义不仅避免暴力，而且反对人剥削人。人类既要满足物质需要又要满足精神需要，甘地式社会主义混合了人类的这两种需求。甘地式社会主义的推动者认为西方的社会主义观念导致了国家对政治经济权力的专制，而资本主义正如在西方实践的那样，产生了贪婪和自私。甘地的托管（Trusteeship）理念避免了两种体制的短处。托管体系被看作后资本主义的一种安排，在这样的体系安排下，当前的有产者将代表社会管理财产和生产体系，并为社会福利着想。面包、自由和就业是甘地主义的首要原则，BJP将使这些原则成为发展战略的核心，并努力围绕这些原则达成全国共识。[②]

BJP采用甘地思想作为其政治意识形态既是一种策略性举动，也体现了为经济和工业发展模式寻求一个本土基础的努力。1980年BJP主席瓦杰帕伊宣布："如果我们建立了与我们的潜力和需求相吻合的本土发展模式，并且考虑了人力和物质资源，印度将不会处于现在的困境。事实上，印度正在西方资本主义和苏联计划经济中遭遇不幸，甘地给印度的政治经济发展提供了一种新的路径。"[③] 在BJP看来，由于尼赫鲁对国大党和独立后印度全国政治的控制，甘地的政治思考被贬低到边缘地位。在瓦杰帕伊的领导下，BJP努力将甘地的思想带入印度政治主流。事实上，甘地式社会主义根本得不到激进印度教民族主义者的支持，因为他们认为甘地是一位强

---

① 宋丽萍：《印度人民党意识形态的发展变化》，《唐都学刊》2008年第6期，第91页。

② 印度人民党：《五项原则》（Bharatiya Janata Party, *Our Five Commitments*, New Delhi: Bharatiya Janata Party Publications, 1980），第5页。

③ 瓦杰帕伊：《十字路口的印度》（Atal Bihari Vajpayee, *India at the Crossroads*, New Delhi: Bharatiya Janata Party Publications, 1980），第6页。

调安抚穆斯林少数的民族领导人。

为了进一步修正极端印度教民族主义的势头，BJP 领导人提出了“五项原则”，即民族主义、民族整合、民主、积极的世俗主义和基于价值的政治。这五项原则是新成立的印度人民党的显著特征，以把它与国大党区别开来。根据 BJP 领导人的说法，国大党的表现是非民主的“伪世俗主义”，BJP 对国大党的指责如下：1975 年国大党实施了国家紧急状态，国大党安抚少数派从而扭曲了世俗主义，国大党容忍公共生活中的腐败从而贬低了政治，国大党无原则地追求权力，国大党不顾印度的文化传统引入了西方消费文化。BJP 宣布国大党的世俗主义完全是非道德的和机会主义的，它欺骗了这个国家的人民，因为它不断地将印度政治教派化。[①] 为了反映五项基本原则，BJP 领导人表示愿意跟所有政党合作，以帮助印度穷苦大众。尽管政党领导人表示 BJP 准备在特别的政治问题上灵活一些，但是它不会在国家领土完整、反对专制和政治腐败这样的根本问题上妥协。

在 BJP 看来，甘地也试图通过将道德整合到政治经济过程中而将政治精神化。甘地是世俗的，但是他并不赞同那些将宗教与政治分离的人。甘地曾说，那些相信政教分离的人既不理解宗教，也不理解政治。[②] 甘地坚持认为，自由民主提出的竞争性个人主义需要受到伦理原则的限制，否则，个人的权力膨胀就会导致无道德的政治发展。根据这种观点，BJP 领导人鼓吹采用“积极的世俗主义”观念。积极的世俗主义包含了两层意思：一方面，国家将宽容对待不同宗教信仰者，来自不同宗教的共同道德价值将成为印度文明整体的一部分；另一方面，印度国家从不歧视其他信仰者，它将致力于所有宗教一律平等。[③] 根据这些原则，宗教多数和少数成员将得到平等对待。为了将 BJP 与国大党和人民党区别开来，也为了照顾强硬的印度教民族主义者，BJP 表明将不再给其他宗教少数人提供任何特殊的保护和优惠，因为 BJP 认为提供优惠的举措会造成公民中两个阶级

---

① 印度人民党：《五项原则》（Bharatiya Janata Party, *Our Five Commitments*, New Delhi: Bharatiya Janata Party Publications, 1980），第 20 页。

② 南迪：《反世俗主义宣言》（Ashis Nandy, “An Anti - secularist Manifesto”, *Seminar*, October 1985），第 14 页。

③ 印度人民党：《五项原则》（Bharatiya Janata Party, *Our Five Commitments*, New Delhi: Bharatiya Janata Party Publications, 1980），第 4 页。

的发展。①

BJP 的主要目标是赢得政治权力，政党领导人根据变化的政治环境不断改变它的意识形态主张很正常。BJP 采用不同的意识形态是为了实现两方面的目的，即自我保存实力与控制政权。BJP 领导人承认国大党在独立运动期间发挥的历史作用，但是又认为过去 20 年里国大党领导人为了赚取权力造成了政治机制的腐败。英·甘地在国大党内和国家政府中积聚了大量权力并导致政治机制扭曲，以至于出现这样的说法，“一个人掌控了整个行政权力，内阁机制形同虚设”。② 国大党导致政府腐败和议会威望下降，并且对媒体和司法的独立性构成威胁。BJP 承诺要保护民主机制和准则，与独裁倾向做无休止的斗争。为此，BJP 调整其意识形态以扩大选举基础，逐渐成为国大党（英）的重要挑战者。更为重要的是，BJP 领导人愿意跟其他民主政党合作以保护民主和基本权利。BJP 努力建立一种特殊的自由主义形象，它宣布坚持不同意识形态和信仰的人能够共存。然而，BJP 的领导结构和招募方式，表明其一直保持了与国民志愿团这样的印度教民族主义势力的联系。

二、选举结盟战略及其得失

20 世纪 80 年代 BJP 的选举战略就是寻求与其他反对党结盟，扩大选举基础以获得选举胜利。1980 年，国大党（英）控制了全国及大部分邦政府权力，刚刚出现的多元政党体系似乎在向国大党（英）独大的趋势转变。BJP 的目标是能够替代国大党（英），虽然它具有明确的组织和意识形态，但它缺乏全国选举基础。1983 年，BJP 总书记阿德瓦尼讲道，“我们还不能代替国大党（英），但我们有潜力成为一个替代者”，“如果反对党不能填补印度政治的真空，那么地方政党和国大党（英）的分裂者将填

① 瓦杰帕伊：《十字路口的印度》（Atal Bihari Vajpayee, *India at the Crossroads*, New Delhi: Bharatiya Janata Party Publications, 1980），第 11 页。

② 印度人民党：《五项原则》（Bharatiya Janata Party, *Our Five Commitments*, New Delhi: Bharatiya Janata Party Publications, 1980），第 7 页。

补这个真空”。[①] 因此，BJP 需要跟其他反对党联合起来，形成一个反国大党的民主阵线。

1982 年的邦议会选举中，BJP 与各个反对党达成了席位调整协议。在哈里亚纳邦，BJP 与民众党形成选举联盟并打败了国大党。在喜马偕尔邦，BJP 与国大党（英）成为势均力敌的对手。在马哈拉施特拉邦，BJP 与国大党（社会主义派）结盟赢得选举胜利。同时，其他反对党也认识到，如果没有 BJP 的支持，反对党难以形成击败国大党（英）的具体计划。BJP 在中央邦、北方邦、比哈尔邦、拉贾斯坦邦、古吉拉特邦等建立了稳固的选举支持基地。BJP 甚至向南部邦（如卡纳塔克邦和安得拉邦）扩张其选举势力，这证明 BJP 在印度全国逐渐成为一支值得认可的政治力量。

BJP 内部逐渐分为三个派别，即强硬派、温和派和实用派，三者对结盟战略的看法并不一致。大多强硬者来自 RSS，他们主要依据意识形态正确性判断问题。温和派来自前人民同盟，有的是来自 RSS 的普拉夏拉克，但是政治现实使得他们更加实际。实用派包括那些经历了选举和政党政治现实并在各级政府拥有职位的人，这群人有的是前人民同盟成员，有的是人民党的新人。强硬派注意到 BJP 的支持基础在减弱，BJP 采取的结盟战略使得城市印度教徒动摇了对它的支持，因此强硬派反对瓦杰帕伊奉行的温和结盟战略。查谟的印度教徒将选票投给国大党（英），这更加证实了强硬派对于瓦杰帕伊结盟阵线的疑虑。瓦杰帕伊领导的实用派认为印度政治正在出现多元政党体系，没有任何政党能够在议会拥有绝对多数席位，只有联合政治才有可能执政。为了在全国分享权力，也为了在一些关键的邦（如北方邦、中央邦和古吉拉特邦）获取多数票，实用派倾向与反对党结成一定程度的联盟。虽然 BJP 内部各派对于结盟存有意见分歧，但是他们想要复兴印度教的性质并没有改变，他们不想失去自己政党的身份。[②]

1983 年，瓦杰帕伊成功地与查兰·辛格领导的民众党组建了全国民主阵线（National Democratic Front）。查兰·辛格认为跟 BJP 结盟可以赢得城

---

① 宋丽萍：《试析印度人民党的双重属性》，《当代世界社会主义问题》2005 年第 4 期，第 68 页。

② 邱永辉：《印度教认同与印度人民党》，《四川大学学报》（哲学社会科学版）1999 年第 1 期，第 72 页。

市印度教徒的选票。对于 BJP 来说，跟查兰·辛格的民众党结盟意味着 BJP 孤立政治结束了，它将不再被看作政治上的“不可接触者”，这种政党联合也可以帮助 BJP 扩大在农村的支持基础。BJP 对于民众党的追逐可能是一种有用的选举战略，但从政治上来说并不明智。事实上，民众党在北方一些邦给 BJP 的选举支持很有限，但查兰·辛格在选举胜利后的要价却很高。况且，查兰·辛格是一名投机主义者，没有政治信誉。1984 年 10 月，在没有跟 BJP 领导人商量的情况下，查兰·辛格宣布成立一个新的政党，即达利特工人政党（Dalit Mazdoor Kisan Party），这直接导致全国民主阵线解散。中间党派如钱德拉·谢卡尔领导的人民党，左翼政党如印度共产党和印度共产党（马），都决定不再跟 BJP 进行选举联盟或席位调整。

1984 年，BJP 在选举联盟战略失效的情况下进入选举竞争，它不得不依赖新的形象和意识形态，并继续淡化印度教民族主义色彩。1984 年 10 月 31 日，英·甘地被她的锡克卫兵杀害，民众给拉·甘地领导的国大党（英）投了大量同情票，结果国大党（英）取得了选举胜利。这次 BJP 选举失败的原因除了国大党（英）获得了同情票外，还有更深层的原因，那就是 BJP 忽略了这期间增长的印度教复兴主义势力。[①] 虽然 BJP 反对旁遮普锡克人的分裂要求，但是它主张政治解决锡克人的自治要求，反对并批判国大党（英）政府杀害无辜锡克教徒。考虑到不断增长的印度教复兴主义，这样公开对锡克教徒表示同情显然是 BJP 的战略错误。瓦杰帕伊和他的自由同僚很明显没有准确估计到印度教徒多数人群体情绪变化以及他们的关切，结果 BJP 为此付出了政治代价。为了建立一个全国性选举政治平台，BJP 奉行包容所有宗教群体的战略。然而，在印度教复兴势力不断增长的情况下，BJP 的这一包容战略显然难以奏效。

三、战略新方向：建立印度教徒选票仓

1985 年 3 月，BJP 成立了一个由副主席夏尔玛领导的工作小组，考虑

① 马利克、辛格：《印度的印度教民族主义者：印度人民党的崛起》（Yogendra K. Malik and V. B. Singh, *Hindu Nationalists in India: the Rise of the Bharatiya Janata Party*, New Delhi: Vistaar Publications, 1994），第 75 页。

党的选举战略及其调整。后来在该工作小组的建议下，BJP 决定重新定向意识形态及工作原则，将乌帕迪亚亚的“整体人本主义”定为其核心的意识形态。BJP 明确宣布，它要在印度建立一种符合印度文化和传统的政治。1985 年 10 月，BJP 在古吉拉特邦甘地纳加召开全国执行委员会，“整体人本主义”被正式定为党的基本哲学。BJP 保证“将把印度建成一个强大而繁荣的国家，印度的世界观将是现代的、进步的、文明的，未来印度将自豪地从印度古老的文化和价值中受到启示”。①

1986 年，阿德瓦尼接替瓦杰帕伊成为 BJP 主席，BJP 开始进入教派动员的时代。在新的领导下，BJP 更愿意接受 RSS 和人民同盟中的强硬派。在阿德瓦尼的主席致辞中，他谈到国家安全战略，并强调印度教徒多数受到的威胁。他说：“就很多政治家和政党来说，世俗主义变成安抚少数派的一种委婉说辞，因为少数派在选举中倾向于作为一个整体投票。”他继续说，“当两个月前克什米尔峡谷的 45 座印度教寺庙被破坏、大量财产被损毁的时候，除了 BJP，这个国家没有任何政党发出抗议声”。②

1986 年，印度教激进派不再处于印度政治边缘，而成为拥有巨大政治潜力的反对力量。阿德瓦尼非常关注印度教徒对穆斯林教派主义的愤怒，印度教徒认为“穆斯林是教派主义的，因为他们拥有相当程度的教派情感，穆斯林认为他们拥有值得以任何代价去保护的宗教、文化、语言遗产”。③ 一些印度教徒精英担心，如果穆斯林跟西化的印度教徒结盟掌握了权力，后果会非常可怕。西化的印度教徒精英没有批评印度穆斯林的教派倾向，相反他们让穆斯林团体自己处理内部问题，因为穆斯林不满意来自非穆斯林的任何干预。西化印度教徒的立场使得他们在印度教徒中产阶级的眼里变得很可疑，而印度教徒中产阶级希望建立“印度教国家”。④ 阿德

---

① 印度人民党：《1985 年 10 月全国执行委员会会议》（Bharatiya Janata Party, *National Executive Meeting October 8 and 9 1985*, *National Council Meeting*, *October 10 1985*, *National Study Group Meeting October 11, 12 and 13, 1985*, New Delhi: Bharatiya Janata Party, 1986），第 2 页。

② 印度人民党：《印度人民党主席阿德瓦尼致辞》（Bharatiya Janata Party, *Bharatiya Janata Party Presidential Address by L. K. Advani*, New Delhi: Bharatiya Jjanata Party, 1986），第 7 页。

③ 简恩：《印度教反冲》（Girila Jain, " The Hindu Backlash", *The Times of India*, September 10, 1986），第 8 页。

④ 同上。

瓦尼利用印度教徒中产阶级中的这些情绪，宣布在 BJP 基本信条的顶端是民族主义和民族团结，BJP 是纯粹的民族主义声音，BJP 是一个民族至上的政党。这些表白是为了赢回 1984 年输给国大党（英）的印度教徒选票。

阿德瓦尼跟 RSS 的高层领导联系紧密，他填补了两个组织间的交流空白。事实上，阿德瓦尼不再关心 BJP 是否被当作 RSS 的政治翼。瓦杰帕伊急于展示政党的世俗主义形象，而阿德瓦尼恰恰急于开辟与 RSS 的关系。RSS 首领德奥拉斯公开表示，“我很同情 BJP，我不必为此感到歉意”。虽然他没有直接指使团工人为 BJP 工作，但他宣布“团将支持保护印度教徒利益的政党”。[①] 印度教徒中的不满情绪使得 RSS 领导人具有极大影响力。RSS 领导人的重要性促使 BJP 在政治中听从 RSS 的指挥，两个组织的领导都同意 RSS 和 BJP 应该并肩作战。

20 世纪 80 年代末国大党（英）已变得虚弱，拉·甘地激起了人民的希望，他保证要清理印度政治，并将恢复印度社会秩序。然而，1987 年初，拉·甘地失去个人信誉，不再是“干净先生”。拉·甘地没有消除印度政体内的腐败，也没有远离国大党（英）的操控者。拉·甘地政府被指出现了更多不道德和腐败的政治家，他的政府和国大党官员被指控为大量政府采购而从外国公司受贿好几百万美元。[②] 拉·甘地本身不仅远离群众，也远离了高级政府和政党官员，他的执政缺乏持续性和稳定性。例如，在执政的 5 年时间里，他重组内阁 27 次，在 1985—1989 年间更换了国大党（英）的邦首席部长多达 20 次。另外，他身边只有少量的顾问，主要是文官、媒体专家和接受外国训练的技术专家，这些人都缺乏印度教传统社会根源。阿德瓦尼领导的 BJP 看出了对手国大党（英）的弱势，指责“拉·甘地身边都是拍马屁的人，拉·甘地领导的政府部长及国大党官员的诚信都有问题”，“拉·甘地在政治、社会和经济问题上一再妥协，这影响了国家的团结和安全。当前的政府比英·甘地时期更腐败、更无能。今天印度国家好像一艘没有舵的轮船，漂浮在到处是鲨鱼和暗礁的海洋上。今天印

---

① 辛格：《印度人民党》（S. Nihal Singh, “The BJP: Wanting its Share, and More”, *Telegraph*, February 25, 1989），第 8 页。

② 查卡拉瓦提：《金钱的颜色》（Nikhil Chakravarty, “The Color of Money”, *The Times of India*, April 19, 1987），第 6 页。

度的团结、统一、安全和荣誉处于独立以来最危险的时期”。[①]

20 世纪 80 年代印度教徒和穆斯林之间爆发了大量的暴力冲突，骚乱造成了重大人员伤亡和财产损失。据估计，20 世纪 80 年代死于教派骚乱的人口大约有 4000 人，这个数据几乎是 20 世纪 70 年代的 4 倍。[②] 其中，阿约迪亚的“罗摩出生地—巴布尔清真寺”纠纷[③]引发了印度教徒和穆斯林的激烈情感对抗。拉·甘地政府允许印度教徒进入阿约迪亚圣地内朝拜，有意或无意地制造了一个高度情绪化的问题。阿约迪亚庙寺之争不仅变成印穆教派冲突的触发点，也成为一个选举问题。随着印度教徒和穆斯林围绕“罗摩出生地—巴布尔清真寺”争执的升温，为了反对穆斯林，印度教徒选票仓第一次清晰显示出来。世界印度教大会在北印度（如北方邦、比哈尔邦、拉贾斯坦邦）成功地动员了印度教徒群众。VHP 的总书记夏尔玛（B. L. Sharma）宣布该组织的目的就是要创建一个印度教徒选票仓，那些支持 VHP 诉求的政党（此指 BJP）将得到他们的选票。[④]

自 1986 年以来，国大党（英）就开始在印度教徒和穆斯林两大教派之间维持平衡，它在沙·巴诺案[⑤]上向穆斯林妥协。为了安抚穆斯林群体，拉·甘地政府通过了“穆斯林女性法案”，使得穆斯林女性的权益继续受到穆斯林属人法制约，而不受印度刑法制裁。同时，拉·甘地政府开放巴布尔清真寺，允许印度教徒进入朝圣，从而取悦印度教徒。但是，VHP 并不满足于此，而是要求继续解放马土腊的克利希纳出生地和瓦拉纳西的金

---

① 印度人民党：《对国大党两年行政无能的指控》（Bharatiya Janata Party, *Two Years of Congress Misrule: a Charge Sheet*, New Delhi: Bharatiya Janata Party, 1986），第 1 页。

② 乔拉、巴德瓦尔：《危险的信号》（Prabhu Chawla and Inderjit Badhwar, “Danger Signals: the Steady Spread of the Communal Virus”, *India Today*, June 15, 1987），第 18 页。

③ 参见第三章第三部分。

④ 阿赫莫德、阿瓦斯提：《搅乱局面》（Farzand Ahmed and Dilip Awasthi, “Stirring the Cauldron: Hindu and Muslim Organization Roll up Their Sleeves for Another Bloodbath”, *India Today*, November 30, 1988），第 35 页。

⑤ 穆斯林女性沙·巴诺在离婚后，丈夫拒绝给其支付生活费，于是沙·巴诺将丈夫告上了法庭。最初中级法院按照印度犯罪程序法规定，作出了有利于沙·巴诺的裁决。但是在穆斯林群体发动大规模抗议后，拉·甘地政府颁布了“穆斯林女性法案”，赋予穆斯林群体依据伊斯兰法律解决穆斯林女性离婚问题的特权。

庙。[1] 印度教复兴主义势力不断上升，BJP 成为背后的推力。阿德瓦尼利用“罗摩出生地—巴布尔清真寺”冲突来指责国大党（英）政府安抚少数人的政策，认为阿约迪亚问题成为国大党伪世俗主义和向少数人绥靖的象征。BJP 决定不让国大党（英）在阿约迪亚问题上打印度教徒牌，坚决表示争议地就是罗摩出生地，应该修建一座印度教寺庙。

四、政治崛起之路：1989—1999 年的选举表现

1989 年 11 月，印度举行了第 9 届人民院选举，印度人民党决定利用选择性结盟和教派动员双重战略来迎接选举。印度人民党与全国阵线（National Front）[2] 结成联盟参加选举，主要是在北印度动员印度教徒高级种姓的选票，从而避免让国大党（英）从反对阵营的分歧中渔利。同时，BJP 主席阿德瓦尼极力主张印度教民族主义意识，为实现在阿约迪亚建立罗摩庙，积极配合 VHP 掀起了罗摩出生地运动的高潮。选举结果表明，国大党获得了 197 个席位，全国阵线获得了 143 个席位，印度人民党获得了 86 个席位。人民院第一次出现没有一个党获得超过半数席位的现象，也即出现了“悬浮议会”。后来，国大党（英）主动向总统提出放弃组建政府机会，结果全国阵线在印度人民党等其他政党的支持下，组建了中央政府，维·普·辛格任总理。[3] 这次选举表明 BJP 的教派动员和选举联盟及席位分享战略取得了极大成功，BJP 成为议会第三大党，自此逐渐摆脱“政治不可接触者”地位。

在 1989 年 BJP 选举宣言中，它极力指责拉·甘地领导的国大党（英）

---

① 在穆斯林统治期间，这两处印度教神庙周围遭到穆斯林破坏，印度教徒要求恢复这些印度教圣地原貌。

② 1987 年 10 月，维·普·辛格建立了人民阵线。1988 年 10 月，人民阵线与人民党、民众党和国大党（社会主义者）合并，成立新人民党（Janata Dal），维·普·辛格任主席。1989 年初，新人民党又与三个力量较强的地方政党（德拉维达进步联盟、泰卢固之乡党和阿萨姆人民联盟）结成全国阵线，并以全国阵线的名义参加了 1989 年的第 9 届大选。全国阵线是个松散的中间政党的联合体，新人民党在其中起主导作用。

③ 印度宪法规定：印度人民院由不超过 547 名议员组成，人民院选举中获得多数席位的政党将组建政府。在人民院中没有一个党能够获得绝对多数的情况下，议席较多的党可以寻求其他政党支持，从而组建联合政府。

政府腐败无能，在国家安全和国防问题上误导民众。BJP 认为国大党（英）政府对于旁遮普、阿萨姆和克什米尔政党领导人提出地方自治的要求处理不当，同时不应该干预斯里兰卡内部事务。在国家政治发展的这个阶段，印度的大多数印度教徒（特别是城市中产阶级）非常担忧印度出现无法治现象和国家领土统一问题。BJP 利用人们的这种担心，在其选举宣言中说，"BJP 致力于印度的团结和统一，它坚持法律和秩序，既强调社会和经济的公正，也强调国家内外的安全"。① 为了继续煽动印度教徒的情绪，BJP 对国大党政府做了如下批判：对沙・巴诺案判决不当；禁止拉什迪的小说《撒旦诗篇》；② 为了在北方邦赢得穆斯林的选票，选举前夕匆忙承认乌尔都语为第二官方语言；不让在阿约迪亚修建罗摩庙，使得冲突升级，严重影响了社会和谐。

1989 年 11 月，拉・甘地政府允许在争议中的巴布尔清真寺前面为修建罗摩庙奠基，拉・甘地甚至从离阿约迪亚不远的小镇上开始他的选举动员，并且呼吁建立"罗摩盛世"（Ram Rajya）。③ BJP 指责国大党奉行的伪世俗主义政策，一会儿利用沙・巴诺案讨好穆斯林，一会儿利用阿约迪亚迎合印度教徒。BJP 则重新宣布它的积极世俗主义主张，即坚持对所有人公平，而不安抚任何人。④

很明显，在印度教复兴势力的支持下，印度教民族主义成为一支重要的政治力量。普利这样说道："1989 年选举涉及的主要问题包括国家稳定和统一的关切，群体、种姓和族群意识，反腐败和丑闻情绪，促进社会经济平等。然而，选举结果表明：印度教特性、印度教意识、印度教反冲、

---

① 印度人民党：《印度人民党 1989 年选举宣言》（Bharatiya Janata Party, *Bharatiya Janata Party Election Manifesto*: *lok Sabha Elections*, *1989*, New Delhi: Bharatiya Janata Party Publications, 1989），第 5 页。

② 印裔英国作家萨曼・拉什迪因出版小说《撒旦诗篇》，遭到了穆斯林世界的强烈反对。1989 年 2 月 14 日，伊朗宗教领袖霍梅尼宣布判处拉什迪死刑，并悬赏数百万美元追杀他，由此引发了西方与伊斯兰世界的一场国际风波。这种背景下，印度拉・甘地政府害怕引发国内穆斯林暴乱，禁止拉什迪的《撒旦诗篇》在印度出版。

③ 罗摩统治的社会是印度教民族话语中一个具有鼓动性的神话。

④ 印度人民党：《印度人民党 1989 年选举宣言》（Bharatiya Janata Party, *Bharatiya Janata Party Election Manifesto*: *Lok Sabha Elections*, *1989*, New Delhi: Bharatiya Janata Party Publications, 1989），第 6 页。

反少数人主义，或者其他可以描述这种现象的名称，成为印度政治中最重要的新生力量。”① 为了扩大和巩固印度教徒选票仓，BJP 与新人民党（Janata Dal）有选择地开展合作，而在自身群众基础受到威胁时，BJP 不惜发动宗教冲突来动员广大的印度教群体。

为促使国大党（英）垮台，BJP 领导人支持维·普·辛格领导的全国阵线组建政府，1989 年 12 月维·普·辛格成为印度总理。BJP 跟全国阵线及其中的新人民党结盟出于各方面考虑，BJP 既需要时间增强它的选举基础，也需要展示它负责任地支持一个非国大党政府的决心。BJP 预料到，尽管维·普·辛格是一位非常受欢迎的领导，但新人民党内部派系化严重、充满分歧，政治野心者掌权，这将导致新人民党不能维持内部的团结一致和 5 年任期。BJP 相信，一旦全国阵线政府垮台，BJP 将成为替代国大党（英）的唯一选择。BJP 需要跟新人民党结成选举联盟，以在一些重要的北部邦立法选举中赢得权力。BJP 的算计是正确的，1990 年 2 月邦立法选举中，BJP 与新人民党的联盟在中央邦、拉贾斯坦邦和喜马偕尔邦这些北方关键的邦取得了极大胜利。在北方邦和比哈尔邦，BJP 赢得了比 1985 年多两倍的议席。通过与新人民党合作，BJP 在北印度打败了它的主要对手国大党（英）。② 同时，在西部马哈拉施特拉邦和古吉拉特邦，BJP 的选举表现也很出色——要么独自组建政府，要么在新人民党支持下组建政府，取代了国大党（英）的权力。

为了在乡村低下和落后种姓中创建一个强大选票仓，1990 年 8 月维·普·辛格政府决定实施“曼达尔计划”。③ “曼达尔计划”对 BJP 的战略构

---

① 普利：《种姓、地区和意识形态能抑制印度教复兴浪潮吗?》（Balraj Puri，“Can Caste, Region and Ideology Stem Hindu Wave?” *Economic and Political Weekly*, January 6, 1990），第 15 页。

② 罗易、沃勒思编：《印度政治和 1998 年选举》（Ramashray Roy and Paul Wallace eds.，*Indian Politics and the 1998 Election*, New Delhi: Sage Publications, 1999），第 13 页。

③ “曼达尔计划”又称“曼达尔方案”。1979 年人民党政府任命了以曼达尔为主席的落后阶级调查委员会，即曼达尔委员会，在其提出的计划中确定了“社会和教育落后阶级”的 11 条标准，认定全国 2700 个种姓、3740 个亚种姓为落后阶级，并且建议在政府机构和教育机构中为落后阶级增加 27% 的保留比例。“曼达尔计划”旨在改善落后阶级状况，照顾社会贫弱阶层，可是这项计划被后来的国大党政府一直搁置。1990 年 8 月，维·普·辛格政府决定实施“曼达尔计划”，这引发了全国大辩论和种姓间的激烈冲突。同时，由于部分穆斯林被纳入其他落后阶级，实施“曼达尔计划”的决定也引发了印度教徒和穆斯林之间的大量教派骚乱。

成直接威胁，破坏了将不同种姓印度教徒都拉拢到 BJP 旗帜下的希望。同时，“曼达尔计划”也与印度教民族主义的意识形态前提相抵触，印度教民族主义强调印度教徒的政治统一，而“曼达尔计划”突出了印度教社会的差异。BJP 担心实施“曼达尔计划”不仅强化了种姓忠诚，而且会导致低级和高级种姓之间的对立，这将最终破坏 BJP 在北印度动员印度教徒多数人选票的希望。BJP 传统支持基础来自城市高级种姓印度教徒，他们代表了印度不断增长的中产阶级。正是这个阶级的成员控制了印度的工业、财政、行政，甚至掌控了国家法律机制。这个阶级反对基于种姓的就业保留。BJP 的普通工人对维·普·辛格政府的保留政策并不满意，他们认为维·普·辛格及其同僚在做最后的努力以获取穆斯林的选票。辛格不断与德里贾玛清真寺（Jama Masjid）的伊玛目阿卜杜拉·巴卡利协商问题，宣布先知穆罕默德的生日为印度的公共假日，这些被认为是政府安抚穆斯林少数派的举措。BJP 工人认为辛格政府正在损害印度教徒的利益，不愿意支持辛格政府。BJP 领导层认为辛格政府处理克什米尔穆斯林原教旨主义不力，致使很多印度教徒逃离克什米尔。同时对于巴基斯坦干预查谟－克什米尔、旁遮普事务，BJP 谴责辛格政府没有采取强硬的反对立场。

在“曼达尔计划”掀起的保留争议背景下，BJP 领导人判定只有一个纯粹的宗教问题才能够统一印度教徒，赢得印度教徒的选票。BJP 决定利用阿约迪亚这一高度敏感的问题来动员印度教徒，宣布要重新建立对神圣罗摩出生地阿约迪亚的控制。① 1990 年 10 月，阿德瓦尼发动“罗摩战车游行”，带领一列车队行驶好几千公里穿越印度教徒居多数的邦，动员印度教徒投入到罗摩庙运动中去。“罗摩战车游行”引发了大量印穆教派冲突，导致维·普·辛格政府垮台。当 BJP 决定撤销对维·普·辛格政府的支持时，阿德瓦尼在议会宣布“阿约迪亚不是唯一的原因，但是阿约迪亚肯定是最后一根绊倒维·普·辛格政府的稻草”。② 通过阿约迪亚罗摩庙运动和

---

① 贾夫里罗特：《印度教民族主义运动和印度政治：1925—1990 年代》（Christophe Jaffrelot, *The Hindu Nationalist Movement and Indian Politics, 1925 – 1990s: Strategies of Identity – building, Implantation and Mobilisation*, New Delhi: Viking, 1996），第 363 页。

② 吉尔：《印度人民党面临的挑战》（S. S. Gil, “The Challenge before the BJP”, *The Indian Express*, June 28, 1991），第 8 页。

"罗摩战车游行"，BJP 成功地将国大党（英）、新人民党等所奉行的尼赫鲁世俗主义宣称为反对印度教徒的信条，认为世俗主义是以印度教徒为代价来满足少数派特别是穆斯林的利益。[①] 1991 年第 10 届大选之后，BJP 控制了印度北部和中部的 4 个邦政府，即北方邦、中央邦、拉贾斯坦邦和喜马偕尔邦，并在人民院获得 120 个席位。BJP 在人民院第一次成为仅次于国大党的第二大党和主要反对党，而在 1984 年它还仅仅处于印度政治边缘。

1991 年 BJP 选举宣言中表示要致力于实现"罗摩盛世"。为了公开煽动印度教徒的情感，BJP 选举宣言中保证要在阿约迪亚建立罗摩庙。[②] 除了在选举宣言中强调实现自由市场经济、进行选举和司法改革、消除腐败、保护母牛等，BJP 主要将竞选集中在建立罗摩庙问题上，强烈谴责中间政党奉行的伪世俗主义政策，利用不断上涨的印度教宗教激进主义动员选票。BJP 毫不犹豫地将自己展现为一个为印度教徒谋取宗教民族利益的政党。[③] BJP 的选举战略赢得了丰厚的回报，它在全国范围内获得的选票增加了一倍，在南方邦如卡纳塔克、安得拉，东北邦如阿萨姆、西孟加拉也获得相当数量的选票。BJP 的表现证明它有潜力成为国大党（英）的替代者。然而，在第二轮选举中拉·甘地被害，国大党（英）由此获取了许多同情票，得以重新组阁，拉奥任新一届政府总理。BJP 的选举结果也很出色，据《今日印度》的民意调查显示：BJP 所获选票不仅局限于高级种姓，在落后种姓、年轻男性选民中也获得了大量支持。[④]

拉奥政府在 1991 年 6 月一上台就实施了经济自由化措施，修正了尼赫鲁的计划经济模式，逐步向市场经济转变。BJP 赞同拉奥政府的新经济政

---

① 马利克、辛格：《印度的印度教民族主义者：印度人民党的崛起》（Yogendra K. Malik and V. B. Singh, *Hindu Nationalists in India: the Rise of the Bharatiya Janata Party*, New Delhi: Vistaar Publications, 1994），第 88 页。

② 印度人民党：《1991 年 5 月人民院中期选举》（Bharatiya Janata Party, *Mid – term Poll to Lok Sabha, May 1991: Our Commitments towards Ram Rajya*, New Delhi: Bharatiya Party, 1991），第 5 页。

③ 贾夫里罗特：《印度教民族主义运动和印度政治：1925—1990 年代》（Christophe Jaffrelot, *The Hindu Nationalist Movement and Indian Politics, 1925 – 1990s: Strategies of Identity – building, Implantation and Mobilisation*, New Delhi: Viking, 1996），第 412 页。

④ 《大选结果意味着什么》（"General Election: What the Results Mean", *India Today*, July 15, 1991），第 35 页。

策，以换取拉奥政府对 BJP 执政的邦政府的支持。相互的利益需求促使两党领导人互相合作，人民院产生了一名国大党（英）的议长和 BJP 的副议长。然而，两党领导人之间的合作也受到各自内部权力斗争的影响。在国大党（英）内部，拉奥受到党副主席阿尔琼·辛格（Arjun Singh）的竞争压力。阿尔琼·辛格公开反对 BJP，要求拉奥解散中央邦的 BJP 政府，这将拉奥置于困境。同时，阿尔琼·辛格努力在北印度建立了自己的支持基地，削弱了拉奥在北印度的支持。① 阿德瓦尼也受到团家族内强硬派的压力。BJP 利用"罗摩出生地—巴布尔清真寺"问题动员印度教徒的选票，激进的印度教组织 VHP 和它的准军事组织神猴团（Balrang Dal）急于拆除清真寺，并要求建立印度教寺庙。更有甚者，新任 BJP 党主席乔希积极开展"统一游行"（Ekta Yatra），以抗议国大党政府在处理克什米尔穆斯林军事暴动和其他地方分离运动上的失当。②

阿德瓦尼领导的 BJP 和拉奥所在的国大党（英）之间的合作最终遭遇了重创。1992 年 4 月，在国大党提鲁帕迪（Tirupati）全体会议上，阿尔琼·辛格指责 BJP 的教派特性，他呼吁国大党人站起来反对 BJP，把国家从 BJP 的教派触须下解放出来。拉奥附和阿尔琼·辛格的指责，表示非世俗政党（暗示 BJP）在世俗国家没有地位，教派的激进措施有违宪法精神，并呼吁从法律上禁止这样的政党。拉奥显然屈服于党内压力，对 BJP 利用宗教问题达到政治目的的行为（特别是选举动员）进行了谴责，这直接破坏了拉奥跟 BJP 的合作关系。③

国大党提鲁帕迪会议将 BJP 领导层特别是温和派置于困境，温和派相信寺庙问题已经没有政治价值，它产生不了任何选票。然而，党内乔希领导的强硬派不愿等待而发动了反拉奥政府的游行，他们想利用阿约迪亚建

---

① 马利克、辛格：《印度的印度教民族主义者：印度人民党的崛起》（Yogendra K. Malik and V. B. Singh, *Hindu Nationalists in India: the Rise of the Bharatiya Janata Party*, New Delhi: Vistaar Publications, 1994），第 91 页。

② 贾夫里罗特：《印度教民族主义运动和印度政治：1925—1990 年代》（Christophe Jaffrelot, *The Hindu Nationalist Movement and Indian Politics, 1925 – 1990s: Strategies of Identity – building, Implantation and Mobilisation*, New Delhi: Viking, 1996），第 494 页。

③ 马利克、辛格：《印度的印度教民族主义者：印度人民党的崛起》（Yogendra K. Malik and V. B. Singh, *Hindu Nationalists in India: the Rise of the Bharatiya Janata Party*, New Delhi: Vistaar Publications, 1994），第 92 页。

罗摩庙的问题煽动印度教徒的情绪来反对国大党（英）。BJP 强硬派坚决表示不会对国大党的攻击听之任之。RSS 的周刊《组织者》表达了强硬派对国大党攻击的愤怒，甚至认为国大党是这个国家所有恐怖组织之母，它一直以世俗选票仓为名损害国家利益。[①]

1992 年 5 月，在古吉拉特日地纳加举行的 BJP 全国委员会上，BJP 从国大党的友好反对者转变为一个尖刻的反对者。BJP 领导人谴责拉奥政府没有成功解决旁遮普问题，没有完成博福斯军购腐败案（the Bofors）[②] 的调查，没有控制通货膨胀。BJP 还指责拉奥实施的经济计划，认为其经济计划将印度的未来抵押给了国际货币基金组织。BJP 重新确立了印度教特性意识形态，并再次表明在阿约迪亚建立罗摩庙的决心。[③] 20 世纪 90 年代的印度，政党诉诸于教派主义似乎比诉诸于世俗主义能收获更多政治红利。1991 年选举运动前后发生在北方邦的教派骚乱，并没有激发出反 BJP 潮流。相反，印度教徒集中给 BJP 投票，出现了很高的印度教徒选民数，表列种姓也转向投票给 BJP。教派骚乱威胁了穆斯林选民，结果穆斯林很少参加选举。这种情况下，连通常很平静的南部也充斥着教派暴力事件。对 BJP 来说，印穆分歧代表着利益，而不是阻碍。[④]

BJP 决定再次利用阿约迪亚这个高度情绪化且具政治爆炸性的问题。BJP 公开支持 VHP 建立罗摩庙的立场，宣布在阿约迪亚建立罗摩庙是一个信仰问题而非一个法律问题。1992 年 12 月 6 日，在团家族的鼓动下，一批狂热的印度教徒强行拆毁了清真寺。国大党拉奥政府为了讨好穆斯林，对印度教民族主义分子进行了镇压，同时宣布将重建清真寺。然而，拉奥

---

① 马利克、辛格：《印度的印度教民族主义者：印度人民党的崛起》（Yogendra K. Malik and V. B. Singh, *Hindu Nationalists in India: the Rise of the Bharatiya Janata Party*, New Delhi: Vistaar Publications, 1994），第 93 页。

② 拉·甘地政府官员涉嫌在从瑞典博福斯公司进口榴弹炮的合同中受贿，导致了国大党政府的执政危机。

③ 马利克、辛格：《印度的印度教民族主义者：印度人民党的崛起》（Yogendra K. Malik and V. B. Singh, *Hindu Nationalists in India: the Rise of the Bharatiya Janata Party*, New Delhi: Vistaar Publications, 1994），第 93 页。

④ 沃尔森、幕克吉：《印度政治中的橘黄色风潮》（Robert G. Wirsing and Debolina Mukherjee, "The Saffron Surge in Indian Politics: Hindu Nationalism and the Future of Secularism", *Asian Affairs*, Vol. 22, No. 3, Fall 1995），第 198 页。

政府的行动并没有得到印度教徒的热情回应，他们尤其反对重建清真寺。[①]对于多数印度教徒来说，罗摩代表印度教文化传统，他是民族的象征；巴布尔是一名进攻者和征服者，摧毁了印度教民族。通过"罗摩 VS 巴布尔"宣传，BJP 迅速改变了印度的政治环境。国大党世俗主义者没有理解印度教民族主义所处环境的变化，没有理解印度教徒对微妙民族象征的深深心理需求。国大党政府没有在不同教派之间维持平衡，相反采取倾向少数派的投机主义立场，向穆斯林象征性地妥协以加强国大党的选票仓。BJP 领导人趁机加大对政治对手的攻击，指责国大党的伪世俗主义实质就是用一个群体抵制另一个群体。在这场政治博弈中，国大党世俗主义者显然缺乏道德和想象力，反而使 BJP 从中获利了。

1994 年末和 1995 年初，BJP 在 10 个邦议会选举中恢复了政治上升势头。在卡纳塔克邦 BJP 收获了 28% 的选票，第一次在卡纳塔克邦成为主要的反对党。作为一种政治势力，BJP 在南印度得到了广泛认可。[②] 虽然 BJP 和印度教民族主义者能够将势力从北扩张到南，但是他们在印度社会里制造了深深的分裂，他们的行动在少数派尤其是穆斯林中激起不安全感。为了在一个文化和宗教分裂的社会维持政治稳定，多数人群体需要有责任感，并且表现出宽容。BJP 不能强迫少数群体成员屈服，只有赢得少数派的信任才能进行治理。对印度教民族主义者来说，政治灵活性和战略变化可能是政治成功和生存的关键。[③] 鉴于此，1993 年 6 月 BJP 在班加罗尔举行全国委员会，它淡化了宗教问题，而是关注经济自由化和政治腐败。1996 年，BJP 强调了一系列问题，如腐败、经济改革、统一民法、移民政策和国家安全。BJP 的广泛平台也经常将国家利益与印度教多数派的利益混合起来，体现了 BJP 印度教特性与实用政治的结合。

---

① 贾夫里罗特：《印度教民族主义运动和印度政治：1925—1990 年代》（Christophe Jaffrelot, *The Hindu Nationalist Movement and Indian Politics, 1925 - 1990s: Strategies of Identity - building, Implantation and Mobilisation*, New Delhi: Viking, 1996），第 449—464 页。

② 沃尔森、幕克吉：《印度政治中的橘黄色风潮》（Robert G. Wirsing and Debolina Mukherjee, "The Saffrom Surge in Indian Politics: Hindu Nationalism and the Future of Secularism", *Asian Affairs*, Vol. 22, No. 3, Fall 1995），第 184 页。

③ 马利克、辛格：《印度的印度教民族主义者：印度人民党的崛起》（Yogendra K. Malik and V. B. Singh, *Hindu Nationalists in India: the Rise of the Bharatiya Janata Party*, New Delhi: Vistaar Publications, 1994），第 95 页。

在BJP利用宗教动员成功建立印度教徒选票仓后，它开始重视选民关注的其他社会问题。BJP选民基础不断扩大，并最终在1996年第11届人民院选举中首次成为议会第一大党。此次选举中BJP获得人民院161个席位，在总统夏尔玛的授权下，BJP以议会第一大党的身份在中央组阁，瓦杰帕伊任总理，BJP首次问鼎中央政权。然而，由于其他党派联合反对BJP的教派色彩，BJP没有通过议会信任投票，仅仅执政13天就不得不辞职。随后，在国大党的外部支持下，联合阵线①政府成立，为此新政府也被外界讥讽为国大党政府的影子。联合阵线政府首任总理高达面临着国大党撤销支持的压力，难有作为。继任总理古吉拉尔虽然在外交上推出“古吉拉尔主义”，使得政府工作稍有起色，但是在1997年11月国大党再次撤销支持后，古吉拉尔不得不黯然下台。

1998年2月印度举行了第12届人民院选举，BJP赢得了182个席位，席位再次超过国大党。这次选举结果依然是悬浮议会，BJP与其他12个党派组建全国民主联盟（National Democratic Alliance，NDA），其成员席位总数是276席，勉强超过组阁所需的半数。1998年3月19日，全国民主联盟政府宣誓就职，瓦杰帕伊再次担任总理。全国民主联盟在人民院中只有微弱多数席位，1999年4月全印安纳德拉维达进步联盟宣布撤销对BJP的支持，全国民主联盟在人民院的席位数少于一半，并在后期的议会信任投票中失败。于是，印度总统纳拉亚南宣布于9月举行第13届人民院选举。②

1999年9月第13届人民院选举中，BJP领导的全国民主联盟从国家安全、民族整合、经济现代化、世俗主义和社会公正方面制定了选举宣言。事实证明，人民认可了BJP对国家治理的决心，选举结果为BJP获得182席，依然是议会第一大党。BJP所在的全国民主联盟则得到300个总席位数，超过议会席位的半数。1999年10月13日，全国民主联盟新政府成

---

① 由于构成全国阵线和左翼阵线的新人民党、印度共产党、印度共产党（马）和一些地方性政党既不想与国大党联合，也不想支持BJP，所以它们决定把两个阵线联合起来，形成“联合阵线”（United Front，UF）。联合阵线成为印度国内政治中的第三势力，与国大党和BJP形成三足鼎力之势。

② 罗易、沃勒思编：《印度政治和1998年选举》（Ramashray Roy and Paul Wallace eds.，*Indian Politics and the 1998 Election*，New Delhi：Sage Publications，1999），第12页。

立，瓦杰帕伊第三次担任总理。全国民主联盟此时已扩大到24个政党，其中17个政党在人民院拥有席位。[①] 国大党和BJP成为印度政坛的两极，但均只占议会约1/3议席，故需要联合其他政党才能上台执政。BJP综合运用教派动员、选举联盟、关注民生等战略，在国大党优势丧失的情况下赢得执政机会。这一届BJP领导的全国民主联盟政府执政基础稳定，并顺利任满一届。

小　结

独立运动期间印度教民族主义势力在与国大党的世俗民族主义和穆斯林联盟的分离主义势力斗争中逐渐发展起来。印度教民族主义主张印度应该是印度教民族的国家，印度教文化应该用来规范全民思想，统一全民行动。国大党在殖民解放过程中充分利用了印度教精神力量的动员作用，独立后执政的国大党政府却宣称要建立一个印度教徒和其他信仰者兼容并蓄的多元世俗国家。然而，印度社会的宗教性决定了印度政治发展与宗教并不可能真正分离。印度的弱世俗政治环境为印度教民族主义在独立后的教派和政治动员创造了条件。

在尼赫鲁强力政府安排中，印度教民族主义势力处于边缘化地位，但是团家族在民主政治框架下逐渐发展壮大，并积极寻求政治上升空间。印度教民族主义者批判尼赫鲁设计的世俗的、民主的、社会主义的国家模式，主张用印度教的伦理价值观来建设理想的社会。为了合法参与国家治理，印度教民族主义者和国大党内的同情者共同努力成立了印度人民同盟。印巴分治后遗留的克什米尔问题不断激活印度教徒对巴基斯坦和穆斯林威胁的恐惧，这有利于人民同盟扩大群体支持基础。同时，乌帕迪亚亚提出“整体人本主义”意识形态，即用印度教文化建立一个理想社会，实现人与人、人与国家、人与自然的和谐相处。“整体人本主义”的提出标

---

① 阿塔尔：《操纵政治：瓦杰帕伊东山再起》（Yogesh Atal, *Mandate for Political Transition: Reemergency of Vajpayee*, Jaipur: Rawat Publications, 2000），第131页。

志着印度教民族主义意识形态的转变，从激进的印度教特性转变为温和、务实的整体战略，这为后期印度教民族主义寻求政治结盟埋下伏笔。

英·甘地领导的国大党政府推出激进的政治、经济政策，引发了党内外的抗议。人民同盟开始与社会主义党派务实结盟，这使印度教民族主义摆脱了政治弱势地位，逐渐进入主流政治。社会经济形势的恶化导致各种反国大党政府势力整合起来，团家族加入纳拉杨发动的反政府人民运动。为了肃清异己力量，英·甘地宣布实施国家紧急状态，这反而激发了国内民众和政党扳倒国大党政府的决心。紧急状态后，团家族不仅注意与宗教少数派加强互动，而且与左翼政治家纳拉扬继续合作，形成了一股强大的全国性反政府力量。纳拉扬提倡的甘地式社会主义思想与人民同盟提倡的整体人本主义思想契合，促成了两大政治势力的成功结盟。1977 年 3 月印度大选中，人民同盟与其他反对派势力联合起来组成人民党参与选举，并赢得了执政权。这次选举改变了独立以来国大党一党独大的政治局面，奠定了后期印度人民党与国大党相互竞争的二元政治格局。

印度人民党通过调整意识形态，制定灵活选举战略，于 20 世纪 80 年代末摆脱了“政治不可接触者”地位，成为国大党的最大挑战者。成立初期，BJP 以甘地式社会主义作为其意识形态基础，同时提出了“五项原则”，即民族主义、民族整合、民主、积极的世俗主义和基于价值的政治。但是，1984 年选举中 BJP 的非教派形象并没有为它赢得更多选票，相反国大党（英）迎合印度教复兴主义势头，稳固了中央执政地位。之后，BJP 重新确立印度教特性为其意识形态基础，并与团家族配合发动了大规模的宗教游行。1989 年大选成为印度教民族主义发展过程中的重要分水岭，BJP 成为议会第三大党，自此开始了政治快速上升势头。

在国际伊斯兰复兴背景下，团家族发动了阿约迪亚罗摩庙运动。这期间印度教民族主义势力中的极端派、温和派和实用派逐渐合流，为 BJP 创建了一个印度教徒选票仓。在“曼达尔计划”威胁到团家族的印度教统一计划时，阿德瓦尼发动“罗摩战车游行”，鼓励印度教徒投入到重建罗摩庙运动中去。印度教徒的空前动员使 BJP 在 1991 年选举中脱颖而出，BJP 成为议会第一大反对党。1992 年 12 月，在团家族策划下，激进的印度教活动家拆毁了巴布尔清真寺。尽管拆寺事件后 BJP 领导的邦政府受到了国大党中央政府的压制，但是从全国层面来说，以印度教利益捍卫者自居的BJP，在印度教群体中的人气却已达到了巅峰。在此情形下，BJP与其他党派形成选举结盟，同时注重经济、社会等民生需求，在1996年大选后一跃成为议会第一大党，并初次在中央执政。1998年、1999年印度大选后，BJP维持了议会第一大党地位，与其他党派组建了全国民主联盟政府。印度教民族主义势力成功地运用教派动员和联盟两手战略，在国大党优势丧失的情况下赢得了执政机会，并最终从政治边缘来到政治中心。

第三章 印度教民族主义政治崛起的背景

20 世纪 80 年代以来，印度人民党利用英·甘地激发的印度教徒多数派情绪，将自己标榜为印度教徒利益的合法代表。在国际伊斯兰复兴和国内政权频繁更迭背景下，BJP 巧妙运用宗教认同这张牌转移了民众的政治、经济不安全感，迅速崛起并填补了权力政治真空。20 世纪八九十年代印度教民族主义团家族发动多场宗教大众动员，建构了民众的印度教民族认同感。宗教朝圣是印度教里普遍的朝拜神灵仪式，团家族把朝圣转变为具有政治意义的游行。游行政治激发了人民的印度教民族认同感，以及保卫民族统一和荣誉的爱国感情。团家族发动罗摩出生地运动，将阿约迪亚庙寺之争由一场多数派与少数派的争执转变为决定民族荣辱的斗争。罗摩出生地运动不仅强化了印度国内的宗教认同，而且加速了 BJP 政治的崛起进程。在印度民主选举的时代，团家族通过宗教大众动员帮助 BJP 成功建立印度教徒选票仓，并最终将其推上了印度执政舞台。

第一节 20 世纪 80 年代以来印度宗教意识增长

20 世纪 80 年代以来，印度国内宗教意识增长与国际上伊斯兰复兴浪潮有关。伊斯兰影响了穆斯林公众生活的方方面面，伊斯兰也被作为一种政治工具，以使执政者政权合法化。在印度周边国家伊朗、阿富汗和巴基斯坦，政治伊斯兰意识不断崛起，这些国家的伊斯兰复兴浪潮波及到了克什米尔。随着印度周边地区伊斯兰意识的不断增强，印度感觉到自己正处于一种宗教危机中。为了缓解印度面临的宗教危机，国大党政府公然迎合印度教徒的宗教需求，在政治中“打印度教牌”，这不仅促进了印度教复兴主义势力的增长，也为印度教民族主义的政治得势制造了机会。

一、印度周边伊斯兰复兴

1979 年伊朗的沙阿政府被霍梅尼领导的伊斯兰革命推翻，世俗与温和的伊斯兰力量遭到继任的保守什叶派政府的压制。伊朗新政府积极“输出革命”，支持其他穆斯林国家的伊斯兰武装组织，包括黎巴嫩的真主党（Hezbollah）、巴勒斯坦的哈马斯组织（Hamas）和巴基斯坦的极端什叶派组织（Tehrik－i－Fiqah Jafria）。伊朗伊斯兰革命标志着伊斯兰真正恢复政权，显示伊斯兰仍然是一股充满活力的政治和精神力量。伊朗革命将伊斯兰与政权的讨论从理论层面提升到实践层面，对穆斯林世界产生了巨大影响。那些非政治的穆斯林或者没有明确政治关系的穆斯林，都在伊斯兰的政治关联上恢复了信心，而且对穆斯林世界重新获得经济、文化和政治独立显示出信心，甚至自信地宣称穆斯林在世界事务中的地位与能力。[①] 由于伊朗革命的启发，穆斯林大众的伊斯兰化促使穆斯林世界的领导者采取更加伊斯兰化的立场。

1979 年，阿富汗发动了针对苏联及其扶持的阿富汗傀儡政权的“圣战”。阿富汗战争虽然以反对执政的共产党傀儡政权和苏联支持者为目的，但是阿富汗人民和其他地方的穆斯林将其看作一场“圣战”。阿富汗自由战士的抵抗出于保护伊斯兰的动机，他们的目的不仅是从苏联的控制下解放阿富汗，而且是为了在阿富汗建立伊斯兰政权。阿富汗战争的重要影响在于加速了阿富汗伊斯兰极端化，世俗与温和的伊斯兰声音几乎完全沉寂了。随着苏联的撤退，各个伊斯兰组织又卷入了长期的国内战争，逐渐形成了塔利班与北方联盟对峙的权力格局。国内战争中，阿富汗自由战士并不是为意识形态而战，而是为争夺伊斯兰统治权力而战。塔利班是所有组

---

① 摩提末：《伊斯兰政治》（Mortimer, *The Politics of Islam*, London: Faber & Faber, 1982），第 356 页。

织中最极端的，《卫报》曾报道称，“阿富汗的塔利班非常极端和倒退，塔利班控制下的女性必须待在家里，男性必须留胡须。甚至非穆斯林外国人也被强迫加入一天五次的祈祷活动”。[①]

1970 年，阿里·布托开始在巴基斯坦执政。当来自伊斯兰虔诚军的反对不断加剧时，布托淡化了他的社会主义主张，推动伊斯兰化，如禁止饮酒、关闭夜店等。这一政策转变直接导致齐亚·哈克时期巴基斯坦的伊斯兰化。1977 年，齐亚·哈克发动军事政变，罢黜了阿里·布托的总理职务，并在全国发动伊斯兰化运动。齐亚得到伊斯兰虔诚军等宗教组织的支持，将巴基斯坦向伊斯兰国家转变。当苏联入侵阿富汗后，巴基斯坦在美国的支持下，在国内招募、训练大量自由战士，输入阿富汗参加抵抗苏联的战争。阿富汗战争使得齐亚领导的巴基斯坦国家更加伊斯兰化。齐亚发动的伊斯兰化影响持续至今，其中有两个方面非常重要：巴基斯坦不断重视宗教教育，出现了许多伊斯兰宗教学校（Madrasa）；巴基斯坦政治的伊斯兰化。巴基斯坦政党并不敢忽视伊斯兰，个人也不敢宣称自己是世俗的。事实上，大部分巴基斯坦人仍然高度宗教化。当前议会民主制中的政党都使用伊斯兰言辞，政府也获取了来自伊斯兰虔诚军的支持。巴基斯坦穆斯林领导人认识到西化和世俗化的努力并没有改变大部分人口的伊斯兰观念，当其领导地位受到威胁时，他们往往诉诸于伊斯兰使其统治合法化。

对于当代世界范围内经历的伊斯兰复兴，学术界从宗教认同、社会经济问题、政治失败等方面作出解释。穆斯林世界正在经历一场认同危机，统治精英基于世俗和地理民族主义而赋予穆斯林的认同并不能给他们留下深刻印象，相反，穆斯林正面临西方文化和价值观威胁。随着全球化的深入，世界范围人员流动频繁，电视、录像和通信不断升级更新，所有这些都加速了穆斯林与非穆斯林世界的接触。许多穆斯林觉得全球化对自己的文化和价值观有害，伊斯兰给穆斯林的认同危机提供了解决之道。就民族认同而言，穆斯林认为伊斯兰代表了一种真正、本土化的认同。伊斯兰认

---

① 《阿富汗涌现的新伊斯兰勇士》（“New Warriors of Islam Advance in Afghanistan”, *Guardian*, December 5, 1994）。

同深深植根于过去，由于以前的伊斯兰帝国，伊斯兰认同成为穆斯林自豪和自尊的源流。在族群和语言多样化的穆斯林国家内，伊斯兰通常成为单一的、共同的、统一的因素。近年来伊斯兰复兴是伊斯兰文化政治认同的表现，其目的是努力区别于另一种主导世界现代性的西方文明，并对它发起挑战。

穆斯林世界的许多地方正在遭受严重的社会经济问题，如迅速增加的人口、失业、城市化以及贫富差距。独立后的穆斯林国家基本采用西方的现代化方案，期望现代化可以解决社会经济问题。然而，穆斯林国家的社会经济问题没有减轻反而加重，于是西方的发展模式被普遍认为不适合穆斯林国家，穆斯林民众要求实行伊斯兰治理的呼声高涨。伊斯兰复兴的社会经济解释主要出于两种考虑：其一，在那些社会经济问题突出的国家，伊斯兰治理可以吸引更多的支持；其二，在一定的人群中，正是那些社会经济落后的成员最易接受伊斯兰意识形态。事实上，政治伊斯兰作为医治社会经济疾病的良方得到了肯定。许多伊斯兰组织经营了学校、诊所和医院，相比不能提供这些设施的政府来说，老百姓对这些伊斯兰组织的印象更好。当代伊斯兰复兴者也看好他们支持的科学和技术，相信在没有丢失传统价值观的情形下可能实现现代化。

许多穆斯林国家缺乏民主，或者仅有有限的民主形式，这被认为是政治伊斯兰崛起的主要因素。严格出版审查制度、禁止政党、压迫反对派等在穆斯林国家非常普遍，特别是在没有世俗反对派的国家，公众对政府的怨气只有依靠伊斯兰宗教组织和机构来表达。穆斯林政府并不愿意对宗教领袖和清真寺实行强硬政策，因为害怕引起大量宗教人口的不满。即使政府设法抑制伊斯兰组织，其措施也倾向于限制温和的伊斯兰组织。这样的政策只会使武装、极端的组织得到更多支持。结果，政治伊斯兰得到了大量支持，填补了反动派真空。

另外，穆斯林相信西方对待他们并不真诚，西方反对他们获取权力，这主要出于两个因素的考虑：一是西方奉行的民主双重标准，即符合西方利益就坚持民主，如果不符合西方利益就纵容非民主政权；二是西方持续支持以色列，这导致穆斯林中的反西方情绪。在阿拉伯腹地创建一个以色列国家，剥夺巴勒斯坦人的家园，这必然激起穆斯林的强烈反应。穆斯林领导人开始显示出政治实用主义，承认以色列不会走开，努力与它达成和平。但是，穆斯林大众中对犹太人及其支持者美国依然非常反感。犹太建国主义和西方对它的支持成为政治伊斯兰崛起的主要归因之一。随着苏联解体、两极冷战格局打破，以美国为首的西方倾向于将伊斯兰作为其下一个威胁，这在穆斯林世界的媒体报道中非常普遍。这样的宣传不仅激起西方政府对伊斯兰威胁作出反应并努力制止它，而且变成自我实现的预言，在之前没有极端伊斯兰的地方挑起了伊斯兰极端化。

正是在巴基斯坦齐亚的军政府政权、伊朗的伊斯兰革命和阿富汗战争之后，克什米尔也经历了伊斯兰复兴。[①] 除了整个穆斯林世界伊斯兰复兴的原因外，克什米尔伊斯兰复兴还有以下特殊原因：首先，克什米尔经济非常糟糕。克什米尔并没有真正实施资本主义或社会主义计划经济，克什米尔转向伊斯兰与其说是他们相信伊斯兰经济模式，还不如说是他们对社会经济状况感到失望。这种失望情绪导致他们寻求伊斯兰来表达对政府的不满。其次，缺乏民主是克什米尔伊斯兰复兴的主要因素。如果民主机制脆弱，反对派遭到镇压，那么清真寺就成为发泄对执政者怨气的重要场所。在克什米尔出现选举造假、禁止政党活动、拘禁反对派领导、控制媒体等非民主现象之后，克什米尔人开始运用伊斯兰表达对政治的不满。再次，克什米尔缺乏邦自治也是导致伊斯兰复兴的因素。根据印度宪法 370 条，克什米尔被赋予了高度自治权。事实上，由于受到印度国内政治发展的牵制，克什米尔的自治并没有得到有效实施。克什米尔人的伊斯兰意识复苏了，他们通过伊斯兰表达对印度的反感。基于宗教的歧视自然导致了对宗教认同的强化。最后，外面的世界尤其是周边穆斯林国家发生的事件对克什米尔伊斯兰复兴产生了重要影响。阿富汗战争在克什米尔引起巨大反响，克什米尔穆斯林受到阿富汗抵抗运动的鼓舞，他们希望学习阿富汗的经验，以伊斯兰“圣战”的名义向印度政府发起进攻。阿富汗战争对克什米尔还产生了直接影响，苏联撤退后那些支援阿富汗的自由战士转向克什米尔峡谷，开展他们的下一场“圣战”。印度次大陆西北部武器泛滥，

---

① 马利克：《克什米尔：族群冲突与国际纠纷》（Iffat Malik, *Kashmir: Ethnic Conflict International Dispute*, Karachi: Oxford University Press, 2005），第 264 页。

枪支文化使得人们很容易成为一名激进的斗士。除了阿富汗，巴勒斯坦解放运动也激发了克什米尔穆斯林奉行原教旨主义和极端伊斯兰。20 世纪七八十年代大量的巴勒斯坦学生在克什米尔大学学习，他们不断宣传巴勒斯坦针对以色列取得的成功，进一步激发了克什米尔大学生的伊斯兰意识。贾戈莫汉引用一名军事指挥官的话说，“穆斯林最强大的武器就是他们的信仰——伊斯兰，我们已经见证了阿富汗和巴勒斯坦的例子。假如克什米尔穆斯林的内心得到了伊斯兰的温暖，我们将很快就会自由了”。[①]

自 20 世纪 80 年代以来，克什米尔经历的伊斯兰复兴可以从两方面看出来，一是克什米尔大众的伊斯兰意识增强，二是伊斯兰的政治作用突出。就普遍伊斯兰意识而言，这表现在关闭酒吧、电影院和夜总会，年轻男性留胡须，女性穿罩袍，清真寺集会很多等方面。当然，这种表现一定程度上可能归因于原教旨主义激进组织的影响，其中伊斯兰虔诚军创办的宗教学校对于人们意识的变化起了很大作用。伊斯兰虔诚军一直注重伊斯兰教育，给人们灌输伊斯兰意识形态。宣传伊斯兰教育是虔诚军的基本政策，虔诚军建立了大约 125 所学校，约 1.7 万人进入学校学习。[②] 这些宗教学校主要教授伊斯兰知识，包括学习《古兰经》和《逊奈》，还包括伊斯兰在社会中的运用。伊斯兰虔诚军的教育培养了一代虔诚的克什米尔年轻人，对他们来说，伊斯兰不仅包括仪式和准则这样的个人信仰，而且是一种生活方式，一种在集体公共生活与私人生活都要实施的方式。克什米尔年轻人所了解到的伊斯兰象征就是“圣战”，这标志着战争好斗，表现为克什米尔伊斯兰的极端化发展。

就政治伊斯兰而言，20 世纪 80 年代后期克什米尔出现了伊斯兰政党，表明伊斯兰正在向克什米尔政治领域渗透。由于克什米尔选举出现舞弊，正常选举进程一度中断，伊斯兰政党的政治能量并不能完全用票箱来衡量。对于政治伊斯兰崛起最显而易见的标示可能是克什米尔的清真寺，长期以来清真寺发挥了反对印度政府的作用。1990 年发生印度政府军镇压穆

① 贾戈莫汉：《动荡的克什米尔》（Jagmohan，*My Frozen Turbulence in Kashmir*，New Delhi：Allied Publishers，1991），第 398 页。

② 马利克：《克什米尔：族群冲突与国际纠纷》（Iffat Malik，*Kashmir：Ethnic Conflict International Dispute*，Karachi：Oxford University Press，2005），第 270 页。

斯林事件后，斯利纳加的清真寺里播放要求自由的录音，这让人们激情高涨。1993 年安德鲁访问克什米尔峡谷后写道："星期五斯利纳加的大清真寺里，毛拉领导上千名信仰者高呼克什米尔自由。当一名来自游击组织的自由战士拿起话筒发表演讲时，没有人觉得这很不恰当。清真寺外的扩音器里总是传出谩骂印度安全部队，鼓吹反印度的口号。"① 清真寺之所以成为表达异议的重要场所，是因为克什米尔缺乏其他的政治商讨渠道，这让宗教生活的文化和政治维度不仅得到统一，而且得到加强。作为克什米尔政治喉舌，清真寺变得更加极端伊斯兰化，克什米尔宗教更加趋向于政治化。

随着伊斯兰复兴意识对克什米尔穆斯林的普通生活和克什米尔的政治发展产生重要影响，克什米尔穆斯林与印度教徒之间的关系日趋恶化。克什米尔穆斯林更加注意自己的穆斯林身份，不断强化伊斯兰实践，穆斯林与印度教徒之间的差异变得更加明显，两个群体之间的裂隙变得更大。同样，伊斯兰政治意识特别是克什米尔政治伊斯兰的崛起似乎预示着克什米尔与印度不可逆转的分离，这变相刺激了印度国内印度教徒认同意识的增强，为印度教民族主义势力基于统一的政治动员提供了机会。②

二、印度宗教意识增长

世俗主义本是多语言、多族群社会中人们现代身份认同建构的必需部分，工业化和城市化进程继续证明了世俗主义的必要性。独立后 20 年内，印度国大党政府希望人民放弃传统的等级制和封建社会信条，转变到由高等教育、工业增长和农业改革提升而组成的更加科学的理性生活态度上来。印度政府努力在社会层面传播世俗观点，通过国家政策建立世俗准则。然而，国大党没有有效地实现这种世俗前景，逐渐松懈了世俗原则。从英·甘地执政以来，国大党不断侵蚀国家的世俗基础，使得印度国内政

① 安德鲁：《克什米尔时光》（Whitehead Andrew, "Killing Time in Kashmir", *New Statesman and Society*, September 3, 1993），第 23 页。

② 马利克：《克什米尔：族群冲突与国际纠纷》（Iffat Malik, *Kashmir: Ethnic Conflict International Dispute*, Karachi: Oxford University Press, 2005），第 275 页。

治社会中宗教意识不断增长。印度宪法中的缺陷以及国大党政府实施宪法的不力，导致印度世俗主义式微。近年来，国大党政府缺乏权力或意志去保护世俗主义，同时政府受到教派主义的诱惑，继续恶化了世俗主义的发展。某种意义上说，20 世纪八九十年代印度教化政治的出现是尼赫鲁世俗发展计划失败的结果。

独立后，传统的非教派、世俗政党放弃世俗原则支持教派政治的例子很多，国大党就是其中之一。在印度教民族主义政党 BJP 成立之前，英·甘地领导的国大党就开始“打教派牌”。为了加强来自北方邦和拉贾斯坦邦高级种姓印度教徒的支持，国大党支持反穆斯林政策，比如采取专制措施反对工匠，主要是穆斯林。国大党政党宣传中不断出现反穆斯林色彩，甚至将 16 世纪针对莫卧儿的战争描述为独立运动的先驱。① 这是国大党政治行动第一次转向重新解读印度历史和印度民族。1971 年印巴战争之后，英·甘地夫人被大家拥戴为“杜尔迦女神”，她和国大党毫不迟疑地利用和鼓励印度教中的战斗形象。② 在国家紧急状态后，英·甘地政府政策进一步印度教化，她试图寻求威望最高的印度教导师对其政策的支持。1980 年 1 月，英·甘地重返政坛，国大党吸引大众的论调明显从社会主义转向印度教，她开始借用印度教象征和仪式、公开拜访印度教神庙等。拉·甘地在教派利用上也效仿了他的母亲。1984 年拉·甘地就任后，他的首要活动之一就是在阿约迪亚举行《罗摩衍那》朗诵会。玛亚甚至认为在之前的选举中，大量 RSS 领导人物为拉·甘地奔走。③ 拉·甘地政府最受人非议的莫过于沙·巴诺案，这个案例表明拉·甘地不仅没有坚定地维持世俗主义原则，相反通过了“穆斯林女性法案”，支持了穆斯林的教派诉求。1989 年选举中，拉·甘地在费萨巴德的选举演讲中表示“只有国大党才能

---

① 马拉姆帕里：《评析 20 世纪 80、90 年代马克思主义者和后现代主义者对印度教民族主义的反映》（Chandra Mallampalli，“Evaluating Marxist and Post - modernist Responses to Hindu Nationalism during the Eighties and Nineties”，*South Asia Research*，Vol. 19，No. 2，1999），第 169—170 页。

② 瓦雷克：《痛苦的转型》（Achin Vanaik，*The Painful Transition*：*Bourgeois Democracy in India*，London：Verso，1990），第 259 页。

③ 玛亚：《印度的族群、安全和分离主义》（Chadda Maya，*Ethnicity*，*Security and Separatism in India*，New York：Columbia University Press，1997），第 120 页。

给你们‘罗摩盛世’”。[①] 1992 年阿约迪亚巴布尔清真寺被拆后，国大党拉奥政府同样缺乏维护世俗主义的意志。尽管拉奥解散了北方邦的 BJP 政府，并允诺要重建清真寺，但是面对印度教徒中高涨的印度教特性情绪，拉奥政府退缩了。在瓦雷克看来，国大党推行的政策可以被描述为“淡橘黄色”，在 BJP 公开进入政治舞台并逐渐扩大选举支持时，国大党的教派色彩越来越浓。[②]

印度世俗主义式微一方面源于印度教群体的压力，政府放弃世俗原则；另一方面则在于印度宪法很脆弱，即政府破坏印度宪法中的世俗原则，没有实施宪法中的世俗措施。独立后印度存在很多非世俗化的现象：分治后首任总理尼赫鲁希望留在印度的穆斯林感觉踏实安全，对穆斯林少数派采取了特殊照顾政策；印度政治没有彻底与宗教分离，宗教在法律面前并不是平等的，政府没有平等对待一切宗教。根据宪法第 25 条，为了促进社会福利和改革，国家被允许干预宗教生活。宪法第 290A 条保证了国家维护印度教寺庙和圣地的权力。宪法第 15 条和第 16 条确保改善表列种姓现状。[③] 印度宪法没有保证国家在宗教之间保持中立，比如独立后印度宣布废除印度教属人法，通过实施民法摒弃印度教社会陋习，但是宪法没有规定国家要改革穆斯林宗教实践。对印度穆斯林来说，到底是民法高于沙利亚法还是沙利亚法高于民法，显然印度宪法并没有给予清楚的解释，这直接导致了以后各届政府在对待穆斯林问题上的灵活政策。

印度宪法规定的世俗条款没有得到有效实施，国大党政府有意无意地“打宗教牌”。印度世俗化式微的支持者认为在印度排斥宗教并实现世俗国家的努力是不恰当的，因为他们认为世俗主义产生于西方社会政治与宗教矛盾的特殊历史背景下。世俗主义的两个基本条件即神圣与世俗的分离和将宗教限制在私人信仰领域，从实践上看，这在印度不可能实现。对此南

---

① 齐扬康达特、米特拉编：《印度的选举政治》（Chiryankandath and Mitra eds., *Electoral Politics in India: a Changing Landscape*, New Delhi: Segment Books, 1992），第 45 页。

② 瓦雷克：《痛苦的转型》（Achin Vanaik, *The Painful Transition: Bourgeois Democracy in India*, London: Verso, 1990），第 302 页。

③ 印度政府法律和司法部：《印度宪法》（Government of India, Ministry of Law and Justice, *The Constitution of India*, New Delhi, December 1, 2007），第 7—8、13、173 页。

迪评论道，“正是因为宗教信仰提供了生活的所有理论，宗教才称其为宗教”。[①] 马旦认为世俗主义并不适合印度，宗教在印度政治领域崛起是为了反对从西方引进的世俗国家模式，从而发展本土国家传统。宗教政治的极端性可能是早期宗教被排斥的后果，宗教的边缘化导致了宗教的扭曲发展。[②]

20世纪80年代以来，印度人感觉宗教处于危机中，这种认识部分是出于对现代化的反映。随着人们受教育程度提高，经济收入更丰厚，他们的生活也更加西化，但人们却在经历着一种文化上的不安全感和身份认同危机。对此，许多人的直接反映是更加坚定地维护他们的文化根源，特别是他们的宗教信仰和实践。同时，危机中的印度教徒还将威胁源头转移到印度穆斯林身上。印度教徒害怕印度穆斯林将走上像伊朗那样的原教旨主义道路，或者依赖中东石油美元支持，企图让印度教徒改信伊斯兰教。1981年，泰米尔纳杜邦的明纳克希普拉姆村（Meenakshipuram）100名哈里真（Harizon，不可接触者）集体改宗伊斯兰教。这件事被印度媒体广为报道和炒作，因为改教被认为是对印度教徒多数人的威胁。可见，印度教徒对穆斯林的疑虑和担忧非常深。同时，印度教徒担心穆斯林较高的出生率将最终导致印度穆斯林人口数量超过印度教徒。无论这些担心看起来有多么不理性，但是这正好触动了普通印度教徒的心弦。正如恩吉尼尔指出的那样，“就人们的行为而言，对现实的看法比现实本身更为重要”。[③]

印度教徒占印度总人口的80%以上，但是印度教徒总有这样的感觉：政府在努力保护穆斯林和其他少数人的利益，而印度教徒的利益被忽略了，印度教徒多数派的地位和权利受到了少数派的威胁。印度教徒的少数派情结有其历史和现实的根源。在英国殖民统治印度之前，穆斯林控制印

---

① 南迪：《世俗主义政治和宗教容忍的回归》（Ashis Nandy，“The Politics of Secularism and Recovery of Religious Tolerance”，in Das Veena ed.，*Mirrors of Violence*：*Communities*，*Riots and Survivors in South Asia*，Delhi：Oxford University Press，1992），第80页。

② 马旦：《理想的世俗主义》（T. N. Madan，“Secularism in Its Place”，*Journal of Asian Studies*，Vol. 46，No. 4，1987），第748—749页。

③ 恩吉尼尔：《1947年前后的印穆关系》（A. A. Engineer，“Hindu – Muslim Relations before and after 1947”，in S. Gopal ed.，*Anatomy of a Confrontation*：*the Rise of Communal Politics in India*，London：Zed Books，1995），第190页。

度长达几个世纪，部分印度教徒将这段历史看作穆斯林少数人压迫印度教徒多数人的屈辱史。因此，印度教民族主义政治家认为独立后的印度应该“纠正”这段历史，“巴布尔对印度教徒的暴行将不可能允许继续下去”，穆斯林少数派应该屈服于印度教徒多数人。[①] 然而，独立后尼赫鲁政府对印度少数派穆斯林实施了特别照顾政策，想以此减轻穆斯林的顾虑，并让他们快速整合到国家主流生活中去。后来几届政府追逐穆斯林少数派选票仓，对穆斯林的要求作出了很多让步，当然这一举措也被认为不断激活了穆斯林少数人对多数人控制的恐惧。[②]

随着巴基斯坦和孟加拉国将伊斯兰教定为国教，这些国家的印度教徒处于二等公民的地位，甚至遭到国内多数派的驱逐。印度国内的印度教极端分子认为，相比较穆斯林少数派在印度享有的待遇，其他南亚国家的少数派遭受了主导多数派的镇压政策。[③] 在他们看来，为了保护和确保印度政治体制的存活，政府应该抑制少数派的主张，让国家体现印度教多数派的利益。少数派可以保留他们的身份，但是他们将处于从属于主体多数派的地位，正如南亚其他邻国一样。这时期的媒体宣传似乎也支持了激进印度教徒对少数派的看法。《印度时报》的编辑简恩虽然反对印度教民族的观点，不相信印度教徒受到了少数派的威胁，但是他却明确提醒少数派注意到“印度的民族身份认同在于印度教文化，印度教徒是这个国家的主导多数派”。[④]

近些年来，大量印度教徒产生了一种不安全感，害怕被好战的少数派超越。心理医生卡卡尔在对北印度农村调查中发现，“在印度教徒的潜意识里，穆斯林似乎代表着外来的恶魔势力，印度教徒认为有必要对穆斯林

---

① 戈帕尔编：《剖析冲突》(Sarvepalli Gopal ed. , *Anatomy of a Confrontation: Ayodhya and the Rise of Communal Politics in India*, London: Zed Books, 1993)，第128页。

② 米什拉：《印度教民族主义和穆斯林少数派的权利》(Amalendu Misra, “Hindu Nationalism and Muslim Minority Rights in India”, *International Journal on Minority and Group Rights*, No. 7, 2000)，第3页。

③ 马利克、瓦吉佩伊：《印度教武装分子的出现》(Yogendra K. Malik and Dhirendra K. Vajpeyi, “The Rise of Hindu Militancy: India's Secular Democracy at Risk”, *Asian Survey*, Vol. 29, No. 3, March 1989)，第321页。

④ 简恩：《印度教反冲》(Girila Jain, “ The Hindu Backlash”, *The Times of India*, September 10, 1986)。

少数派采取提防和进攻态度”。[①] 印度教徒针对少数派的进攻性可以从对圣人教诲的改写中看出变化。圣人原本这样说“给那些用刺扎你的人奉献鲜花”，现在却被改成“对于那些用刺扎你的人，你就用矛来回击他，给他一个难忘的教训”。[②]

20 世纪 90 年代初印度逐渐实行私有化、市场化和自由化为主题的改革开放，致命的竞争已经动摇了道义的轴心，金钱似乎成了成功的标志，金钱也是成功与否的唯一衡量标准。然而，在印度经济改革中快速致富的中产阶级在满足了汽车、房屋等物质需求后，便转向宗教领域大量布施以寻求善业。同时，发达后的中产阶级更加重视宗教朝拜，以此祈求神灵佑护他们的财富和人身。中产阶级对宗教生活的再重视，变相地刺激了跟宗教需求相关的行业发展。另外，随着对工作和资源竞争的加剧，那些落后的群体倾向于将他们的落后归于宗教歧视。社会和经济落后产生了一个受挫和不满足的阶级，他们易于接受教派鼓动，宗教为宣泄失望提供了合法理由。为了克服改革引起的价值观混乱和物欲横流，迷茫的人们开始诉诸于宗教这个法宝。于是，印度宗教界人士尽可能多地举办祈祷、祭祀和宣讲活动，利用各种机会和手段极力渲染宗教氛围。[③]

随着经济改革的推进，印度逐渐将尼赫鲁实施的社会主义计划经济转变为市场驱动的经济。为了推动工业发展和更加公平地分配资源，大量公共部门解体掀起了私有化浪潮，这些措施破坏了集体意识，产生了政治无政府主义和经济个人主义。印度的中—左政治正在经历一场意识形态真空，国大党政府被指责腐败无能，实施伪世俗主义政策。人们并不清楚国大党宣扬的世俗主义代表什么，国大党领导人开始利用宗教实现政治目的。国大党宣扬社会主义，而它的一些领导人却完全拥抱了市场。随着执政国大党和国家道德权威的沦丧，失望的选民开始寻求其他“干净”的替代者，具有印度教民族主义背景的印度人民党正好填补了这个政治真空。

---

① 卡卡尔：《暴力的色彩：文化认同、宗教和冲突》（Sudhir Kakar, *The Colors of Violence: Cultural Identities, Religion and Conflict*, Chicago: The University of Chicago Press, 1996），第 3 页。

② 马利克、瓦吉佩伊：《印度教武装分子的出现》（Yogendra K. Malik and Dhirendra K. Vajpeyi, “The Rise of Hindu Militancy: India’s Secular Democracy at Risk”, *Asian Survey*, Vol. 29, No. 3, March 1989），第 317 页。

③ 薛克翘：《印度近年来宗教热分析》，《当代亚太》2005 年第 3 期，第 62 页。

同时，印度经济改革催生了一个庞大的新型中产阶级，不断扩大的中产阶级需要一个合法的意识形态以保证它的经济优势地位，同时试图弥补他们背井离乡与家乡印度教文化疏离的遗憾。“印度教特性”满足了中产阶级的认同需求，通过保护印度教文化和他者化非印度教徒，为中产阶级提供了理想的意识形态，并且在与非印度教的对立中将他们置于一种团结统一的印度教氛围之中。①

在印度周边的伊斯兰复兴与国内各种因素的刺激下，20 世纪 80 年代以来印度国内也刮起了一股印度教复兴之风。印度教复兴主义不仅表现为个人更加注重印度教仪式、准则，而且表现为印度教群体意识增强，抵制非印度教群体主张的意愿强烈。各种祭拜组织不断涌现，印度教男神女神被搬出印度教寺庙进行游行，大量人群到印度教圣地进行朝圣，这些都是印度教复兴的表现。印度教群体表现出好斗性，放弃了甘地宣扬的非暴力精神，以维护统一的名义对锡克教少数派宣战。印度教复兴主义的目的就是要将具有差异甚至对立的印度教社会统一起来，婆罗门、表列种姓甚至无神论者必须团结起来。游行是印度教徒显示统一的最好方式，游行队伍由各种车辆组成，车上载着印度教神像和圣人画像，穿越村庄和哈里真住地，给低级种姓履行崇拜的机会。这些仪式可以动员印度教徒形成统一的政治力量，而不顾他们的种姓和教派分歧。② 特别是在北印度，游行这样的宗教仪式和仪礼成为印度教徒民间文化的一个重要部分，这也成为他们对西化印度教徒表达不满的方式，而后者非常轻视印度教民间文化。值得一提的是 20 世纪 80 年代初 VHP 发动的“全国统一游行” （Ekatmata Yatra），游行的目的就是表达印度教民族主义者保护国家领土统一的决心。这次仪式得到了 85 个教派 6 亿多印度教徒的响应，其目的就是强调如果印

---

① 马拉姆帕里：《评析 20 世纪 80、90 年代马克思主义者和后现代主义者对印度教民族主义的反映》（Chandra Mallampalli，“Evaluating Marxist and Post – modernist Responses to Hindu Nationalism during the Eighties and Nineties”，*South Asia Research*，Vol. 19，No. 2，1999），第 174 页。

② 马利克、辛格：《印度的印度教民族主义者：印度人民党的崛起》（Yogendra K. Malik and V. B. Singh，*Hindu Nationalists in India：the Rise of the Bharatiya Janata Party*，New Delhi：Vistaar Publications，1994），第 69 页。

度教徒不能团结起来，那么印度也就不能保持统一。[①] 甚至英·甘地也参加了这次统一游行，事实上早在1982年她就谈到了对印度教达摩的威胁，同一年她到VHP在赫里德瓦尔修建的印度母亲庙落成典礼上讲话。

印度教复兴具有深层次的心理因素，它象征了现代社会里的印度教认同主张。印度教徒逐渐意识到，如果他们不淡化内部的种姓分歧，并宣布其多数人团体的身份，那么他们将在自己的家园上被当作垃圾。[②] 大量的印度教徒害怕被激进的少数人超越，他们对"穆斯林在政府机构没有足够代表"这样的政治言辞感到非常愤慨，认为压迫少数人的观点根本就是歪曲历史事实。事实上，印度教徒遭受了莫卧儿王朝几个世纪的压迫，尤其是奥朗则布的残暴统治，随后还遭受英殖民者的统治。尽管受到长期的贬低、摧残和压迫，但是印度教的精神、文化和思想存活了下来。印度教复兴者就是要表达对他们宗教认同的自豪，而且逐渐增强其武装好斗性。随着RSS、VHP在印度教徒中产阶级中获得尊重并不断受到欢迎，好几个新的文化组织与印度教民兵和防卫组织出现了。除了努力让基督教徒和穆斯林重新改教到印度教外，印度教复兴主义者还表达了要解放更多印度教寺庙的决心，据说这些印度教寺庙被穆斯林统治者改变成了清真寺。

旁遮普锡克教武装恐怖主义是另一个导致极端印度教反应的不安因素。锡克教徒并不是印度不发达的少数人之一，相反他们是印度最富裕的团体之一，拥有印度最高的人均收入。他们在国家军队中约占了15%，远比其他少数派拥有更多的精英文官人员。锡克人一直得到印度教徒和政府的关心与尊重，正如南迪所述，"锡克教徒传统上被印度教徒和锡克教徒本身看作印度教社会秩序的一部分，而不是外来的团体。内婚制原则并没有在印度教徒和锡克教徒之间实行，这两个团体间传统的社会关系很深厚。也就是说，按照传统标准，锡克教徒不是一个少数派，他们也不将自

① 马利克、辛格：《印度的印度教民族主义者：印度人民党的崛起》（Yogendra K. Malik and V. B. Singh, *Hindu Nationalists in India: the Rise of the Bharatiya Janata Party*, New Delhi: Vistaar Publications, 1994），第70页。

② 马利克：《克什米尔：族群冲突与国际纠纷》（Iffat Malik, *Kashmir: Ethnic Conflict International Dispute*, Karachi: Oxford University Press, 2005），第185页。

己看作少数派”。[1] 然而，锡克教圣人宾德兰瓦拉（Sant Jarnail Singh Bhindranwale）改变了这种现状。宾德兰瓦拉将印度教徒称为“小腿懦夫”群体，他的军队在旁遮普杀害了很多印度教徒，印度教徒感到非常愤怒。印度教徒失望地看到，锡克教徒中许多领导人和精英并没有谴责原教旨主义者针对印度教徒的仇恨运动。当锡克教徒抱怨印度教徒玩弄手段，拒绝在国家的政治经济结构中给予锡克人适当地位时，印度教徒的容忍达到了极限。许多中产阶级印度教徒认为，少数派的进攻性是印度教精英的自由主义思想和他们安抚少数派的倾向造成的，自由主义主导的政府政策刺激了少数派的胃口，并鼓励他们在体制方面提出无理要求。害怕少数派挑战印度教社会秩序，焦虑的印度教徒建议政府制止锡克教徒等少数派的特殊要求，必要时不惜采用武力。

英·甘地和国大党（英）很快利用了印度教徒的反锡克教徒情绪，国大党采取的行动赢得了印度教徒的选票。英·甘地拒绝与旁遮普阿卡利党就自治要求进行谈判，这表明了印度教徒对少数派要求优惠对待的抵制态度。1984 年 6 月，英·甘地命令印度军队进攻了锡克教军事分子藏匿的锡克金庙。英·甘地取悦了旁遮普的印度教徒，维护了印度领土的统一，这使她在北印度印度教徒中赢得了广泛好评。1984 年 10 月英·甘地被锡克卫兵杀害，她的儿子拉·甘地在选举中赢得绝对胜利，因为国大党（英）被认为是唯一一个能够保护国家领土统一的政党，这正是印度教徒最为看重的目标。RSS 团首领德奥拉斯也公开宣称国大党（英）在维持国家统一方面必不可少，并在 1984 年大选中支持拉·甘地。事实上，自 20 世纪 80 年代以来，国大党（英）成为激发和利用印度教好斗性的载体，尽管尼赫鲁将印度教教派主义看作印度民族认同的自我毁灭。1986 年国大党政府允许印度教徒到巴布尔清真寺内朝拜印度教神像，1987 年国大党政府同意推出民族主义题材的电视剧《罗摩衍那》。国大党所有这些举动都是为了迎合当时急剧上升的印度教复兴势力，为自己蓄积选举能量。国大党在印度

---

① 马茂德：《锡克教徒动乱与印度教徒的秩序观》（Cynthia Keppley Mahmood，“Sikh Rebellion and the Hindu Concept of Order”，*Asian Survey*，Vol. 29，No. 3，March 1989），第 326 页。

政治社会中虚伪地运用印度教，以至于它被称为发生了“微橘黄色化”。[①]

第二节　印度教朝圣（Yatra）与印度教民族认同建构

在印度教民族主义者看来，印度教民族直接来源于古老的印度-萨拉斯瓦提河谷（Indus-Saraswati）文明。从远古时代起其他势力和观点不断入侵印度，但是这些外来势力并没有与真正的印度发生联系，印度教民族才是真正拥有这块领土的原住民。印度教民族主义者强调本土性和内部凝聚力，把其他事务看作外来的入侵势力，这种入侵观的目的在于描绘一个天然的、由印度教文化界定的祖国——印度。[②] 20世纪80年代以来，团家族发动了多场宗教游行，把个人的印度教认同与民族的文化、地理联系起来，有助于建构印度教民族认同。印度教民族主义通过操控印度教徒对物质世界的理解，把个人与某种形式的地缘政治联系起来，于是印度教民族的神圣领土得到了宗教阐释。[③] 无疑，那些外来掠夺印度教神圣领土的势力对印度教民族构成了威胁。在印度教民族主义话语中，清真寺建立在破坏印度教神庙、掠夺印度教民族土地的基础之上。阿约迪亚巴布尔清真寺被描述成非法建筑，是侵略文化的产物，而罗摩出生地运动宣布占有这块圣地则合乎情理。基督教堂也被说成是对统一印度教民族空间的威胁。[④] 印度教徒通过游行对这种威胁发起抗争，在游行过程中印度教徒作为一个统一整体得到了想象。用安德森的话来解释，印度教民族共同体想象依赖现实中不停的旅行，宗教朝圣是最动人的想象之旅。[⑤]

---

① 瓦雷克：《印度的教派主义》（Achin Vanaik, *The furies of Indian Communalism: Religion, Modernity and Secularization*, London: Verso, 1997），第302页。

② 戈郎特：《民族的空间》（Will G. Grant, "The Space of the Nation: an Examination of the Spatial Productions of Hindu Nationalism", *Nationalism and Ethnic Politics*, No. 11, 2005），第333页。

③ 同上书，第329页。

④ 同上书，第335页。

⑤ 本尼迪克特·安德森，吴叡人译：《想象的共同体：民族主义的起源与散布》，上海人民出版社2011年版，第53页。

一、朝圣中的领土和集体维度

Yatra 在印地语中指一段行程、一次游行或一次朝圣，它是对已经出现了1000 多年的印度教古老传统的表述。在此种意义上，Yatra 与 Pilgrimage 意思一样，指从一个村庄或乡镇到一个圣地往返的行程。Yatra 也表示一次有组织的政治宗教游行，它具有巨大煽动潜力，具有扩大教派分歧的风险，它总是出于关注选票和选举而发动。① Yatra 在梵语和许多印度地方语言文献记载中，表示印度教生活中的一个主要部分，但是在岁月流逝中它经历了大量的民族主义再解读。今天印度人使用 Yatra，或者指一种宗教机制，即朝圣或游行，或者指一些印度教组织展示其族群宗教势力，达到预想的政治目的。传统的印度教朝圣倾向于被政治利用，这出于两方面的原因：在泛印度的朝圣中，朝圣中的领土维度可以被族群民族主义再解读；不论种姓、男女和地区的印度教徒在朝圣中都很平等，这跟民族诉求的团结统一集体有关。

在印度，几乎所有宗教信仰者都进行朝圣，有时候不同信仰的人们参与共同的朝圣活动，但是大部分朝圣成为某一集体特殊的仪式。作为印度最大的宗教信仰群体，印度教徒自然是宗教朝圣之行的主要参与者。对他们来说，圣地不仅与宗教神话人物有关，而且它是人与神可以联通的地方。Tirtha（圣地）来自于梵语，本来指代浅水处、渡口，也指一个水池或者沐浴地。在印度教实践中，Tirtha 是一个神圣的地方，它能够让朝圣者通往神，水成为他们联通的工具。首先，印度教圣地的地理分布起始于河流，如恒河（Ganges）和戈达瓦里河（Godavari），以及这些河水流经的地方，如贝纳勒斯（Benares，即现在的瓦拉纳西）、赫里德瓦尔（Haridwar）、迦耶（Gaya）、普拉亚格（Prayag）。② 其次是高山圣地，其中喜马拉雅山圣地最出名，如巴尊纳斯（Badrinath）、凯达尔纳斯（Kedarnath）、阿玛尔纳斯（Amarnath）等。然后是海边圣地，其中重要的是东边的普里

① 《烈火战车》（"Chariot of Fire", *The Hindu*, August 23, 2002）。

② 现在的阿拉哈巴德（Allahabad）。

(Puri)、南边的齐达巴兰(Chidambaram)[①] 和拉梅斯瓦兰(Rameshvaram)、西边的德瓦尔卡(Dwarka)和索姆纳特(Somnath)。森林圣地可能呈现不同的面貌，但是城市里的圣地却很容易辨认，它们是通往精神解放的印度教“七圣城”，即阿约迪亚(Ayodhya)、马土腊(Mathura)、赫里德瓦尔、瓦拉纳西、甘吉布勒姆(Kanchipuram)、乌贾因(Ujjain)和德瓦尔卡。除了这些全国著名的圣地外，某些邦也有一些圣地与民族或文明的圣地有关。通过朝圣之行，印度教徒把所有印度圣地联接起来，勾画出了一幅神圣印度地图，它覆盖了印度教文明的整个地理空间。

圣地的观念事实上反映了婆罗门传统的地理空间观念。据《往事书》记载，印度(Bharat)是一块位于喜马拉雅山和印度洋之间的神圣领土，看管这块土地的四大神祇及其圣地分别安置在东边的普里、南边的拉梅斯瓦兰、西边的德瓦尔卡、北边的巴尊纳斯。在《法论》中，Bharat 被说成举行宗教仪式的理想修行地，这些仪式影响人们通往神的业。也就是说，只有 Bharat 适合仪式表演和进行宗教救赎活动。印度教徒最圆满的朝圣之行就是通过印度东西南北四大圣地（普里、德瓦尔卡、拉梅斯瓦兰、巴尊纳斯）之间的旅行从而包围整个印度。事实上，在印度教圣人们的朝圣中，他们几乎踏遍了整个印度，沿途拜访了很多圣地，并且将北边恒河的水带到最南边的拉梅斯瓦兰岛浇撒到林伽(linga)[②] 上，然后将南边拉梅斯瓦兰的沙带回到北边，并将其放置在恒河岸边。由于圣地位于这块神圣区域的边缘，虔诚印度教徒的朝圣之旅使他们拥抱了整个神圣空间，朝圣仪式使得他们成为一个集体。

如今印度教徒的全国性朝圣变得很容易，印度教徒用很短的一段时间就能驾车穿越整个印度，到印度次大陆边缘东西南北所有圣地进行朝圣。高尔德对一群拉贾斯坦朝圣者到奥利萨海边圣地普里的朝圣之行进行了研究。共有 63 位印度教徒参加这次朝圣活动，其中有 12 位来自婆罗门种姓，其余则是来自各种种姓的农民。到普里的朝圣行程持续了十天，充满了高昂的集体热情。去的路上，朝圣者在迦耶停下来，将亲人的骨灰撒到恒河

---

① 泰米尔地区达罗毗荼风格的重要寺庙。

② 林伽指男性的生殖器，常常在印度教神庙里作为湿婆大神的象征而得到崇拜，在传统印度社会中代表性力和神性。

支流中，希望这可以帮助他们快点升天。朝圣者一来到印度洋边的普里，就沉浸在一种超脱和集体归属感里。返回的路上，朝圣者们在赫里德瓦尔稍作停留，他们满怀虔诚的心情装上好几瓶恒河水。回到家后，朝圣者要举行最后一个庆祝恒河的仪式，在这个仪式中他们饮用带回来的恒河水，表示他们刚刚结束的朝圣就是为了巡游这条哺育印度人民的圣河。①

除了对印度东西南北四大圣地进行朝圣外，印度教徒还参加每个邦举行的特定神祇的朝圣活动。在马哈拉施特拉邦，每年要举行两次对毗湿奴大神的朝圣，来自全国各地的印度教徒参加这个仪式。朝圣仪式的最后部分叫"共享沙滩"（Walwanti Ekata），指人们在河边沙滩上搭起帐篷休息，完全融合为一个整体。此时，印度教徒不分种姓，相互混合在一起，共同分享食物，分享朝圣行程中的喜悦，完全忘记了旅途的疲劳和艰辛。这样的经历有助于人们形成一种相互友爱团结的集体感。在喀拉拉邦举行的爱亚帕神（Aiyappa）朝圣活动开始时，朝圣者宣布要彼此平等对待，目的是努力抹去通常的社会身份，将他们与神圣的身份混合起来。朝圣归来后，朝圣者好像被这种集体热情经历改变了，他们为这次行程感到高兴，朝圣的喜悦被转变成对集体的无限美好感情。②

印度教朝圣活动不仅界定了印度教文明的神圣地理，而且在这个仪式中一群朝圣者构成了一个紧密的集体。圣地对所有人开放，包括首陀罗、不可接触者和女性，这些人平常被排除在婆罗门仪式之外，现在却能平等地参与到朝圣仪式中。朝圣活动将个人从社会赋予他的地位中（比如种姓）解脱出来，将他提升为一个独立人。朝圣者和僧侣一样，都是出于同一个目的，那就是寻求救赎。他可以简单地宣布自己是个印度教徒，而不考虑其他的社会决定因素。在朝圣过程中，个人忘却了世俗生活的羁绊，完全位于灵性世界之中。在朝圣过程中，朝圣者们没有了物质欲望，只有对神的膜拜和向往。在朝圣过程中，人们之间的关系不再取决于种姓，而

---

① 高尔德：《美好的旅程：拉贾斯坦朝圣之路》（Ann Gold, *Fruitful Journeys: The Ways of Rajasthani Pilgrims*, Berkeley: University of California Press, 1988），第3页。

② 贾夫里罗特：《印度教民族主义者对朝圣的再解读》（"The Hindu Nationalist Reinterpretation of Pilgrimage in India: the Limits of Yatra Politics", *Nations and Nationalism*, Vol. 15, No. 1, 2009），第5页。

是取决于他与宗教导师或所属集体的关系。出于对神的敬仰，印度教徒结成了一个同质的整体，此刻集体的归属感让他们增强了捍卫印度教神圣领土的信心。

人类学家维克特·特勒（Victor Turner）认为，朝圣者的朝圣之行是对集体和民族空间的想象。朝圣之行这样的仪式与集体相联系，这样的集体基于直接的个人之间的平等关系。朝圣者跨越他们内部的群体地位分界，比如阶级、种姓、语言等，从而组成一个宗教集体范畴，并且坚持这种特定的身份认同。另外，朝圣可能成为民族主义的工具，因为朝圣者拜访的领土通常位于文明地区的边缘，民族主义意识形态家将这些朝圣地点连接起来，从而为民族的领土进行划界。① 20 世纪 80 年代以来，朝圣在印度教徒中变得更流行了，也对印度教民族主义者产生了巨大吸引力。印度教民族主义者利用了朝圣之旅的两个象征纬度（集体和领土），成功地建构了印度教民族想象共同体。

二、团家族发动的朝圣之行

对印度教民族主义运动来说，朝圣所开启的新篇章就是直接将印度次大陆地图重新绘制为印度教的统治领域，而且朝圣有助于广大印度教徒理解印度教民族的神圣领土空间。神圣的印度教民族空间是一个广泛的抽象概念，朝圣却是普通人都很熟悉的地方故事。通过参与那些涉及《罗摩衍那》或其他印度教神话的朝圣，老百姓将他们的村子与印度教民族空间的神话叙事联系起来。朝圣透露出这样的信息：印度教群体是强大和团结的，他们的群体在印度教民族空间中拥有绝对权力。②

印度教民族主义意识形态家总是将印度教民族与这块神圣领土相联系，萨瓦卡尔在《印度教特性》一书中这样说道，“一个印度教徒首先是

① 特勒：《作为社会进程的朝圣》（Victor Turner, “Pilgrimages as Social Processes”, in V. Turner ed., *Dramas, Fields, and Metaphors Symbolic Action in Human Society*, Ithaca and London: Cornell University Press, 1975），第 166 页。

② 戈郎特：《民族的空间》（Will G. Grant, “The Space of the Nation: an Examination of the Spatial Productions of Hindu Nationalism”, *Nationalism and Ethnic Politics*, No. 11, 2005），第 336—337 页。

出生在这块土地上的人，这块神圣领土包括印度河、印度洋和喜马拉雅山脉，它具有强大根基，是大自然设计的最完美的地理体”。① 萨瓦卡尔对领土空间的关切反映了土地在保持民族政治身份中的重要性。受其影响，RSS 活动中非常重视印度教领土空间。在每天夏卡举行的开始仪式和结束仪式中，团员们都要看到象征印度教的橘色三角旗，背诵祈祷词。祈祷词表明领土在印度教民族想象建构中非常重要，“敬爱的大地母亲，我将永远为你鞠躬。我们印度教徒的大地母亲抚育了我，给我快乐。我将把我的一生奉献给你的事业，我崇拜的伟大神圣领土。我在你面前鞠躬，再鞠躬”。② 1993 年，RSS 出版了一本《神圣印度领土地图》，书中这样说道，“通往神圣领土的朝圣使得我们领略了这块土地上的每一个角落，意识到每一颗尘土都是神圣的，朝圣者共同的文化行为产生了对彼此的亲近感”。然后，书中列出了全国所有圣地，并说“七圣城位于这个国家不同方向和不同地方，构成了民族统一的连接点，这个国家的每个公民都想以一种虔诚的心情去拜访这七大城市；十二处湿婆林伽庙（Jyotirlingam）分布在整个国家，象征了民族的统一；圣河和众多的圣湖激发全部人民超越种姓和地区，成为一个强大的民族”。③ 统一印度（Akhand Bharat）④ 是印度教民族主义运动的一个美好愿望，为此它需要建立起一种民族团结精神，重视那些允许社会融合，以至联系成一个民族整体的仪式，比如朝圣。建立在大规模印度教朝圣之旅上的游行具有两大特征：首先它是社会包容的，几乎所有的种姓都能够参加；其次游行勾画了一块空间，这块地理空间只与印度教共同体相联系。在印度教民族主义者看来，朝圣不仅将印度教徒团结为一个整体，而且这个印度教集体依靠真实的朝圣行程占据了神圣的印度领土，统一的印度教民族就此出现了。

“全国统一游行”（Ekatmata Yatra）是团家族活动家发明的一种全国朝

---

① 萨瓦卡尔：《印度教特性》（Vinayak Damodar Savarkar, *Hindutva: Who is a Hindu*? Bombay: S. S. Savarkar, 1969），第 82 页。

② 贾夫里罗特：《印度教民族主义者对朝圣的再解读》（“The Hindu Nationalist Reinterpretation of Pilgrimage in India: the Limits of Yatra Politics”, *Nations and Nationalism*, Vol. 15, No. 1, 2009），第 8 页。

③ 同上。

④ Undivided India，印巴分治前的印度。

圣，即从印度教文明的东西南北四大角出发，汇合在一个象征民族统一的中心。“全国统一游行”是在国内分离势力上升和印度教民族主义运动内部出现分歧的背景下进行的。20世纪80年代初期，印度国内地方分离势力愈演愈烈，旁遮普锡克教徒强烈要求高度自治，极端锡克教徒甚至要求旁遮普锡克人从印度独立出来，建立“卡利斯坦国”。克什米尔的伊斯兰武装势力也很猖獗，受到巴基斯坦和阿富汗伊斯兰政治势力的教唆和鼓舞，克什米尔加速了从印度分离出去的倾向。印度教民族主义者一向对祖国领土统一予以高度关注，认为非印度教徒对印度教民族空间构成了威胁，必须采取行动抵制上述分离势力。然而，这期间印度教民族主义运动内部出现分歧，BJP努力呈现为一股温和的印度教政治力量，RSS依然推动强硬印度教特性方案，游行政治成为RSS战略的一部分。RSS授命世界印度教大会发动一场全国宗教游行，以在政治领域制造出印度教徒选票仓，从而强迫政党尤其是BJP考虑印度教群体的利益。事实证明，RSS的游行战略获得了成功，1984年印度大选中国大党得到RSS的支持，利用印度教徒选票仓赢得选举胜利。RSS首领德奥拉斯公开表示将把选票投给维护印度教徒利益的政党。在此背景下，印度人民党不得不调整战略，印度教民族主义运动极端与温和派合流，并突出代表印度教徒的利益诉求。

“全国统一游行”计划在1983年11月和12月由三支大型游行队伍穿越全印度来完成。第一支队伍于10月26日由尼泊尔国王在加德满都主持动身仪式，12月16日到达南边泰米尔纳杜的拉梅斯瓦兰。第二支队伍11月15日从东边孟加拉邦的圣地冈嘎萨格尔（Gangasagar）出发，12月17日到达西边古吉拉特的索姆纳特。第三支队伍11月16日从西北边的赫里德瓦尔动身，12月20日到达泰米尔纳杜的科摩林角（Kanyakumari）。这期间，至少有47支小型游行队伍用五天时间穿越了印度其他地方，然后在指定地点加入其中一支大队伍。重要的是，所有游行队伍都要在南格普尔（Nagpur）汇合，然后继续前行。南格普尔是RSS的发源地和总部，同时也是印度的地理中心。这次三支游行队伍在南格普尔汇合，被比喻成三河汇合（Triveni），即三条圣河在阿拉哈巴德的合流。[1] 正如“全国统一游行”的设计师、VHP 的总书记 A. G. 基希尔（A. G. Kishore）所期望的那样，这次游行体现了印度人群的必然融合，正如印度河流的融合一样，这是增强印度统一的最可能的方式。

VHP 从传统仪式中借用了一些成分用于“全国统一游行”，比如水的重要作用。每支队伍后面都跟随一辆大卡车，车上装满盛有恒河水的大水缸和小水罐。每到车队停留的地方，朝圣者就把恒河水分装成小瓶卖给老百姓，然后在路上从恒河分流或恒河流经的印度教神庙的水池里重新装上圣水。印度教民族主义者以印度水融合的方式体现印度基本的统一，这种象征性还在于印度教徒赋予水尤其是恒河水的重要意义。恒河被看作圣河，恒河水具有洗除罪恶、给予救赎的力量，印度其他所有圣水都来自于恒河。这样，所有河流和神庙的水池都与恒河联系起来，成为印度教印度统一的象征。[2]

在“全国统一游行”队伍中，印度母亲神跟印度教的各级神祇同时出现在车上参与游行，并受到朝圣者的礼拜。其实，母亲神崇拜早就在印度各个地方出现了，安得拉邦的泰卢固党就创造了泰卢固母亲神，孟加拉的母亲神崇拜特别盛行。VHP 将印度母亲神像进行全国游行，这也是 VHP 对民族传统的继承，同时表明对印度统一的不懈追求。值得注意的是，在游行的印度教神祇队伍里，前面是印度母亲神，后面紧跟着两位面目狰狞、凶恶的神祇（迦梨女神和持斧罗摩），这表明为了保护祖国领土统一，印度教民族主义者必要时会采取暴力。这显示了印度教民族主义的政治哲学，即用友爱与暴力来建构印度教民族。

通过“全国统一游行”，印度教民族主义团家族实现了团结印度教徒、促进印度统一的目标。对团家族来说，游行所利用的印度教象征和传统是用来实现民族动员的目的。RSS 并没隐瞒利用印度教传统发动游行的政治意图，其主办的周刊《组织者》这样说道，“当游行到达目的地如拉梅斯瓦兰和索姆纳特时，人们罐子里将装着来自所有圣地的水，包括东西南北

---

① 韦尔：《宗教民族主义：印度教徒和穆斯林》（Peter Van Der Veer, *Religious Nationalism: Hindus and Muslims in India*, California: University of California Press, 1994），第 124 页。

② 同上书，第 125 页。

四大圣地，十二处湿婆林伽庙，成百上千的圣河、圣湖和圣井。无数的朝圣地点，包括神庙和修行所，被看作我们神圣土体的象征，也是我们共同祖国的象征”。① 这次“全国统一游行”真正呈现出全国范围的大众动员态势，共有 312 支队伍加入了这次游行，组织了 4323 场会议，这个国家的 534 个地区中的 531 个地区受到了影响。② 在整场游行活动中，沿途人们纷纷购买来自恒河的瓶装水和印度母亲神像，表明了人民对印度教身份的认可和维护祖国统一的决心。印度教民族主义者成功地拨动了虔诚印度教徒的宗教心弦，将人们的印度教认同和民族认同融合起来。“全国统一游行”中，印度教民族身份第一次得到了清晰的显现。

1990 年 8 月，维·普·辛格政府为了赢取低等种姓和其他落后群体的选票，决定实施“曼达尔计划”，结果这引起了高种姓印度教徒的愤怒，以及种姓间的紧张关系。为了转移人们对保留政策的注意力，也为了将对立的印度教群体重新统一起来制造一个印度教徒选票仓，BJP 主席阿德瓦尼设计了“罗摩战车游行”（RamRath Yatra）。团家族深刻认识到：为了实现印度教民族事业，印度教徒必须自觉团结起来，但印度教徒是如此分化和多样化，因此实现团结的最好方式不是强调印度教徒共享什么，而是强调他们共同反对什么。事实上，对外来他者或敌人的反对情绪越强烈，印度教徒实现团结的力量就越强大。鉴于印度的历史，印度教徒最可能的敌人他者就是穆斯林和伊斯兰。③ 这次“罗摩战车游行”的目的就是要宣称印度教圣地被穆斯林侵占了，穆斯林或伊斯兰成为印度教群体的敌人，印度教徒必须统一起来捍卫属于印度教民族的圣地。“罗摩战车游行”不仅掩盖了印度教社会内部的矛盾，而且将印度教群体动员起来为民族荣誉而战斗。正是在这个对民族构成威胁的敌人他者的刺激下，人们对印度教民族的想象和渴望变得如此真实和迫切。

1990 年 9 月 12 日，阿德瓦尼宣布他将在 9 月 25 日和 10 月 30 日期间

---

① 贾夫里罗特：《印度教民族主义者对朝圣的再解读》（“The Hindu Nationalist Reinterpretation of Pilgrimage in India: the Limits of Yatra Politics”, *Nations and Nationalism*, Vol. 15, No. 1, 2009），第 11 页。

② 同上。

③ 瓦雷克：《痛苦的转型》（Achin Vanaik, *The Painful Transition: Bourgeois Democracy in India*, London: Verso, 1990），第 308 页。

进行一场“罗摩战车游行”。在印度教传统宗教生活中，战车游行（Rath Yatra）指一群印度教徒簇拥着一辆木车到周围圣地朝圣。这次，阿德瓦尼发动的“罗摩战车游行”队伍穿越了印度教徒非常重视的两处圣地，即古吉拉特的索姆纳特和北方邦的阿约迪亚，全程约1万公里。阿德瓦尼计划从西部古吉拉特邦索姆纳特出发，穿越10个邦，最后在10月30日到达北方邦的阿约迪亚，其目的是呼吁在阿约迪亚修建罗摩庙。“罗摩战车游行”的起点和终点让人们回忆起穆斯林对印度教徒的征服，穆斯林入侵者多次糟蹋索姆纳特的印度教神庙，而阿约迪亚的清真寺据说也是建立在罗摩出生地之上。可见，这次“罗摩战车游行”对印度教徒的象征意义非常重大。

阿德瓦尼带领的战车游行队伍充分显示出印度教的宗教特征。阿德瓦尼打扮成罗摩大神的样子，手拿弓箭站在由汽车改装的“战车”上，吸引了全国人的眼球。“战车”周围簇拥着打扮成哈努曼①的印度教活动家，女性则表演着牧女②舞蹈。所有这些都出现在一种高度神圣的氛围中，宗教歌曲和口号不绝于耳。游行初期朝圣者很少，但是沿途有很多人参与进来，并参加了在驻地举行的各种会议。游行者高呼重建罗摩庙口号，所有人都充满了振奋的精神。

“罗摩战车游行”是独立后印度最大规模的群众运动之一，它的组织者阿德瓦尼将其比作甘地领导的食盐进军。在古吉拉特，战车游行穿越了600个村庄，大约举行了50次集会。在艾哈迈达巴德，一些人甚至在阿德瓦尼的前额上画上圣徒宗教标记（Tilaka），在杰特普尔很多人滴血献给阿德瓦尼，以表示支持“罗摩战车游行”，要为保卫印度教荣誉而奉献。在马哈拉施特拉邦，人们的热情更高，阿德瓦尼在湿婆军领导人萨克雷的陪同下举行了一次大型集会。然后，战车进入安得拉邦首府海德拉巴，深入到印度教民族主义运动之前从没涉足过的南边。从那儿，游行队伍来到农村人口最多的中央邦，农民的热情超出了媒体的想象。大量人群聚集在村子口，热烈欢迎战车游行队伍的到来，人民甚至不顾暴雨，急切地等待阿

① 印度教史诗《罗摩衍那》中英雄罗摩的主要卫士。

② 牧女是克里希那神的伙伴。

德瓦尼出现。路两边站满了人，他们不时为游行喝彩，很多人还拿来了三叉戟。一路上到处都有支持修建罗摩庙的标语，其中一条标语具有特别的意义："自豪地说我们是印度教徒！"战车去的下一个地方是拉贾斯坦邦，新标语是"阿德瓦尼，你把我们载上吧。我们要和你在一起，开始建立罗摩庙，我们是你的手臂"。《印度快报》的特派记者这样描述战车游行在哈里亚纳邦所产生的大众动员情况，"在每个村庄的路口都聚集了大量人群……成千上万的人群出来看他（阿德瓦尼）。镇上人爬上房顶，就为了看一眼战车英雄"。①

阿德瓦尼并没有顺利到达终点阿约迪亚。1990 年 10 月 23 日，维·普·辛格总理让比哈尔邦首席部长拉卢·亚达夫在阿德瓦尼经过边界去北方邦时将其拘捕。这个决定反而强化了印度教民族主义活动家到达终点的决心。尽管警察极力阻挡游行，大约 4 万名活动家仍然将战车游行继续到阿约迪亚，包围了清真寺。执法人员对游行队伍采取了强硬镇压手段，造成大约 30 人死亡。随后，印度教民族主义活动家带着遇难者的骨灰在全国游行，引发了大量骚乱。直到拉吉莫汗·甘地（伟大领袖甘地的孙子）组织了一场和谐游行，旨在推动不同宗教群体之间和谐相处，印度国内民众的情绪才逐渐平静。

可见，为了消除"曼达尔计划"引发的印度教徒之间的紧张对峙，阿德瓦尼利用"罗摩战车游行"和阿约迪亚问题动员印度教徒，BJP 认为这些措施可以重新团结印度教徒（它潜在的选民）来对抗穆斯林他者。战车游行途中，路两边涂写着"Ram Drohi，Desh Drohi"，意思是罗摩大神的背叛者就是民族的背叛者。② 游行走到哪儿，哪儿就爆发了针对穆斯林的骚乱，因为印度教徒将穆斯林当作恶魔罗波那（Ravana），③ 而把自己当作罗摩一样的英雄。以民族象征罗摩为主题，战车游行将人们聚集起来，让人

① 贾夫里罗特：《印度教民族主义者对朝圣的再解读》（"The Hindu Nationalist Reinterpretation of Pilgrimage in India：the Limits of Yatra Politics"，*Nations and Nationalism*，Vol. 15，No. 1，2009），第 13 页。

② 瓦利亚瓦拉：《印度的宗教和民族主义》（Bharat Wariavwalla，"Religion and Nationalism in India，Ram the God of the Hindu Nation"，*The Round Table*，No. 357，2000），第 593 页。

③ 据史诗《罗摩衍那》记载，恶魔罗波那（Ravana）劫掠了罗摩的妻子悉达，罗摩与他展开殊死搏斗，最终杀死罗波那，救出了悉达。

民从地理上真实地感知了属于这个民族的领土空间，这样印度教民族作为一个整体得到了生动想象。①

阿德瓦尼利用“罗摩战车游行”为自己收获了很高的政治人气，以至于游行成为BJP未来政治征程中的一个显著战略特征。1991年，阿德瓦尼的继任者、BJP主席M. M. 乔希组织了“统一游行”（Ekta Yatra），从印度最南端的科摩林角到克什米尔的斯利纳加，全程1.5万公里。乔希在斯利纳加升起印度国旗，宣布克什米尔属于印度母亲。1993年，BJP四位高级领导人举行了“全印朝圣”（Janadesh Yatra），到达迈索尔、博尔本德尔、加尔各答、查谟、博帕尔等。1996年，阿德瓦尼又进行了“公理战车朝圣”（Suraj Rath Yatra），穿行在印度国内长达35天。1997年，阿德瓦尼再次进行“爱国朝圣”（Rashtra Bhaktihi Teerth Yatra），持续了两个月。2006年初，阿德瓦尼最后举行了“安全朝圣”（Suraksha Yatra），抗议政府没有对伊斯兰圣战分子的袭击采取行动。在以上所有游行中，“全国统一游行”和“罗摩战车游行”是最成功的。在反穆斯林和反“曼达尔计划”背景下，印度教宗教象征在团家族的成功大众动员中发挥了重要作用。只有当宗教（民族）象征处于危险中时，印度教民族主义势力才能够将朝圣展现得如此有吸引力，以威胁他者形象实现印度教民族认同建构。

总之，印度人民党通过控制牵动大众感情的宗教象征，发明了一套政治朝圣战略，以动员大众支持它。在解释阿德瓦尼举行的“爱国朝圣”时，他的一位助手库卡尼说，“对普通人民来说，朝圣是一种宗教义务，通过朝圣他们不经意地就发现了将他们联系起来的纽带。对圣人、社会改革家和进步的政治领导人来说，朝圣是有意识地对人民进行教育和动员的媒介”。② 在库卡尼看来，朝圣政治就是通过操控宗教感情，在人民中创建一种民族感情。印度教民族主义之所以能够成功地利用朝圣仪式达到民族

---

① 贾夫里罗特：《印度教民族主义者对朝圣的再解读》（“The Hindu Nationalist Reinterpretation of Pilgrimage in India: the Limits of Yatra Politics”, *Nations and Nationalism*, Vol. 15, No. 1, 2009），第2页。

② 贾夫里罗特：《印度教民族主义者对朝圣的再解读》（“The Hindu Nationalist Reinterpretation of Pilgrimage in India: the Limits of Yatra Politics”, *Nations and Nationalism*, Vol. 15, No. 1, 2009），第14页。

动员目的，就是因为印度教朝圣不仅界定了一块神圣的领土空间（文明领域），而且使参与其中的朝圣者形成了一个集体，在这个集体内基于社会地位的分界线变得模糊了。在印度教圣地基础上勾画出印度领土面貌，印度教民族主义给印度教民族赋予了领土维度。朝圣者抛弃种姓因素，一起参加朝圣，此时印度教认同成为他们唯一的身份，现实中游行的印度教集体加速了对印度教民族的想象。

第三节 阿约迪亚罗摩出生地运动

位于印度北方邦阿约迪亚的庙寺问题由来已久，印度的印度教徒和穆斯林围绕阿约迪亚庙寺问题展开了长期激烈的争斗。印度教徒觉得巴布尔清真寺是穆斯林残暴统治印度教徒的象征，应该被拆毁，重新建立罗摩庙。穆斯林认为，巴布尔清真寺标志着穆斯林曾经统治过印度，并在印度历史上留下了特殊的宗教文化痕迹，因此巴布尔清真寺作为印度文化的一部分应该被保留。在阿约迪亚庙寺之争中，庙寺成为各自宗教群体的象征，围绕庙寺的动员变相加深了两个群体的分裂，印度教认同和穆斯林认同的边界得到了清晰的勾画。在这次宗教动员中，罗摩是印度教社会最受敬仰的神祇，据说他领导印度教社会开创了“罗摩盛世”，受到了人民的拥戴。相反，巴布尔作为一代暴君，残酷镇压百姓，迫使印度教徒改信伊斯兰教，导致印度社会的凋敝和沦落。作为民族英雄的罗摩与作为民族敌人的巴布尔形成了鲜明对比，印度教民族主义者宣称就是要努力保护印度教民族的偶像，肃清破坏印度教社会的“他者”。[①]

1528 年，莫卧儿王朝第一位皇帝巴布尔命令他的将军在北印度朝圣中心阿约迪亚修建一座清真寺，即著名的巴布尔清真寺。1857 年，一些穆斯林声称阿约迪亚附近有一座印度教神庙建立在清真寺废墟上。出于对穆斯林主张的反应，印度教朝圣者则宣布巴布尔清真寺建立在印度教

---

① 汉森：《橘黄色风潮：现代印度的民主与印度教民族主义》（Thomas Blom Hansen, *The Saffron Wave: Democracy and Hindu Nationalism in Modern India*, New Jersey: Princeton University Press, 1999），第 175 页。

神庙遗址上。[①] 印度教徒逐渐相信这样的民间传说：巴布尔清真寺所在地是印度教大神罗摩的出生地，11 世纪该地建有印度教罗摩庙，后来巴布尔的将军摧毁了罗摩庙，并用罗摩庙里的神柱建立了清真寺。[②] 由此，印度教徒和穆斯林就围绕阿约迪亚庙寺问题起了争执。

在英国殖民者征服阿约迪亚后，为了避免印穆争端，他们用栏杆将清真寺围起来，并在寺外搭建了一个平台供印度教徒朝拜，穆斯林则可以进入清真寺里面祷告。这种局面一直持续到印度独立。1947 年印巴分治，印度政府在清真寺外面设立了守卫，印度教徒和穆斯林都不准进入清真寺，清真寺的大门被锁起来。1949 年 12 月 22 日晚上，一尊罗摩神像神秘地出现在清真寺内，第二天谣言就传播开来：罗摩大神的出现，就是要宣布清真寺原本是罗摩庙。紧接着印度国内爆发了印穆教派骚乱，军队进行了制止，但是罗摩神像就一直留在清真寺内。此后，印度教徒和穆斯林领导人都向当地法庭起诉，宣布该地为各自的圣地。印度教徒称此地为“罗摩出生地”，而穆斯林仍叫它“巴布尔清真寺”。阿约迪亚的“罗摩出生地—巴布尔清真寺”问题沉寂 30 年之后，于 20 世纪 80 年代再次被激活。

1984 年，世界印度教大会（VHP）成立了“罗摩出生地解放牺牲委员会”，其目的就是重建罗摩庙。1984 年 10 月 6 日，世界印度教大会发动了游行，“打开枷锁”成为他们的运动口号。该游行从罗摩妻子悉达的出生地悉达马希一直延续到阿约迪亚。游行队伍包括许多印度教徒驾驶的私家车与一辆载有罗摩和悉达塑像的卡车，塑像上插有“为印度母亲欢呼”的标语。第二天，VHP 领导人和当地印度教寺庙住持在阿约迪亚发布演讲，吸引了大批印度教徒投入罗摩出生地运动。游行队伍到达北方邦首府勒克瑙时，引起了更多人的关注。从勒克瑙出发，游行继续向德里前进，VHP 计划在德里组织一场大型集会。在英·甘地遇刺之后，全国人民的注意力从阿约迪亚迅速转移到印度教徒与锡克教徒的对立上，罗摩出生地游行遂停止了。通过这次游行，VHP 让全国印度教徒认识到阿约迪亚圣地的历史

---

① 韦尔：《宗教民族主义：印度教徒和穆斯林》（Peter Van Der Veer, *Religious Nationalism: Hindus and Muslims in India*, California: University of California Press, 1994），第 2 页。

② 厄尔斯特：《阿约迪亚运动及其之后》（Koenraad Elst, *Ayodhya and After: Issues before Hindu Society*, New Delhi: Voice of India, 1991），第 12 页。

和罗摩的苦难。[①]

在接下来的几年时间里，VHP 在阿约迪亚问题上继续给政治家施压。为了缓解执政危机，赢得印度教徒的支持，拉·甘地政府决定向印度教徒开放阿约迪亚圣地。在拉·甘地的授意下，1986 年 2 月 14 日费萨巴德地方法院作出决定：争议中的圣地应该立即对印度教公众开放。这个决定在北印度引发了大量教派暴力事件，1987 年 3 月 30 日穆斯林在新德里发动了独立以来最激烈的抗议。与此同时，印度穆斯林成立了“穆斯林巴布尔清真寺委员会”，以与 VHP 等印度教民族主义组织发动的罗摩出生地运动进行针锋相对的斗争。

在费萨巴德法官的判决之后，庙寺问题逐渐成为各个政党运作的中心议题，并在 1989 年选举中扮演了重要角色。国大党领导人拉·甘地坚持在费萨巴德—阿约迪亚举行集会，支持 VHP 的诉求。印度人民党在庙寺问题上发挥得更加淋漓尽致，BJP 的政治计划和 VHP 的政治诉求密不可分。VHP 和 BJP 发动了解放罗摩的全国运动，它们当时共同的重要目标就是掀翻执政的世俗国大党政府，因为之前国大党公开反对拆毁清真寺，一些人将国大党看作穆斯林的同情者。BJP、RSS 和 VHP 的高层领导在印度教仪式、鼓动民众和政治运作方面进行了直接合作，他们甚至同时担任几个组织的工作。辛迪亚（Vijaye Raje Scindia）是 BJP 的副主席，也是 VHP 的领导人；阿德瓦尼和瓦杰帕伊是 BJP 的高官，同时具有 RSS 背景；平戈尔（Manohar Pingle）既是 RSS 的重要领导人，也是 VHP 成员。[②]重要的是，VHP 领导层也从印度退休官僚中吸收人员，比如前警察署长、前大法官、前部长等。很明显，来自官方背景的支持有助于团家族计划和实施大规模示威运动。VHP 并不是一个特别的组织，没有远离印度教主流社会。

1989 年 9 月，VHP 组织了新一轮罗摩朝圣游行，并宣布游行最终将拆除清真寺（实际上清真寺在 1992 年 12 月 6 日被拆除）。与此同时，VHP

---

① 韦尔：《宗教民族主义：印度教徒和穆斯林》（Peter Van Der Veer, *Religious Nationalism: Hindus and Muslims in India*, California: University of California Press, 1994），第 3 页。

② 厄尔斯特：《阿约迪亚运动及其之后》（Koenraad Elst, *Ayodhya and After: Issues before Hindu Society*, New Delhi: Voice of India, 1991），第 29 页。

在全国乃至全球发动了“罗摩圣砖”（Ramshila）奉献活动，并组织游行队伍将这些刻有罗摩姓名的圣砖送到阿约迪亚，以在罗摩出生地修建罗摩庙时用作基石，从而代替巴布尔清真寺。据估计，在这些罗摩砖朝圣活动中，有大约300人丧生，其中最重大的人员伤亡发生在比哈尔邦。后来，VHP被允许在清真寺外一块无争议的土地上开挖了一个大坑，埋下了圣砖。其中，许多展示的“罗摩圣砖”来自美国、加拿大、加勒比海岸和南非，这显示出罗摩出生地运动是一项伟大的民族事业，吸引了全世界印度教徒的关注和支持。

值得重视的是，“罗摩圣砖”运动表明印度教民族主义意识形态已经从北印度向南印度蔓延，并在全国形成了一股印度教特性政治势力。1989年10月的一天早上，泰米尔纳杜邦一个叫亚奈曼嘎拉姆（Yanaimangalam）的村庄为阿约迪亚修建罗摩庙进行了献砖仪式，场面神圣而严肃。村子中每个十字路口和公交车站都有荷枪实弹的警察看守，公路上布满了警察，克里希那神庙前面也有很多警察把守。婆罗门校长首先在他家里举行了小型朝拜仪式，然后一群婆罗门（有些是城市回来的中产阶级）托起一块红色的砖，向村子边缘行进。圣砖是在泰米尔制作的，一面刻着村子的名字，另一面刻着罗摩神的名字。除了圣砖，他们还奉献了好几十张纸，上面由女孩书写罗摩名字1008次。[①] 当队伍穿行在村子时，人们高声吟唱“Ram－Ram”（表示罗摩大神保佑你），校长则敲击一面小钹伴唱。这支队伍来到村子边，他们将圣砖和其他奉献物件交给一位年轻的印度教圣徒。在两名警察的保护下，年轻人骑自行车将圣砖送到两里外的另一个村子。从那里，各个村子奉献的圣砖将搭上火车，到达马德拉斯与来自泰米尔的其他圣砖汇合，并通过德里送往阿约迪亚。亚奈曼嘎拉姆村圣砖奉献者相信：在阿约迪亚新建的神庙里，他们的砖将和来自其他各地的圣砖共同支撑罗摩庙——印度教民族的象征。亚奈曼嘎拉姆村献砖仪式中，许多政府警察出现在现场，据说是为了防止来自北方的穆斯林破坏圣砖。印度教民族主义运动鼓动了反穆斯林情绪，政府势力出现在献砖运动中则表明

---

① 1008是南印度教徒宗教传统中的神圣数字。

政府对“反穆斯林”的默认甚至支持。[①] 通过这次奉献圣砖活动，印度教民族主义将每个小村子都纳入到它的网络，将人们的信仰行为转变为意识形态行为。献砖过程突出了来自他者（穆斯林）的威胁，印度教徒作为一个整体的“我们”便越来越清晰。

1990 年，在克什米尔伊斯兰意识崛起和“曼达尔计划”引发的保留风波之后，BJP 领导人阿德瓦尼发动了“罗摩战车游行”，计划穿越两个高度敏感的宗教圣地，即索姆纳特和阿约迪亚。当时，阿约迪亚已经是一个具有政治象征意义的圣地，印度教民族主义者想在此建立一座印度教罗摩庙代替巴布尔清真寺。VHP 的年轻分支神猴团还为游行队伍奉献了一杯血，以示建立罗摩庙的坚定决心。阿德瓦尼将宗教与政治混合起来，通过这次大众动员表达了他的两个目的：第一，游行终点阿约迪亚体现了穆斯林少数派统治印度教多数派的耻辱；第二，他期望在一个不断分化的环境下，统一所有的印度教徒。

阿德瓦尼发动的战车游行动机就是以宗教政治动员方式报复历史。战车游行中以“自我”反对“他者”的方式，赋予了印度教民族主义从未有过的活力。阿德瓦尼在游行中发表演讲说：“庙寺之争不仅是个法律问题，也不只是个历史问题，它本质上是一个民族认同的问题，到底民族认同谁，罗摩或巴布尔?”[②] 罗摩是受尊敬的印度教神祇，巴布尔是莫卧儿皇帝，阿德瓦尼将他们置于印度民族象征的竞争状态，要求人们从中选择。其中一位将被象征性地从历史中剔除，从而确认另一位为印度民族象征。用罗摩庙代替巴布尔清真寺，将巴布尔象征性地从历史中排除了。这样，历史被报复了。将罗摩与巴布尔并列，印度教民族主义者想要表达“罗摩创建了印度民族，巴布尔破坏了民族”。正是穆斯林的征服和长期统治阻碍了印度民族的出现，这是印度教民族主义的中心话题。印度教民族主义者将穆斯林统治描述为一千年的“侮辱”，必须要擦掉这段“侮辱”，并重

---

① 米勒斯：《印度教民族主义、不可接触制改革和南印度村子里的印度教仪式》（Diane P. Mines, “Hindu Nationalism, Untouchable Reform, and the Ritual Production of a South Indian Village”, *American Ethnologist*, Vol. 29, No. 1, February 2002），第 73—74 页。

② 汉森：《橘黄色风潮：现代印度的民主与印度教民族主义》（Thomas Blom Hansen, *The Saffron Wave: Democracy and Hindu Nationalism in Modern India*, New Jersey: Princeton University Press, 1999），第 176 页。

新建立他们自己的民族。1990 年，阿德瓦尼发动的罗摩庙代替巴布尔清真寺政治动员的目的就是要抹掉这个“侮辱”，至少要部分抹掉，然后重建印度教民族。

所有这些举动都激起了人们的印度教认同感，距离阿约迪亚越近，人们的认同情绪就越强烈。[①] 北方邦首席部长辛格·亚达夫保证不会让阿德瓦尼进入北方邦，在 10 月 30 日之前阿德瓦尼在邻邦比哈尔被拉卢·亚达夫政府拘捕。但是，这并没有阻止阿德瓦尼的跟随者向清真寺前进，后来直到警察开枪了游行才停下来。北方邦和比哈尔邦两位首席部长得到了维·普·辛格全国阵线中央政府的支持，他们都赞同世俗主义传统，反对袭击清真寺，害怕疏远了穆斯林人群。然而，BJP 撤回了对维·普·辛格政府的议会支持，全国阵线政府于 11 月 16 日下台。阿德瓦尼发动的战车游行具有象征意义，表明 BJP 坚持印度教特性或印度教身份认同。BJP 能够从印度教志愿者和活动家那里收获政治支持，但是它也引发了印度教徒和穆斯林的教派骚乱，直接断送了维·普·辛格政府的政治未来。

VHP 继续进行罗摩庙鼓动，并对 10 月 30 日发生在阿约迪亚的警察镇压事件进行录音和视频宣传。据说，上千人在阿约迪亚被警察杀害，受害举证受到政府压制。阿约迪亚殉难者的骨灰被装在一个特殊的罐子里进行全国游行，最后抛洒在恒河里。同时，VHP 在阿约迪亚组织了一场大型献祭活动，辛迪亚是最主要的布施者。VHP 举行的这些仪式帮助 BJP 在 1991 年的全国大选中赢得了更多议席，BJP 成为议会第二大党，并在北方邦组建邦政府。这样，阿约迪亚问题便转变成国大党领导的中央政府与全国最大的反对党 BJP 组建的北方邦政府的僵持。VHP 宣布与 BJP 脱离开来之后，继续迫使政府尽快拆除清真寺，修建罗摩庙。有迹象表明 BJP 北方邦政府有意想要与 VHP 保持距离，唯恐中央政府以 BJP 没有制止 VHP 的罗摩庙运动为由解除北方邦政府。这种微妙局势下，VHP 继续致力于修建罗摩庙运动。

1992 年，国大党（英）领导的印度中央政府召集 VHP 与“穆斯林巴

---

① 卢顿编：《让印度印度教化》（David Ludden ed., *Making India Hindu*, New Delhi: Oxford University Press, 2005），第 8 页。

布尔清真寺委员会”进行直接对话，企图解决庙寺之争。然而，对话没有取得成果。1992 年 12 月 6 日，VHP 和 BJP 在阿约迪亚组织了大型集会，约有 30 万人参加。一些激进的印度教徒手拿斧头、棍棒、铁锹等工具冲破警戒线，涌进清真寺，并呼喊着“印度斯坦是印度教徒的，穆斯林去死吧”的口号。[①] 他们爬上清真寺顶部将其捣毁，并最终拆除了整个清真寺。事发当时，现场的警察和准军事部队没有阻止狂热的印度教徒拆寺，理由是没有得到上头的指示。[②] 拆寺事件在印度国内和国际上产生了强烈影响，仅在接下来四个月发生的印度教派暴力事件中，就有 1700 多人丧生，5500 多人受伤。[③] 拆寺事件也在巴基斯坦、孟加拉国等引发了对印度教神庙进行的报复行动。据报道，巴基斯坦的穆斯林纵火燃烧了 125 座印度教寺庙，阿富汗的穆斯林破坏了三座印度教神庙，甚至英国的一些印度教庙宇也遭到了破坏。[④]

看起来，整个拆寺事件预先就已得到精心策划。虽然阿德瓦尼也在现场，但是他立刻澄清了与拆寺行动无关。在拆寺当天，印度中央政府没有任何反应，而在拆寺第二天，印度政府才采取了强硬行动，在北方邦实施了总统管制。随后，中央邦、喜马偕尔邦和拉贾斯坦邦的 BJP 政府被解散，联邦政府直接接管这些邦。时任印度总理拉奥表示要重建清真寺。最后，政府禁止了好几个印度教民族主义组织的活动，比如 RSS、VHP、Bajrang Dal，认为这些组织在拆寺运动中扮演了重要角色。整个事件表明所谓世俗的国大党和印度世俗国家机制在印度教徒极端者发动的拆寺行动中似乎串通一气，甚至以扳倒政治对手 BJP 为目的，从拆寺事件中获得了政治收益。BJP 对中央政府针对拆寺事件采取的措施进行抗议，并计划于 1993 年 2 月 25 日在德里举行大型集会，但是被印度中央政府制止了。2000 年 BJP 在中央执政时，议会联邦院要求政府罢免参与拆毁清真寺事件的三名内阁成员，但是遭到瓦杰帕伊总理的拒绝，他说“在阿约迪亚建立

---

① 戈林维：《印度教民族主义抹黑了印度的面孔》（H. D. S. Greenway, “Hindu Nationalism Clouds the Face of India”, *World Policy Journal*, Vol. 18, No. 1, Spring 2001），第 91 页。

② 卢顿编：《让印度印度教化》（David Ludden ed., *Making India Hindu*, New Delhi: Oxford University Press, 2005），第 254 页。

③ 同上书，第 1 页。

④ 朱明忠：《“印度教国家”理论与印度的教派斗争》，《当代亚太》1996 年 3 期，第 62 页。

一座罗摩庙表达了一种民族感情”。[①] 阿约迪亚事件看起来是一个宗教冲突，事实上是印度国内政治博弈的结果。[②] 在比潘·钱德拉看来，政治家宣称代表某个宗教群体的利益，其实他们利用宗教掩盖了非宗教的社会需求、期望和冲突。那些主张保护特定宗教群体利益的人主要是在为社会政治经济利益而抗争，而很少为了那个群体特殊的宗教实践。[③]

拆寺后，印度教民族主义者宣布要在废墟上建立罗摩庙，而愤怒的穆斯林则要求重建清真寺，庙寺争执最后被送到印度最高法院审理。1994 年 1 月 7 日，最高法院判定阿约迪亚约 27 万平方米（67 英亩）争议土地暂归政府接管，谁也不能动用。接下来很多年，VHP 一再给政府施压，要求将阿约迪亚圣地归还给印度教徒，以便尽早建立罗摩庙，但遭到了国大党和穆斯林团体的强烈反对。VHP 继续鼓动印度教群体，宣称要在阿约迪亚尽快启动重建罗摩庙工程。直到 2002 年 3 月 13 日印度最高法院仍然作出如下裁决：不允许在政府已经接管的约 27 万平方米（67 英亩）土地上举行任何形式的宗教仪式。2002 年 3 月 15 日，在瓦杰帕伊政府的调解下，VHP 在离争议地一公里外的地方象征性地举行了重建罗摩庙奠基仪式。印度教徒和穆斯林围绕阿约迪亚圣地的争执仍然没有结束，历届政府都宣布圣地归属将由最高法院来裁决。

尽管阿约迪亚庙寺问题早已存在，但是直到 20 世纪八九十年代这个问题才被激化。阿约迪亚问题激化的原因主要有以下几方面：首先，克什米尔问题出现新趋势。随着国际上伊斯兰的复兴，克什米尔地区穆斯林的伊斯兰意识也在增强。克什米尔穆斯林多数人群体开始发动武装暴动，反对印度政府的治理，要求获得独立或自治。同时，克什米尔穆斯林对印度教徒发动了暴力袭击，这是之前没有出现过的事。大量的印度教徒被迫迁出克什米尔，这引起了印度国内印度教徒的同情和怨恨。BJP 在克什米尔问

---

① 戈林维：《印度教民族主义抹黑了印度的面孔》（H. D. S. Greenway，“Hindu Nationalism Clouds the Face of India”，*World Policy Journal*，Vol. 18，No. 1，Spring 2001），第 92 页。

② 卢顿编：《让印度印度教化》（David Ludden ed.，*Making India Hindu*，New Delhi：Oxford University Press，2005），第 254 页。

③ 马拉姆帕里：《评析 20 世纪 80、90 年代马克思主义者和后现代主义者对印度教民族主义的反映》（Chandra Mallampalli，“Evaluating Marxist and Post – modernist Responses to Hindu Nationalism during the Eighties and Nineties”，*South Asia Research*，Vol. 19，No. 2，1999），第 164 页。

题上采取了强硬的反巴基斯坦立场，在国内则表现为强烈的反穆斯林立场。印度教民族主义组织希望通过阿约迪亚事件的炒作来渲染穆斯林对印度教徒的威胁，从而以解放罗摩出生地事业来统一印度教民族。

其次，“曼达尔计划”引发教派冲突风波。由曼达尔组建的委员会通过调查并发布了“曼达尔计划”，建议在教育部门和政府部门为其他落后阶级提高保留比例。“曼达尔计划”立刻引起了印度教高级种姓的反对，一直没有得到实施。1990 年 9 月，维·普·辛格政府为了赢得落后种姓和阶级的选票支持，决定实施“曼达尔计划”建议的保留政策。这些保留政策的出台，在印度国内引发了很多新的问题。在南印度，大量的人口被列入“落后”群体，而印度北部和西部则出现了大规模的暴力事件，其中一些暴力事件演变为印穆教派骚乱，如 1985 年发生在艾哈迈达巴德的骚乱。在反保留暴力事件中，许多大学生用自杀的方式来表达抗议。围绕保留问题的一系列事件，打乱了印度教民族主义组织的印度教特性计划，使得印度教徒选票仓出现了分化。BJP 领导人阿德瓦尼决定发动“罗摩战车游行”，将印度教徒的注意力从“曼达尔计划”转移到清真寺。“罗摩战车游行”突出穆斯林对印度教徒的威胁，从而将分散的印度教徒重新集中起来。

第三，团家族极力倡导印度教同质化/印度教认同。像庙寺之争这样的宗教问题很容易激发人们的热情，并导致暴力行动。这样的宗教激情看起来非常自然，暴力事件也被说成是要宣泄受困的感情。其实，所谓的自然感情宣泄也是政治运作的结果。1984 年，VHP 开始鼓动阿约迪亚庙寺问题，并将阿约迪亚清真寺看作印度教徒多数受到威胁的象征。无论是从保护宗教感情还是政治动员来看，VHP 在印度教民族的同质化进程中都发挥了重要作用。宗教争执的起源问题被认为对于集体自尊很关键，这样的集体往往被描述为一个同质整体，就像是一个人一样。在印度教民族主义者看来，庙寺之争引起的激情和暴力关系到印度教群体和个人认同中的基本价值观念，这些观念被认为是神圣不可侵犯的。[①] 当然，除了宗教意义和宗教实践在建构印度教身份认同中的重要性外，政治家出于权力追逐目的

---

① 韦尔：《宗教民族主义：印度教徒和穆斯林》（Peter Van Der Veer, *Religious Nationalism: Hindus and Muslims in India*, California: University of California Press, 1994），第 7—8 页。

也会努力渲染宗教象征，激发人们的宗教认同。

第四，政府拟定印度教朝圣计划。在 VHP 发动罗摩庙运动之前，阿约迪亚已经采纳一项计划来推广本地旅游，包括修建旅馆、在旅游公司发布阿约迪亚旅游信息等。北方邦政府决定满足中产阶级的朝圣需求，这是非常重要的发展。1985 年，北方邦政府就开始了美化阿约迪亚圣河——萨罗逾河（Sarayu）河堤的行动，并在河中间搭建了一个平台，名为“罗摩的脚印”，人们可以从河岸上去参观朝拜。同时，北方邦政府参与费萨巴德法官打开清真寺的决定，可以看作是为了努力控制印度教朝圣点，而这些朝圣地点逐渐成为中产阶级的旅游选择。

第五，媒体进行印度教宣传。这期间印度播放了一些煽动民众宗教感情的电影、电视。在南印度，电影明星一般是政治家，通过塑造宗教形象，他们赢得了观众的支持，为电影的流行搭建了平台。这种趋势在全印度蔓延开来，如果演员在一部电影中扮演圣人或神，表明此演员在政治舞台上是神圣和虔诚的。除此之外，公众偏好电影中善与恶的争斗。过去电影主要展现非宗教主题的善与恶的斗争，但是近来一种新的趋势是宗教故事戏剧化。印度电视历史中的一个重大事件无疑是 1987 年 1 月开始以连续剧形式播放印度史诗《罗摩衍那》。电视剧《罗摩衍那》给印度中产阶级提供了一个著名的、流行的史诗标准版本，它让普通大众认识到“阿约迪亚是罗摩的出生地”，所以阿约迪亚成为北方邦重要的朝圣地点之一。团家族充分利用《罗摩衍那》电视剧播放产生的印度教认同效应，发动了罗摩出生地运动。

通过以上种种方式，有关清真寺建立在罗摩出生地之上的争论成为印度教徒民族想象中承载了丰富感情的问题。而对于穆斯林来说，这个问题同样很沉重。首先，清真寺是个神圣的地方，不能随便拆除或者搬迁。有人建议穆斯林将清真寺迁走，给印度教神庙让出空间。这样的观点听起来好像是伊斯兰教被打败了，穆斯林非常反感这样的观点。其次，根据历史，巴布尔参与了这个清真寺的修建，这让一部分穆斯林有理由要求保护清真寺，因为他们的自豪和自尊跟莫卧儿时代的辉煌紧密联系在一起。[①]

---

① 莫卧儿帝国的衰落经常被认为是穆斯林群体本身的衰落，当代穆斯林努力用巴布尔清真寺证明这个群体过去的辉煌和自豪，害怕拆除巴布尔清真寺后穆斯林在这个国家被完全边缘化。

在穆斯林眼里，这段辉煌过去的事实跟印度教神话中的虚构形成对比，巴布尔和他的将军是历史人物，清真寺显然是一个真实的建筑物，而罗摩和他的出生地则是神话。

自20世纪80年代以来的阿约迪亚罗摩出生地运动，将印度人民再次卷入教派冲突的旋涡。1992年巴布尔清真寺被拆使庙寺之争达到白热化，自分治以来印度教群体和穆斯林群体的对立关系公开化。随着印度世俗主义的式微，基于宗教的争执只会激化基于宗教的认同。印度教民族主义运动利用庙寺之争创建了一个印度教徒选票仓，踏着教派骚乱中许多无辜者的尸首，印度教特性政治势力步入了印度政治舞台中央。

就拆除清真寺而言，穆斯林领导人有两种观点。一种观点非常激烈地否认这个地方曾经有过印度教神庙。事实上，这种观点极力否定穆斯林镇压印度教徒的整个历史，把它称为印度教神话。另一种观点承认巴布尔拆掉印度教神庙的历史事实，但是争辩说穆斯林有权破坏在其管辖下的其他宗教崇拜地点。清真寺一旦被建立，就成为穆斯林的神圣地方，任何人必须尊敬它。在他们看来，世俗国家必须保护宗教少数人的权利，不能根据多数人的感情去改变发生在约500年之前的事。对穆斯林来说，清真寺既象征了他们辉煌的过去，也象征了他们受威胁的现状。

在印度教民族主义运动建构穆斯林“他者”的过程中，穆斯林总是被看作危险的“外来势力”，不是真正的印度人。① 1947年印巴分治的前因后果更加重了这种他者建构的现实相关性，这是因为：第一，分治的受伤经历激发了长期的互不信任感；第二，分治后印巴进行了一系列战争和许多小的摩擦，印巴敌对的历史无法缓解印度国内印穆的不信任感，在印巴冲突中，印度穆斯林轻易就被指责为从内部削弱印度的“第五纵队”；第三，随着大量穆斯林劳工移民到中东，他们不仅把大笔汇款寄回印度，而且带回中东国家对印度伊斯兰机构和传教活动的支持，这更加强化了印度穆斯林的“外来性”；第四，周边国家政治中伊斯兰认同主张也唤醒了印度教徒政治家的恐惧；第五，穆斯林经常被认为是一个同质共同体，因为

---

① 韦尔：《宗教民族主义：印度教徒和穆斯林》（Peter Van Der Veer, *Religious Nationalism: Hindus and Muslims in India*, California: University of California Press, 1994），第10页。

他们在印度选举中经常作为一个整体统一投票，因此穆斯林在印度文化和社会中很容易被固化为“外来部分”。印度教徒认为：穆斯林执政时压迫印度教徒，现在穆斯林虽然失去统治权力，但是在民主体系内依然享有印度教徒没有的基本权利（比如一夫多妻），在印度领土上充当了泛伊斯兰代理人。

巴布尔清真寺被拆后，一些穆斯林领导人的过激行动更加重了印度教民族主义者对穆斯林的偏见。为了挽救巴布尔清真寺，激进伊斯兰政治人物沙哈布丁（Shahabuddin）和布卡里（Imam Bukhari）发起穆斯林群体抵制印度共和国日，以此吸引人们对其诉求的注意。然而，这种方式具有显著的象征意义，不仅对印度教民族主义者是个打击，而且打击了广大世俗主义者。况且，沙哈布丁还努力与锡克教武装分子进行合作，以削弱印度国家。穆斯林的过激表现使穆斯林团体从印度国家中进一步边缘化了，印度教民族主义者将其看作破坏印度国家的外来他者形象得到了固化。①

阿约迪亚庙寺之争成为印度民族国家内部印度教认同和穆斯林认同的一个象征点。宗教圣地被认为是地球表面存在的宇宙与个人之间的连接点，宗教朝圣成为宗教群体认同建构的重要方式。通往这些宗教圣地的旅行就是发现自己相对于其他世界或其他信仰群体的身份认同，即对自我仪式上的建构。宗教朝圣不仅将相同的信仰者统一起来，而且在他们与外来者之间划分了一条象征性边界。因此，对宗教圣地的控制和仪式行动不仅对宗教领袖的权威很关键，而且是宗教运动之间持续争斗的根源。在印度，印度教民族主义和穆斯林民族主义对宗教圣地阿约迪亚的争夺还在继续，两者都极力发挥圣地在建构各自宗教共同体中的作用。印度教民族主义者要求国家成为印度教徒多数人表达政治意志的工具，他们的行动选择让穆斯林证实了自己是处于危险中的少数人，印度教群体与穆斯林群体认同得到了强化。②

---

① 瓦西雷：《竞争的意义：印度的民族认同、印度教民族主义和焦虑政治》（Ashutosh Varshney, “Contested Meanings: India's National Identity, Hindu Nationalism, and the Politics of Anxiety”, *Daedalus*, Vol. 122, No. 3, Summer 1993），第251页。

② 韦尔：《宗教民族主义：印度教徒和穆斯林》（Peter Van Der Veer, *Religious Nationalism: Hindus and Muslims in India*, California: University of California Press, 1994），第11页。

阿德瓦尼发动“罗摩战车游行”之后，巴布尔清真寺之争成为印度公众讨论的焦点。1990 年下半年，印度的报纸和杂志每天都在报道战车游行，以及它挑起的教派冲突，并分析游行的重要意义。阿约迪亚问题将 BJP 从一个右翼边缘政党（1984 年印度人民院选举中 BJP 仅得两席）转变为一支有力的选举力量（1991 年 BJP 赢得 120 席），并且成为不断衰落的国大党的主要反对者。

20 世纪 80 年代印度国内出现了许多新问题：经济不景气，人们对国大党推行的社会主义感到失望，大批受过教育的年轻失业者积聚在城市，种姓等级制度逐渐被打破，民主和世俗力量在减弱，英·甘地的个人魅力逐渐丧失。同时，印度社会中存在这样一个阶层，他们易于接受对现存秩序的批判，也希望发生彻底的改变。[①] 印度教民族主义团家族察觉到印度社会急剧变化的形势，BJP 和 VHP 利用了民众的不安情绪，策划了罗摩出生地运动，以达到他们特定的政治目的。团家族领导淡化了他们的动员作用，但是 BJP 在其白皮书中表示：印度教徒对阿约迪亚的巴布尔清真寺一直心存不满，为了收回罗摩出生地，他们连续发动斗争。根据这种观点，斗争达到了一种自发大众运动的地步，VHP 在表达人民的情绪方面至多发挥了一种催化剂的作用。印度人民在印度教领袖的领导下，为了建立罗摩庙发动了印度历史上最大规模的群众运动。团家族通过大众媒体操控文化象征，激发了强烈的民众反应，把边缘化的 VHP 转变为一种主要的宗教文化组织，为 BJP 赚取了大量的选举支持。团家族设计了多样化信息以吸引不同的选民，同时不断对执政者发难，将自己提升为当前政治势力可行的替代者。

阿德瓦尼将“罗摩战车游行”所激发的宗教热情，转化为支持 BJP 的政治能量。尽管一些 BJP 高官最初极力否定战车游行的宗教联系，而是强调它的道德和请愿维度，将战车游行比作甘地领导的食盐进军。但是，游行过程很快就脱离了 BJP 领导层的控制，充满了各种宗教仪式氛围，比如来自德里南部的城市中产阶级对朝圣者的虔诚奉献给以喝彩，为那些以示

---

① 卢顿编：《让印度印度教化》（David Ludden ed., *Making India Hindu*, New Delhi: Oxford University Press, 2005），第 30 页。

坚定信念而刺穿嘴唇的人鼓掌。游行途中，人们显然将战车看作一个移动的罗摩庙，虽然没有罗摩大神在战车上，人们依然对檀香木、香等供奉物件表示虔诚膜拜。阿德瓦尼承认并鼓励战车游行中人们所呈现的奉献精神，要求他们将对罗摩的虔诚转变为对民族的虔诚奉献，可见这次战车游行的目的就是要将游行激发的宗教能量重新导向政治领域。正如战车游行的反对者德韦拉尔（Devi Lal）在议会上所论证的那样：战车游行好像具有王室仪式的味道，比如古代的马祭和中世纪的王室军事游行中，国王和士兵就从首都出发到被征服地巡视，挑战那些可能的统治者。[①] 地理运动、武力展示和挑衅是战车游行的主要特征。结果，宗教仪式被用来宣称政治主权。当时阿德瓦尼和 BJP 是支持执政联盟的一部分，不是独立的统治者。阿德瓦尼呼吁大众对执政权力保持忠诚，一定程度上来说，阿德瓦尼是在努力吁求人民将对执政权威的忠诚从全国阵线政府转移到 BJP 代表的印度教民族主义力量身上。

在印度城市中产阶级队伍逐渐壮大，印度的现代化达到一定阶段时，巴布尔清真寺才成为一个政治问题。[②] 1992 年阿约迪亚拆毁清真寺行动引发的骚乱并不是当地人自发动员的结果，而是外来人组织和实施的。他们主要是城市的、西化的、接受过教育的人群，正是他们冲进许多穆斯林朝圣地庆祝拆毁巴布尔清真寺。面临着全球化的冲击，印度政治、经济陷入了混乱和动荡，人们开始对传统生活表现出怀旧情绪，甚至对史诗中的神话英雄罗摩显示出极大的热情。印度人民党正好利用这个时期，极力鼓吹印度教特性意识，将印度教看作构建印度教民族国家的基石。通过阿约迪亚罗摩庙运动，BJP 不仅要建立罗摩庙，而且要唤起民众的印度教认同感，赢得广大印度教徒的选举支持。

---

① 卢顿编：《让印度印度教化》（David Ludden ed., *Making India Hindu*, New Delhi: Oxford University Press, 2005），第 46 页。

② 南迪：《不确定的时期》（Ashis Nandy, "The Twilight of Certitudes: Secularism, Hindu Nationalism and Other Masks of Deculturation", *Postcolonial Studies*, Vol. 1, No. 3, 1998），第 286 页。

小　结

20世纪中叶以来世界范围内出现一轮伊斯兰复兴浪潮，受其影响，印度周边伊斯兰国家中政治伊斯兰意识不断崛起。齐亚·哈克领导下的巴基斯坦出现伊斯兰化倾向，伊斯兰宗教组织和学校空前繁荣。苏联发动入侵阿富汗战争后，巴基斯坦帮助阿训练自由战士，并为阿反苏战争提供了宗教与政治上的全面支持。苏联入侵加速了阿富汗国内伊斯兰极端化，并使其最终陷入了国内各派争夺伊斯兰统治权的内战。霍梅尼在伊朗发动伊斯兰革命，保守的什叶派掌握了政权。伊朗政府积极输出革命，支持其他穆斯林国家中的伊斯兰武装组织。在印度周边激进伊斯兰意识的影响下，克什米尔也经历了伊斯兰复兴，不仅大众的伊斯兰信仰增强，伊斯兰在克什米尔的政治作用也得以突出。克什米尔学习阿富汗抵抗苏联的经验，以伊斯兰圣战名义向印度政府发起进攻。克什米尔伊斯兰武装组织加剧了对克什米尔印度教徒的迫害，两个群体之间的裂隙变大，这变相地刺激了印度国内印度教认同的增强。同时，印度国内出现大量印度教徒改信伊斯兰教事件，印度教徒认为穆斯林利用从中东挣来的石油美元正在削弱印度教社会。

在印度周边伊斯兰复兴与国内各种因素的刺激下，印度国内也刮起了一股印度教复兴之风。印度教复兴主义不仅表现为个人更加注重印度教仪式、准则，而且表现为印度教群体意识增强，抵制非印度教群体主张的意愿强烈。国大党（英）政府迅速迎合了印度教复兴势力，公开利用印度教象征和仪式，为自己增加政治资本。英·甘地公开谈论对印度教达摩的威胁，参加赫里德瓦尔的印度母亲庙落成典礼，参加团家族发动的“全国统一游行”。在锡克分离问题上，英·甘地迎合了印度教徒中的好斗情绪，发动了进攻金庙行动。英·甘地的行动受到印度教徒的广泛好评，1984年选举后国大党（英）巩固了执政地位。继任的拉·甘地政府继续助长了印度教宗教意识的滋长，允许国家电视台播放大型史诗连续剧《罗摩衍那》，并向印度教徒开放争议中的巴布尔清真寺。为了抑制自己的政治颓势，国大党（英）政府公开打“印度教牌”，恶化了印度的世俗建国原则。在印度世俗主义式微背景下，团家族乘势发动印度教大众动员建构了印度教民族认同，BJP 利用印度教徒选票仓迅速填补了印度国内政治真空。

朝圣是印度教里的一种传统仪式，在对全国各个圣地的朝拜中，朝圣者真实地感知了属于印度教民族的领土空间。在朝圣之旅中，朝圣者抛却了世俗生活的羁绊，对神的虔诚使得他们成为一个平等、团结的集体。团家族重视传统朝圣仪式中的领土和集体维度，发动了多场宗教游行，成功地建构了印度教民族认同。针对克什米尔和旁遮普不断出现的分离势力，团家族设计了“全国统一游行”。从印度东西南北四大角出发的游行队伍在南格普尔汇合后，继续前行踏遍印度整个领土。游行队伍将恒河水分发到所到的每一个地方，同时印度母亲神也加入游行队伍中。这次游行充分利用印度教宗教象征，表达了印度教民族主义者统一印度的愿望。统一游行是对其他宗教（伊斯兰、锡克教）对印度教领土威胁的反应，威胁他者的形象强化了朝圣者对印度教民族共同体的想象。阿德瓦尼发动的“罗摩战车游行”是对威胁他者（穆斯林）的直接宣战，表达了用武力捍卫印度教民族象征（罗摩）的决心。战车游行的起点（索姆纳特）和终点（阿约迪亚）强化了印度教徒被穆斯林征服的记忆。在“民族英雄罗摩 VS 民族敌人巴布尔”的对立中，阿德瓦尼团结了印度教群体，印度教民族认同的边界得到了清晰勾画。

阿约迪亚罗摩庙运动是 20 世纪 80 年代以来团家族发动的一场大众运动，突出了穆斯林威胁他者形象，强化了印度教民族认同。阿约迪亚圣地成为印度教徒和穆斯林各自认同建构中的重要象征，对圣地的争夺成为引发印穆大规模教派冲突的导火索。阿约迪亚问题由来已久，在印度教复兴主义势力增长的背景下，团家族煽动了印度教徒控制圣地的狂热情绪。1992 年巴布尔清真寺被印度教活动家强行拆毁，团家族宣布要尽快在废墟上建立罗摩庙。印度教徒拆毁清真寺象征性地报复了被穆斯林征服的历史，恢复了印度教群体的骄傲和自豪，增强了印度教认同自信。同时，拆毁清真寺宣泄了印度教徒在经济政治动荡时代经历的不安全感和焦虑感。团家族发动的阿约迪亚罗摩庙运动不仅满足了印度教徒中产阶级寻求认同的需要，而且为 BJP 建立了印度教徒选票仓，使其迅速崛起为国大党的替代者。

第四章
印度人民党执政时期的民族主义政策（1998—2004 年）

从 1998 年到 2004 年，印度人民党（BJP）在新德里组建全国民主联盟（NDA）政府。BJP 将自己看作一个显著不同的政党，无论是在安全、经济还是文化政策方面，它都试图宣称强硬的民族主义主张，但又不得不因现实利益考虑而出现温和化倾向。BJP 相信自己在国家安全上显著不同于其他软弱政党，它一心一意为建立一个强大的印度而努力。BJP 一上台就迫不及待地进行了核试验，以民族受到威胁和获取民族认同为核试验找借口，显示了印度教特性派强硬的民族主义立场。然而，核选择背后也隐藏着 BJP 务实的政治考虑。作为一个刚刚脱离边缘地位的政党和一个不得不依靠联盟力量执政的政党，BJP 只有通过核试验这种方式才能保障国家安全，同时也保障自己在印度政治舞台的身份和地位。BJP 表明自己在经济政策上不同于其他政党，它反对国大党的发展模式，认为无论是社会主义还是资本主义道路都不适合印度的文化传统。BJP 提倡经济民族主义，坚持一切经济活动都应该以印度本土为主，并为国家利益服务。[①] BJP 执政后，其经济论调显然从前期的激进司瓦德希转变为对外经济自由化，并试图在全球化中以信息技术等高新技术产业赢得快速发展。在文化教育方面，BJP 反对国大党倡导的世俗主义共识，认为其是安抚少数派的伪世俗

① 纳雅尔：《印度经济民族主义的局限》（Baldev Raj Nayar, "The Limits of Economic Nationalism in India: Economic Reforms under the BJP - Led Government, 1998 - 1999", *Asian Survey*, Vol. 40, No. 5, Sep. - Oct., 2000），第 793 页。

主义。BJP 联合政府推行印度教化教育，改写历史教科书，重组教育文化部门的人事，同时支持 RSS 在社会中推行“橘黄色化”教育活动。BJP 将这一印度教特性教育文化方案称为印度的文化民族主义政策。下面将以 BJP 宣称的核民族主义、经济民族主义和文化民族主义政策为例，探讨 BJP 如何在意识形态诉求与维持执政权力之间寻求平衡。

第一节　公开核试验与核民族主义

1998 年 5 月 11 日和 13 日，印度在拉贾斯坦博克兰沙漠公开进行了五次核试验，外界称其为博克兰－Ⅱ核试验。BJP 执政刚刚两个月就迫不及待地进行了核试验，其缘由需要结合印度国内政治环境来分析。1990 年以来，印度没有哪一个政党在全国大选中能够赢得单独组阁的绝对多数选票，所以获胜的政党需要跟其他小党结成联盟来执政，从而出现了印度历史上的“悬浮政府”时期。联合政治和联合执政成为印度国内政治的一大显著特点，BJP 领导人深知联合执政的风险，稳住自己的选票仓和保证执政联盟的稳定性成为 BJP 领导人的政治考量之重。① 联合政治框架下，BJP 不得不放弃修建罗摩庙、统一民法和废除宪法 370 条等印度教特性方案，唯有增强国家安全的核试验能够稳住执政联盟和印度教徒选票仓。

事实上，20 世纪 90 年代印度外部安全环境并没有经历突然的改变。相反，伴随着冷战的结束，印度周边安全形势逐渐好转。在此背景下，BJP 却以“中国威胁”为由迈过核门槛，公开进行核试验。从中印关系过去几十年的历史来考察，虽然中印双方缺乏互信，但是“中国威胁”显然被印度夸大了。事实上，20 世纪 90 年代印度对中国的疑虑来自五大核国家迫使印度加入“全面禁止核武器试验”（CTBT）。如果印度拒绝加入 CTBT，则五大国可能采取制裁措施，这让印度一部分人坚信五大核国家在努力封锁印度的核选择。斯瓦兰・辛格就坦率表示是 CTBT 的推动者而不是

① 陈金英：《价值与工具：印度人民党意识形态诉求的政治学分析》，《武汉大学学报》（哲学社会科学版）2008 年第 5 期，第 688 页。

中国构成了印度的突然威胁，促使印度跨过了核门槛。据辛格说，印度官方以“中国威胁”为核试验的理由仅仅是个偶然。[①] 印度著名评论家瓦雷克指出：对印度来说，中国威胁的性质一直都很抽象，只是用来证明印度的核武器诉求。他甚至认为印度与苏联、现俄罗斯的关系比中巴关系更具战略性，中国对巴基斯坦的支持不及俄罗斯对印度的支持，俄罗斯向印度提供了最先进的战斗机，并帮助印度建立了两座核反应堆。[②] 印度进行核试验后，中国评论家也指责印度之所以强调“中国威胁”，就是为其核抱负找理由。

在印度常规军事力量大大超越巴基斯坦时，印度没必要诉诸核武器来确保印巴关系对印有利。相反，在印度核试验后，巴基斯坦也紧跟着进行了核试验。南亚地区同时出现了两个核武器国家，印巴关系变得更加危险。尽管印度内政部长阿德瓦尼在核试验后警告巴基斯坦收回反印政策，停止对印控克什米尔进行恐怖主义渗透，他甚至告诫巴基斯坦注意印巴关系中质的变化，[③] 但是印巴双方都不想利用核武器来解决克什米尔问题。1999 年卡吉尔冲突就是一个典型例子，印巴两国意识到双方处于核恐怖下的力量平衡，因此在国际社会斡旋下，双方都采取了武力克制，避免冲突进一步升级。

评论人员认为印度公开核试验的真正动机并不是中国也不是巴基斯坦，而是要得到国际社会对其实力的认可。[④] 人权活动家索门·古哈评论道：宣传让大多数印度人相信核武库能够让印度实现大国梦，以至于他们忽略了核试验带来的灾难性后果。[⑤] 国际战略界普遍认为印度将核武器看

---

① 辛格：《博克兰 - II：对中印关系的影响》(Swaran Singh, “Pokhran - II: Implications for Sino - Indian Ties”, *Mainstream*, May 30, 1998)，第 4 页。

② 瓦雷克：《军备竞赛的危险》(Achin Vanaik, “Danger of an Arms Race”, *The Hindustan Times*, May 16, 1998)。

③ 苏利：《印度政府高调进行核试爆，警告巴基斯坦》(Ajay Suri, “High on Tests, Govt Warns Pakistan”, *The Indian Express*, May 19, 1998)。

④ 达斯：《安全/不安全是对威胁的文化加工》(Runa Das, “Revisiting (In) - Security as the Cultural Production of Danger: Nationalism, Xenophobia and the Role of Religious Ideology in the Indian Political Space”, *Journal of Muslim Minority Affairs*, Vol. 25, No. 1, April 2005)，第 33 页。

⑤ 罗易、沃勒思编：《印度政治和 1998 年选举》(Ramashray Roy and Paul Wallace eds., *Indian Politics and the 1998 Election*, New Delhi: Sage Publications, 1999)，第 346 页。

作进入大国行列的入场券，印度需要进行核试验来支持其联合国安理会常任理事国的诉求。联合国安理会常任理事国席位是衡量一个国家国际影响力的指标，取决于该国的军事实力、和平意愿和它在国际社会得到的支持。核试验似乎增强了印度的国防能力，但是它也多了一个国际竞争者——核武化的巴基斯坦。巴基斯坦以牙还牙的核试爆阻碍了印度成为世界大国的愿望，印巴核竞赛将印度陷于与巴基斯坦一样的南亚国家地位。正如评论家指出的那样：随着巴基斯坦的核试验，印度只能保持跟巴基斯坦平等的地位。①

一、公开核武器试验：BJP 寻求政治认同的必然选择

印度核试验的动机是复杂的，既可能出于针对中国、巴基斯坦，获得国际认同等外部因素的考虑，也是国内政治博弈的结果。自 1998 年以来，印度国内民主政治发生了重大变化。印度教民族主义政党 BJP 在议会选举中取得胜利，并成功组建了全国民主联盟（NDA）政府。BJP 的政治崛起速度很快，1984 年大选中 BJP 仅仅赢得了人民院两个议席，1996 年大选中就收获了 161 个议席，一跃成为议会第一大党。BJP 快速政治崛起主要源于成功地创建了印度教徒选票仓。印度教徒多数人对前任国大党政府奉行的伪世俗主义政策非常失望，这成为 BJP 所在的团家族进行政治动员的一个有利因素。上台执政后，BJP 受到联合政治的压力，难以实施之前向印度教选民兑现的承诺，如重建罗摩庙等。为此，基于选举政治与联合政治考虑，公开核武器试验成为 BJP 上任初期宣称政治身份和地位的必然政策选择。

印度教民族主义一直是印度国内支持核试验的主力，印度人民党的前身人民同盟多年前就公开鼓吹印度发展核武器。早在 1964 年中国进行第一次核试验后，瓦杰帕伊对此的反应就是，“对付原子弹的最好答案就是原

---

① 安克乐萨利亚：《核竞赛的后果很严重》（Swaminathan S. Anklesaria，“Bomb Race Fallout May Be Explosive”，*The Economic Times*，May 29，1998）。

子弹，没有别的”。[1] 在印度教民族主义者看来，国际上的几大文明体都拥有了自己的核武器，比如西方社会中美国、英国、法国早就拥有了核能力，儒家文明代表中国也已经进入核国家行列。最重要的是，印度教徒敏感地察觉到，在美国的帮助下，犹太文明体以色列也逐渐具备了核生产能力，巴基斯坦正在悄悄发展核武器，填补了伊斯兰世界无核的空白。这表明，只有印度教文明国家还没有发展核武器，因此 BJP 认为应该是公开“印度教核弹”（Hindu Bomb）的时候了。

20 世纪 90 年代，BJP 多次在选举宣言中陈述了自己的核立场。1991 年 BJP 声称要增加印度国防中的核牙齿；1996 年选举宣言表示重新评价国家的核政策，实施引入核武器的选择，加速“大地”（Prithvi）系列导弹的生产，部署烈火（Agni）中短程导弹；[2] 1998 年继续表示完善国家的核政策，试验核武器，加速发展烈火系列弹道导弹，以提高其射程和精准度。[3] 在 1998 年选举宣言中 BJP 保证印度要获得核国家地位，因为核被看作印度教骄傲的象征。核试验后，印度教民族主义者欢欣鼓舞，甚至建议在拉贾斯坦沙漠核爆破的地方修建一座印度教寺庙，以纪念“印度教核弹”的诞生，并让人们对其顶礼膜拜。[4]

BJP 一直支持印度拥有核武器是不可否认的事实，它是唯一主张印度直接进行核试验，而不是保留核选择的政党。同时，BJP 在印度发展核武器问题上的立场和政策，成为其缓解联合执政困境，宣称执政主导地位的最可行选择。BJP 依靠其他党派组建联合政府的事实迫使它在制定政策时作出了很多让步，这导致执政联盟内部印度教特性派与其他党派间出现意见分歧，也弱化了 BJP 的执政能力。首先，全国民主联盟政府的国家执政计划就遇到了阻扰。考虑到前次失败的联合执政经历，为了维持这次执政

---

① 《核冲击波》（“Nuclear Shock Waves”, *India Today International*, May 25, 1998），第 14 页。

② Prithvi 是印度教里的大地母亲神，Agni 则是火神，用印度教神祇给导弹命名，显示了印度核试验背后的印度教特性意识支撑。

③ 拉姆：《核鹰派的危险》（N. Ram, “The Risks of Nuclear Hawkishness”, *Frontline*, April 11 - 24, 1998）。

④ 戈林维：《印度教民族主义抹黑了印度的面孔》（H. D. S. Greenway, “Hindu Nationalism Clouds the Face of India”, *World Policy Journal*, Vol. 18, No. 1, Spring 2001），第 93 页。

政权，BJP 不得不收敛其强硬的印度教特性计划，因此它在国家计划中排除了修建罗摩庙这样的争议问题。然而，联合政府部长委员会中两名部长就不同意在政府计划中省略上述问题，以迎合执政联盟的所有成员。[①] 其次，在联合政府内部职务分配上也充满不和谐声音。亚斯旺特·辛哈担任财政部长就受到了非议，据说总理并不赞成他担任该职务。拉玛克里希拉·赫戈德希望担任外交部长，但后来不得不满足于相对低级别的商务部长职务。鉴于全印安拉德拉维达进步联盟（AIADMK）对 BJP 联合政府的支持，BJP 满足了 AIADMK 领导人贾亚拉利塔在职位分配上的很高要价。为了安抚贾亚拉利塔，BJP 还对她提出的财政和法律要求作出了让步。[②] BJP 讨好部分执政联盟成员的做法招致了其他成员的强烈不满。最后，执政联盟内部为了各自地方的利益分配讨价还价，这严重影响了内阁的正常运转。好几个地方政党要求 BJP 政府给它们所在地区提供特别的经济支持。来自比哈尔邦的平等党（Samata Party）、西孟加拉邦的基层国大党（Trinamul Congress）和奥里萨邦的比朱人民党（Biju Janata Dal）形成了一个“东部联盟”，迫使政府在地区之间平等分配资源。平等党还要求解散比哈尔邦政府，奥里萨邦威胁说如果政府一年内不给以特殊经济扶持计划，就将撤销对执政联盟的支持。

BJP 的政权还面临着来自反对党派的巨大威胁，国大党领导人索尼娅·甘地对联合政府的腐败指控可能削弱 BJP 的执政基础。BJP 在竞选中反复强调清廉政府的形象，以示与其他政党腐败行为的区别。然而，在瓦杰帕伊政府内阁成立几周后，内阁就有两名成员受到腐败指控而接受审问。1998 年全国大选中，索尼娅·甘地的出现冲击了 BJP 得到绝对多数选票的希望。BJP 设计的“罗摩 VS 罗马”[③] 选举口号并没有赢得公众作出对它有利的支持，索尼娅利用 BJP 所主张的印度教伦理来中和 BJP 的选举口号，她突出自己作为印度媳妇的地位，表明 30 年来一直将印度看作自己的

---

① 罗易、沃勒思编：《印度政治和 1998 年选举》（Ramashray Roy and Paul Wallace eds., *Indian Politics and the 1998 Election*, New Delhi: Sage Publications, 1999），第 350 页。

② 贾亚拉利塔受到政治腐败指控，财政和法律部门对她的调查具有关键影响。

③ 索尼娅·甘地是意大利人，与拉·甘地结婚后便长期生活在印度。当拉·甘地遇害后，索尼娅·甘地被国大党内人士推选为党主席。此处 BJP 通过“罗摩 VS 罗马”口号意在宣称自己是以印度教文化为根基的本土政党，而国大党则是外来人领导的政党。

家园。索尼娅甚至要求政府公开博福斯军购丑闻的细节，BJP 被怀疑与此起案件有关。[①] 可见，BJP 所呈现出的反腐政党形象出现了瑕疵，这势必动摇它的执政基础。

BJP 在执政联盟内部作出的让步显然弱化了 BJP 的士气。一位 BJP 领导人就抱怨，“虽然我们是中央执政联盟中最大的政党，考虑到其他小党给我们施加的压力和我们在一个又一个问题上作出的妥协，我们好像是最弱小的政党”。[②] BJP 寻求支持的政党或组织并不具有一个稳定形象，许多盟党强调与 BJP 的分歧而不是共性。同时，来自反对党的压力也对 BJP 的执政构成了挑战。面对执政联盟内外的压力，BJP 陷入了困境。一方面，BJP 希望实施印度教特性方案稳住印度教徒选票仓，但是这样的政策选择在盟友的反对下难以兑现；另一方面，BJP 获取执政权和稳固群众基础的反腐噱头，似乎被国大党戳穿了。因此，BJP 急需推出一项政策，该政策既要彰显其印度教特性主张，也能巩固它的执政地位。在综合考虑下，公开核试验成为 BJP 当时最适合的政策选项。[③] 与此同时，印度国内要求进行核试验的呼声很高。军队圈和科学界正在向政府施压，要求政府进行核试验以展示印度的实力。用雅布拉汉姆的话说，“BJP 领导的是一届弱政府，但是具有获得核武器的决心，核游说团相信政治压力会让 BJP 实现核愿望”。[④] 除了核试验，再没有别的什么事务可以让 BJP 付出少量的努力，却能在国内外收获如此多的关注。

1998 年全国民主联盟上任后，实施其竞选宣言中的执政计划，提出进行核试验，这并没有引起其他政治势力的异议。除了支持建立国家安全委员会进行战略防御评估外，BJP 政府的执政计划中还表示：“为了确保印度的安全、领土完整和国家统一，我们将采取所有必要的步骤，实施所有可

---

① 据报道，一些 BJP 高官跟 Hinduja 集团有很好的私人关系，而 Hinduja 家族的两兄弟跟博福斯军购交易有关。

② 克里希南：《一切为了生存》(Vankitesh Rama Krishnan, “All for Survival”, *Frontline*, April 11 - 24, 1998)。

③ 冈古里：《对 BJP 的钟爱》(Amulya Ganguli, “Affection for BJP”, *The Hindustan Times*, January 5, 1998)。

④ 雅布拉汉姆：《博克兰核试爆：民主首先受害》(Amrita Abraham, “The Pokhran Blasts, First Casualty is Democracy”, *The Indian Express*, May 15, 1998)。

能的选择。为了该目的，我们将重新评价核政策，实现引入核武器的选择。”[①] 事实证明，BJP 的跨过核门槛决定实现了它的政治算计。核试验后，印度朝野为之欢呼，BJP 的执政地位经受了考验并得到了巩固。

BJP 走向核试爆的主要考虑植根于当时国内背景下它对政治成本和收益的分析。受联合执政和反对派的压力，BJP 不能在阿约迪亚等问题上展示一个强硬的公共姿态，因此它在核问题上采取了一种大胆的民族主义立场。相比较教派主义问题，国家安全诉求更能牵动人民的感情，更容易进行宣传鼓动。总理瓦杰帕伊的政治顾问将核试验比喻为核民族主义试验，以爱国主义的名义在核问题上吸引选民，BJP 看到了其中潜在的政治优势。BJP 的执政权力并不稳固，它的任期充满不确定性。联合政府很快就得到了“议而不决，决而不行”的坏名声。因此，BJP 政府必须显示其国家领导者的能力，果断地进行核试验。

1998 年执政伊始，BJP 领导的联合政府选择了公开核试验。事实上，当时国际核大国已经商讨核裁军计划，BJP 敢冒天下之大不韪，铤而走险选择核试验的作风俨然恢复了其印度教特性强硬主张，让人联想到 1992 年 BJP 肆无忌惮地拆毁巴布尔清真寺。可以说，BJP 将公开核武器试验看作又一次印度教特性试验。按照团家族的说法，国大党利用世俗主义这层面纱，对少数派采取绥靖政策，忽视多数派的感情。BJP 甚至宣布印度教徒多数派是在区域内外被其他宗教和文化包围的“受威胁的少数派”，它还将巴基斯坦与中国的军事合作描述为削弱和羞辱印度的精心设计。“印度教处于危险中”，这是印度教民族主义一向的宣传言辞，因此印度教民族主义者需要以“印度教化”来净化印度社会，同时需要向世界展示印度教的力量与自豪。正是出于这种受围心态，团家族策划了阿约迪亚罗摩庙运动，并最终拆毁了巴布尔清真寺。摧毁巴布尔清真寺被认为报复了印度教被压抑的历史，印度教徒在国内有力地宣称了它的主导地位。同时，团家族觉得印度还需要在国际上发出声音，“印度教核弹”将帮助印度赢得世界大国的认可，并跻身于它应该属于的大国行列。

---

① 罗易、沃勒思编：《印度政治和 1998 年选举》（Ramashray Roy and Paul Wallace eds., *Indian Politics and the 1998 Election*, New Delhi: Sage Publications, 1999），第 349 页。

在团家族的民族安全观影响下，BJP 坚定了核试验的立场。BJP 一心要跨过核门槛，绝不容许自己从核问题上分心，所以它根本不顾国际环境是否有利，也不考虑印度是否需要用有限的资源实现减贫。除了国防秘书可以表达不同意见，BJP 联合政府其他成员或者反对党派，绝不容许在核决策上有任何微词。事实上，在核试验抉择上，BJP 与其印度教特性派智囊团保持一致，而不是听从国防秘书的建议。据说，国防秘书费尔南德斯在核试验一事上被蒙在鼓里，但是 RSS 高级领导人却知道核试爆的准确时间，可见在核选择问题上 BJP 咨询了它的意识形态导师 RSS。① 1998 年 4 月费尔南德斯接受《前沿》报记者的采访时坦率地表示：只有成立国家安全委员会，并完成全面的战略防御评估后，才能考虑核选择的问题。② 然而事实却是，在 7 月战略防御报告出来之前，BJP 政府于 5 月就公然进行了核试验。可见，1998 年 BJP 带领印度跨过核门槛的决定，主要是团家族及其意识形态促成的。

RSS 领导的团家族一再表明，克服印度的弱点、建立梦想中的强大印度是他们努力的目标，实现这个目标需要双重战略：首先，通过强调印度文化的实质即印度教来建立一个统一的整体；其次，印度教徒统一体一旦建立起来，将实现印度教群体军事化，让它能够承担建立民族的重任。这也是萨瓦卡尔提倡的印度教特性的实质，他认为印度教特性不仅是对政治印度教化的方式，而且是对虚弱的、分散的印度教徒进行军事化的方式。③ 核试验后，RSS 首领苏大山自豪地透露，在 1996 年短期执政期间 BJP 就想进行核试验，但是由于 BJP 很快就让位给联合阵线政府，核计划流产了。事实上，BJP 的前身人民同盟自 20 世纪 50 年代就想发展核武器。印度想要获得核武器的企图跟当时并不存在的中国和巴基斯坦核威胁无关，而是

---

① 卢帕勒利亚：《政治温和化机制理论再思考》（Sanyay Ruparelia, "Rethinking Institutional Theories of Political Moderation: the Case of Hindu Nationalism in India, 1996 - 2004", *Comparative Politics*, Vol. 38, No. 3, April 2006），第 326 页。

② 穆拉利达兰、切里安：《印度人民党的核试爆》（Sukumar Muralidharan and John Cherian, "The BJP's Bomb", *Frontline*, June 5, 1998），第 5 页。

③ 古鲁瓦希纳：《现代印度的印度教民族主义者》（J. Kuruvachira, *Hindu Nationalist of Modern India: a Critical Study of the Intellectual Genealogy of Hindutva*, Jaipur: Rawat Publications, 2006），第 128 页。

跟成为一个强大印度民族的意识形态有关。印度选择核试验不是出于外部压力，而是反映出了印度精英阶层逐渐认同团家族的激进和好战民族主义思维。①

二、核试验带给 BJP 的政治收益

BJP 的核试验是它第二次在国际社会和国内反对者面前展示的突然行动（第一次突然行动是 1992 年 12 月拆除了巴布尔清真寺）。这两次行动的共同模式反映了 BJP 无所顾忌地追求权力，几乎很少或没有尊重印度的法律和机制。两次行动都表现出了暴力性、仇恨和对假想的内外敌人实施破坏的能力，一种激进的、好战的民族主义开始控制印度教多数派。BJP 利用一种狂热的民族主义和战争边缘化战略作为他主要的政治工具，并且运用得非常成功。在拆除巴布尔清真寺后，BJP 不仅逃脱了国内制裁，反而大大增强了它在全国政治中的分量。BJP 在核选择上再次展现了其印度教特性锋芒，不仅巩固了它在全国和地方执政中的地位，而且提高了它在国际社会的知名度。我国学者朱明忠从国内政治和国际政治两个层面总结 BJP 公开核试验实现的目的：一方面激发国内民众的民族主义情绪，赢得大众对 BJP 领导的联合政府的支持；另一方面借助核试验的成功获得核大国地位，以此实现其争当世界大国的民族主义目标。②

为了巩固执政地位，提高执政党的威信，印度人民党政府上台伊始就进行了核试验，成功地将国内民众的视线转移到国家安全上来，激发了强烈的民族主义情绪。③ 事实表明，BJP 进行的核试验提升了印度人民的民族自豪感，这无疑帮助 BJP 在国内政治舞台上凝集了更多人气。核试验结束后，一家媒体进行了一场民意调查，以准确地反映人们对核试验的态度。测验地选择了新德里、加尔各答和孟买等 12 个大城市。测验对象共 1635

---

① 麦克圭尔、科普兰编：《印度教民族主义与政府治理》（John McGuire and Ian Copland eds., *Hindu Nationalism and Governance*, New Delhi: Oxford University Press, 2007），第 380—381 页。

② 朱明忠：《印度教民族主义的兴起与印度政治》，《当代亚太》1999 年第 8 期，第 38 页。

③ 刘善国、李竹梅：《印度人民党执政以来的政治经济形势浅析》，《南亚研究》2000 年第 2 期，第 9 页。

人，都是18岁以上的成年人，代表了不同政党派别、社会阶层和教育背景。接受测验人群中，87%的人赞同印度进行核试验，86%的人认为印度应该发展核武器，88%的人认为印度在核试验后将变得更加强大，92%的人在核试验后为自己是印度人而感到更加自豪。[①] 可见，无论是普通民众还是军界和政治界，都从博克兰－Ⅱ核试验中得到了极大信心，这有助于BJP维持核心支持，人民对BJP执政能力的认可度大大提升。同时，国际社会对印度核试爆并不强烈的反应也减轻了BJP政府的压力。美国国会通过决议，授权总统取消对印度农业和人道主义救助方面的制裁，这有助于BJP在国内政治竞争中宣扬它的成就，跨过核门槛成为BJP重要的执政资本。

虽然很多政治势力在抑制BJP的发展，但是它依然能够从印度政治发展趋势中渔利。1999年印度第13届大选中BJP再次成为议会第一大党，不能不说这是核试验带给其的政治资本发挥了重要作用。同时，公众对国大党政治家非常失望，寄希望于出现一种新型政治力量，公众的这些情绪正好帮助BJP壮大政治势力。1991年《今日印度》进行的民意调查显示，其他政党糟糕的政治表现是大众转向BJP的真正原因，给BJP投票的半数以上的选民觉得该给这个新政党一次机会。[②] 事实表明，公民对BJP的期望没有落空。BJP以保护国家安全为由进行的核试验，表达了在印度政治经济动荡不安时代人们内心对安全的渴求，同时也展示了印度在国际上应有的身份和地位。因此，核试验才如此广泛地赢得了印度公众的拥护和好评。BJP政府进行的核试验得到了大众的积极响应，印度人民自豪地称其为“印度教核弹”。对BJP来说，核武器是一种信仰，是强大的、进攻性的印度教印度认同的关键部分。[③]

1974年，印度进行了博克兰－Ⅰ和平核试验，这表明从那时起印度事实上就具备生产核武器的能力。多年来，印度在国际压力下却始终保持了

---

① 张力：《印度走向核军备化：战略动因的再认识》，《南亚研究季刊》2006年第4期，第38页。

② 《国大党（英）暂时领先》［“Congress（I）Ahead, yet Short,” *India Today*, May 31, 1991］，第3页。

③ 胡维兴：《印度的核试爆和未来的中印关系》（Richard Weixing Hu, “India's Nuclear Bomb and Future Sino－Indian Relations”, *East Asia*, Spring 1999），第50页。

核选择权，这与印度传统的大国情结有关。长期以来，印度国内社会精英和公众舆论都认为拥有核武器与大国身份认同之间存在必然的联系。而且，印度许多人相信跻身核国家行列是成为世界一流大国的必备条件。观察表明，许多支持发展核武器的印度人对核问题的复杂性知之甚少，但始终相信大国地位与核弹之间存在着密切关联。[1] 在印度战略界看来，1998年博克兰－II核试验是为了保护印度安全而不得不进行的选择，表明印度从一个核道德大国转变为一个现实主义的核大国。

自从独立以来，印度就不断呼吁进行全球核裁军，认为没有核武器的世界将提高国家的安全和世界的安全。1954年印度是第一个呼吁禁止核试验的国家，1965年呼吁签署核不扩散方面的非歧视性条约，1978年呼吁不使用核武器，1982年呼吁进行核冻结，1988年提出完全取消核武器的阶段性计划。不幸的是，印度的大多数倡议都没有被核国家接受，他们依然认为核武器对他们国家的安全很重要。结果，印度认为核不扩散机制（NPT）是歧视性的、有缺陷的，给印度的安全施加了负面影响。在这种情况下，印度的选项越来越少，它采取核选择的阻碍也越来越小。除了升级和重新激活1974年就开始的核能力建设外，印度没有别的选择。

印度成为事实上的核武器国家后增强了国家责任感，它表示既要遵守联合国宪章，也要促进地区和平与稳定。在1974年进行第一次博克兰核试验后，印度在核公开化方面克制了1/4个世纪，这是其他国家不能比拟的。在1998年核试验后的很长时期内，印度继续表明它的核战略基本原则：核试验不针对任何国家，只是确保印度人民自己的安全；印度遵守国际义务，不会使用核武器攻击或威胁任何国家，这些自卫的核武器是用来确保印度不会遭到核威胁和核讹诈。[2] 印度宣布它将不会首先使用核武器，从建立地区信任来说，这是一个积极的姿态。总之，1998印度核试验实现了BJP增强印度国防的愿望，从而巩固了其执政的政治支持基础。在核试验之后，BJP也以国家安全为由化解了国际舆论的指责，并且成功地在国际

---

① 张力：《印度走向核军备化：战略动因的再认识》，《南亚研究季刊》2006年第4期，第40页。

② 辛格：《保卫印度》（Jaswant Singh, *Defending India*, London: Macmillan, 1999），第326页。

上塑造了印度负责任的核大国形象。

第二节 经济民族主义政策：司瓦德希(Swadeshi)[①] 再解读

20世纪90年代印度政治进入了联合政府和联合政治时期，选票箱日益成为政党寻求权力的最终仲裁者。为了迎合选民的需要，BJP在不同阶段提出了不同的经济治理概念，如甘地式社会主义、整体人本主义、司瓦德希、经济民族主义、对外经济自由化。其中，司瓦德希是团家族的核心价值观，也是BJP标榜的经济民族主义的核心。在BJP看来，司瓦德希是一个发展的概念，而不是一个僵化的教条。司瓦德希可以表示印度人民自力更生发展经济，也可以表示印度积极推动自由化改革促进经济发展，司瓦德希的最终目的是为国家利益服务。所以，BJP经济民族主义提法并不是要将印度孤立于世界之外，而是在全球化中保持国家自主，保护民族经济，在全球产业分工中将印度国家利益最大化。

一、BJP以国家利益为中心的经济观

BJP的经济政策思考出于两方面的目的，既要保持其印度教特性形象，依靠印度自身或者印度教社会特质来解决国家面临的经济问题，又要在经济思路上有别于主要的竞争对手国大党，并主张走经济强国之路。自成立以来，BJP在其发展过程中，先后提出过甘地式社会主义、司瓦德希、整体人本主义等思想，但是最终执政的时候它几乎完全拥抱了经济自由化和全球化思想。一定程度上说，BJP经济思想变化体现了为国家利益服务的终极目的。纳雅尔相信BJP经济计划的关键动机反映了人民的希望，每个

---

① 司瓦德希（Swadeshi）是在印度独立运动期间提出来的概念，字面意思是“本国（地）的”，意为自产、使用国货。团家族中RSS、SJM等激进派印度教民族主义者使用司瓦德希表示保护印度市场和工业，推动国内经济利益，反对经济全球化力量；而BJP中的温和派印度教民族主义者认为司瓦德希是个发展的概念，印度经济对外自由化和全球化是实现司瓦德希最好的方式。

爱国的印度人都希望看到亲爱的祖国变得强大、繁荣和自信，并在国际社会占据她应有的位置。[①] BJP 决定经济政策的指导原则并不是教条的，而是考虑了印度的国家利益和什么是适合印度的。

BJP 和其前身人民同盟都反对共产主义和资本主义，认为这两种意识形态都来自于西方，不适合印度的文化环境。它们认为治理印度的良方在于自身，而不是外国模式。最初，BJP 主张采取甘地式社会主义，这种思想就是要打破中央计划经济，把权力下放到地方，充分发挥潘查亚特的作用。BJP 坚持认为甘地式社会主义源自于印度民族遗产中的经济思想，想以此提升自己作为民族继承的形象，并以与甘地的联系试图淡化其教派色彩。20 世纪 90 年代初国大党政府开始了经济自由化改革，商人中产阶级很快尝到了改革的甜头，但是广大农村和落后地区依然处于贫困中。鉴于社会中出现的贫富悬殊现象，也为了否定国大党的经济思想，从而抬高自己一心为民的选举形象，BJP 提出了坚持司瓦德希的经济民族主义思想。BJP 相信所有国家都具有一样的经济民族主义动机，即在全球平台上每个民族都赞成自由贸易，但是现实中不得不依靠配额、关税和反倾销措施保护国家利益……虽然公之于众的是自由贸易，但是没公布的实际计划却是经济民族主义。因此，印度也要依照自己的国家计划，BJP 的整个计划将由以司瓦德希为中心的经济民族主义来指导。对 BJP 来说，司瓦德希简单地意味着印度自身第一。其实司瓦德希也是所有国家的指导原则，不能简单地将其看作狭隘的保护主义，“司瓦德希，就是说本地资源和技术充分体现在发展国家利益中，而产生的好处主要归于人民。融入全球经济不应该意味着忘记民族身份，外来的强大经济力量不应该控制本土民族经济势力”。[②]

BJP 并不反对自由化改革，而是提倡具有印度特色的经济自由化。早在 20 世纪 70 年代，当其他政党还在坚持国家社会主义道路时，它却通过经济自由化得到了商人阶级的支持。BJP 和它的前身人民同盟长期以来都反对国家过分干预的尼赫鲁经济模式，认为尼赫鲁模式导致中央集权、经

---

① 纳雅尔：《印度经济民族主义的局限》（Baldev Raj Nayar，“The Limits of Economic Nationalism in India：Economic Reforms under the BJP - Led Government，1998 - 1999”，*Asian Survey*，Vol. 40，No. 5，Sep. - Oct.，2000），第 798 页。

② 同上，第 799 页。

济低效、对企业的压迫和腐败。BJP主张一种自由化的经济机制，其中印度人的创造能力应该得到充分发展。1991年，国大党拉奥政府开启了印度经济自由化进程，BJP一定程度上支持国大党的自由化改革，但是认为国大党将印度向外来竞争完全开放，而没有首先保证印度公司在国内具有竞争性。国大党削弱了民族经济，加速了外来跨国公司对民族经济的控制。BJP反对将自由化看作一个同质的政策，而是在内部自由化与外部自由化（全球化）之间进行了区分，它认为印度应该首先实行内部自由化。BJP认为印度本土公司受到了多年国家控制，应该首先学会在内部竞争，然后再迫使它们面对外来竞争。BJP认为所有减少关税、取消贸易量限制政策都要在增强印度自身竞争力的基础上制定，其目的是保护民族经济和国家利益，而不是一直沉浸在经济孤立主义中。

BJP不支持经济孤立主义，不反对外来投资，相反，它的指导原则是考虑什么符合印度国家利益。BJP相信印度的经济发展将主要由本地资本支撑，外来资本只能发挥补充作用。外来资本将被用于鼓励出口，而不是针对国内市场。BJP急于在保险领域引入竞争，主要是涉及国内私人保险公司，它反对向外国公司开放保险市场。BJP拒绝外国公司进入消费品部门，但是同意外国公司参与高技术领域和基础设施，正如BJP在竞选中提出的口号“要计算机芯片，而不要土豆片”。[①] BJP的经济观力图体现一种全面的经济路径：既重视高新技术产业，也重视农业、小型工业的发展；既引导印度经济从内到外的自由化改革，也适度保护脆弱的行业如食品、纺织等。通过这样的经济民族主义政策，BJP不仅可以稳固城市中产阶级的支持基础，而且可以扩大广大落后人群和地区的支持。

面对国大党的政府开启的经济自由化改革，BJP极力宣扬自己在经济治理上与国大党的显著不同。1992年5月甘地纳加全国委员会上，BJP指责拉奥政府缺乏利用印度优势的全面眼光，国大党（英）缺乏对经济哲学清晰而恰当的思考。会议通过了一项新的经济政策倡议，名为“经济发展

---

① 邱永辉：《印度教、民族主义与印度人民党》，《南亚研究季刊》1998年第4期，第47页。

的人本主义路径：司瓦德希”。[①] 在这份长达31页的经济政策文件中，BJP领导人表示BJP对经济发展路径的思考源于这个国家的民族遗产，即甘地的“罗摩盛世”和乌帕迪亚亚的“整体人本主义”观念。BJP宣布它相信一种没有剥削、合作、和谐的新社会经济秩序，其中个人使命和尊严得到完全尊重。在这份文件中，BJP重述了之前的决定：通过全面就业和最大化利用国家物质人力资源来实现快速发展，特别注意发展农业、乡村工业，涉及女性、表列种姓和表列部落、落后阶级和地区等社会弱势部门。它建议成立一个全面发展委员会，该委员会在五年内对国家的持续失业问题提出解决方案。基于RSS的价值观，BJP的新经济政策强调发展和扩大小型工业部门，重视农业的发展。[②]

为了赢得全体选民的支持，BJP努力将自己塑造为既代表商人和城市中产阶级，也代表农村人口的形象。在经济领域，BJP极力把自己展现为国大党（英）的可行替代者，故意选择一种有别于国大党（英）的新经济政策。在BJP看来，国大党（英）只是口头上提自力更生和社会主义，事实上接受了资本主义。因此，BJP新经济政策的两个显著方面是拒绝公然的消费主义和强调本地化的自力更生。在RSS智囊团的怂恿下，BJP领导层认为国际货币基金组织和世界银行是新殖民主义的代理人，国大党（英）的经济发展计划受到这些组织的指导，将最终在印度产生贪婪、腐朽和奢靡消费的社会结构和文化生活。在BJP看来，这种消费导向的经济政策将不可能实现印度经济的可持续发展。[③] 于是，BJP发动司瓦德希运动，向印度中产阶级知识分子和商业群体发出呼吁，倡导他们购买和使用本地制造的产品。当然，有些印度知识精英，不论是左翼还是右翼意识形态导向，也憎恨美国领导的、受西方控制的国际秩序。知名记者查卡拉瓦提支持BJP的立场，他这样评论道：司瓦德希运动有关印度的自信，有关

---

① 印度人民党：《经济发展的人本主义路径》[Bharatiya Janata Party, *Humanistic Approach to Economic Development (A Swadeshi Alternative)*, New Delhi: Bharatiya Janata Party, 1992]，第1页。

② 马利克、辛格：《印度的印度教民族主义者：印度人民党的崛起》(Yogendra K. Malik and V. B. Singh, *Hindu Nationalists in India: the Rise of the Bharatiya Janata Party*, New Delhi: Vistaar Publications, 1994)，第103页。

③ 印度人民党：《经济发展的人本主义路径》[Bharatiya Janata Party, *Humanistic Approach to Economic Development (A Swadeshi Alternative)*, New Delhi: Bharatiya Janata Party, 1992]，第29页。

它对印度工业的自豪，它是为了保护印度的主权不受跨国公司的侵袭。今天的跨国公司跟过去的东印度公司没什么区别。[①] 然而，对于许多商人来说，司瓦德希是贸易保护的外衣，是为了销售劣质产品并避免国际竞争。为了在印度经济生活中建构自己明显的身份，BJP 提倡司瓦德希。但是，BJP 上台后对司瓦德希的解释和实施表明，印度并不反对经济自由化，也不反对外资，印度需要的是从内到外的经济自由化，印度需要自信的民族经济基础上的全球化，这正是 BJP 经济民族主义的要旨所在。

二、BJP 执政后的经济政策

1998 年执政后，BJP 并没有很快在经济领域展示拳脚，这也是出于多方面因素的考虑。第一，BJP 政府在经济决策上处于犹豫状态。东南亚金融危机的出现加剧了印度国内对经济自由化和全球化的怀疑，国大党政府开启的第一波经济改革副效应开始出现，如大量失业、城乡差距拉大、地区发展不平衡。第二，印度决定走军事强国之路，公开选择了核试验。一方面 BJP 政府一味关注核试验后的国际效应，并没有全身心投入经济改善工程；另一方面核试验挪用了国内紧缺的经济资本，致使印度经济环境恶化，增加了印度经济发展的不确定性。第三，联合政府内部的牵制加剧了对政治不稳定的担忧。比如来自泰米尔纳杜的贾亚拉利塔对联合治理构成了挑战，并在联合政府执政 13 个月时撤销了对联合政府的支持。联盟成员并不是唯一的问题，BJP 还面临着团家族的压力。瓦杰帕伊提名贾斯旺特·辛格当财政部长，但是遭到了 RSS 的反对，因为 RSS 认为他对跨国公司持更加友好的态度。一定程度上说，RSS 的否决权削弱了瓦杰帕伊管理政府的能力，显示出他是个弱势领导人，不能抵制 RSS 老板的压力。

1999 年 BJP 重新组建中央联合政府后，其政策表现出稳健与自信，并大胆着手经济领域的自由化改革。瓦杰帕伊将经济作为他的头等重任，政府内阁表示需要出台一系列经济政策和倡议，使执政联盟彻底改变形象，

---

① 查卡拉瓦提：《重振司瓦德希精神》(Nikhil Chakravarty, "Recapture the Spirit of Swadeshi", *Organiser*, July 5, 1990)，第 13 页。

为下一次选举做准备。瓦杰帕伊成立了由经济学家和大商人组成的经济咨询委员会，其目的是在经济政策方面为总理直接提供建议。政府还为信息技术部门制订了一个长远时间表，这得到了计算机产业的热烈欢迎。这次任期内，BJP 成功地将自力更生与自由化相结合，开启了印度经济全面发展的新时代。

自从在中央组建政府以来，瓦杰帕伊和他的盟友们逐渐认识到仅仅依靠自力更生不能启动经济大发展，还必须依赖经济对外自由化。BJP 反对全球化的论调淡下来了，在贸易、资本和技术领域继续推行自由化措施。第一，BJP 取消贸易限制，加速印度国际贸易发展。2001 年 3 月 31 日，政府取消了进口商品数量的限制，无论进口的是消费商品、农产品还是资本商品。[①] 取消数量限制代表 BJP 从早期保护消费品市场的立场上发生了重大转变，是 BJP 政府努力将经济转向快速全球化的一个标志。第二，BJP 出台措施刺激外国资本的流入。1999 年的《保险调整与发展法案》允许印度私立公司和外资公司进入保险部门，但是外资被限制在占合资企业的 26%。对 BJP 内阁的许多部长来说，开放保险业不再被认为与司瓦德希相抵触。尽管早期 BJP 对外资持保留态度，但是现在政府的目标是将外国直接投资提高到 400%，达到年度 100 亿美元的水平，以满足其高速经济增长率目标。[②] 第三，BJP 联合政府确认了像计算机软件这些高科技产业的重要性，并给以积极支持。BJP 联合政府和其前任政府都认为推动软件业可以服务国家经济利益，认为它给印度公司进入国际市场开辟了科技空间。

在 BJP 推行的对外经济自由化领域，高新技术产业的发展成为重头戏。BJP 主席阿德瓦尼很看重高科技领域，认为全球化下高科技领域的一体化和合作观念并没有抛弃民族主义，而是产生了一种新的民族主义，即以城市中产阶级、精英和技术专家为社会基础的民族主义。[③] BJP 领导的联合政府认为信息技术产业（IT）是通往现代化和快速发展的捷径。1996

---

① 李志鸿：《经济调整政策：印度人民党竞选获胜的重要筹码》，《当代世界》1999 年第 11 期，第 33 页。

② 麦克圭尔、科普兰编：《印度教民族主义与政府治理》（John McGuire and Ian Copland eds., *Hindu Nationalism and Governance*, New Delhi: Oxford University Press, 2007），第 111 页。

③ 皮特洛达：《民族建构与技术使命》（Sam Pitroda, "Nation Building and Technology Missions", Bombay, April 1998），第 1 页。

年，BJP在“我们的IT政策：让印度成为一个软件强国”的选举宣言中表示：由于历史的原因，印度在工业革命早期就落后了，但是她将很快成为一个全球IT大国。印度的计算机科学家和专业人员，不论是在印度还是国外，他们的成就表明他们有潜力使印度成为信息革命时代的领军者。宣言中还表示“要努力让大家认识到IT不是奢侈品，而是未来发展的核心”。[①] 1998年瓦杰帕伊在海德拉巴信息技术和工程咨询城开业上表示，“IT是印度的未来”。[②]

BJP上台后就积极推动IT产业发展的计划。1998年印度成立了IT工作小组，后来还成立了信息技术部。在资金层面，BJP联合政府投资2500万美元给计算机软件企业，用来弥补资金的不足。同时，BJP政府颁布《信息技术法》，给IT发展提供了立法支持，该法案的目的是推动电子行业各方面的发展和对行业的调整。安得拉邦的首席部长纳杜是BJP领导的全国民主联盟的成员，他对政府的IT政策给予了高度评价。纳杜采取了大量措施，推动安得拉首府（海德拉巴）成为印度高科技的中心，微软在海德拉巴进行了重要投资，这显示了海德拉巴在国内和国际高科技领域的地位。

通过进一步实施经济自由化措施，印度经济在BJP任期内取得了可喜的成绩。1998—1999年度印度经济增长率为5.9%，经济发展速度远远超过之前的40年。1998—1999年度印度出口总额增加到340亿美元，进口总额增加到410亿美元，对外贸易总额达到750亿美元。印度的外汇储备从1991年的10亿美元增加到1998—1999年度的330亿美元。1998年，印度国内生产总值达到4210亿美元，人均收入达到430美元。1999年印度通货膨胀率仅为2%，经济发展态势非常良好。2000年以来，在欧美经济滑坡、世界经济整体不景气的情况下，印度经济增长率仍然保持在6%左右。2003—2004财年，印度经济实现了8.1%的增速；同期，外汇储备达到1040亿美元，外汇储备是改革初期的10倍；印度通货膨胀率维持在

① 印度人民党：《印度人民党1996年选举宣言》（Bharatiya Janata Party, *Bharatiya Janata Party Election Manifesto 1996*, New Delhi: Bharatiya Janata Party, 1996），第24页。

② 布利斯特：《全球化和经济民族主义》（Thomas Edward Brister, *Globalization and Economic Nationalism: India's Politics of Swadeshi*, University of Virginia, 2000），第175页。

4%—4.5%之间。印度资本市场相当活跃，印度股市成为华尔街的新宠，2003年印度股市的外资投资额达到创纪录的70亿美元，并由此推动卢比兑美元汇率在2003年升值5%。①

三、对BJP经济民族主义的评价

在中央执政之前，BJP支持一项民族主义经济计划，批判了由外部拉动的印度经济自由化（BJP将其等同于全球化）。BJP对全球化的代理人［如国际货币基金组织、世界银行、世界贸易组织（及其前身关贸总协定）］和跨国公司充满了疑虑。同时，BJP痛斥国大党政府的政策削弱了国家主权，导致大众的经济困难。但是，在执政之后，BJP政府经济方面领导人的表态具有灵活性和务实性，充分体现了为国家利益服务的目的。为了代替国大党推行的外部拉动的经济自由化，BJP采取了一套综合的战略，即强调司瓦德希、信息技术工业、内驱到外驱的经济自由化。

BJP政府高官从理论上对司瓦德希代表的经济民族主义进行重新阐释。财政部长亚斯旺特·辛哈就职后不久，就宣布1991年经济改革是朝向正确方向的一步，让跨国公司不必害怕BJP的经济民族主义政策，并保证要深化、扩大和加速改革。商务部长赫戈德在1998年4月宣布将进行印度第二代经济改革，将加速印度经济与全球经济的融合。内政部长阿德瓦尼也说，"没有哪种经济哲学应该成为一种教条，BJP相信司瓦德希，本质上司瓦德希意味着印度必须依靠自己进行发展，司瓦德希肯定不意味着害怕所有外来的东西，或者相信所有外来的东西都是差的"。② BJP经济咨询委员会的代表人物杜巴希表示：Swadeshi中的swa代表司瓦德希或者自给自足，de代表发展，sh代表社会和谐。③ 事实上，司瓦德希现在被赋予了新的意

---

① 邓常春：《从2004年人民党大选落败看近年来印度经济改革的社会影响》，《南亚研究季刊》2004年第3期，第28—29页。

② 纳雅尔：《印度经济民族主义的局限》（Baldev Raj Nayar, "The Limits of Economic Nationalism in India: Economic Reforms under the BJP - Led Government, 1998 - 1999", *Asian Survey*, Vol. 40, No. 5, Sep. - Oct., 2000），第810页。

③ 戈希：《印度人民党和印度教民族主义的演变》（Partha S. Ghosh, *BJP and the Evolution of Hindu Nationalism: From Periphery to Centre*, New Delhi: Manohar, 1999），第286页。

义，并与全球化保持一致。财政部长辛哈坚持认为，“司瓦德希事实上意味着竞争，到世界上去并赢得胜利”。辛哈还在采访中继续解释了这种观点，认为“司瓦德希与全球化和自由化本身并不矛盾，他个人认为全球化是实现司瓦德希的最好方式”。[1]《印度时报》甚至评论说，“司瓦德希只是BJP的宣传噱头，实际上BJP政府展示出务实和进步”。[2] 实践上，BJP强调司瓦德希不能孤立于世界经济之外，同时认为全球经济一体化并不应该意味着淹没民族身份或使其从属于外来经济力量。

执政后，BJP联合政府不仅没有抵制经济自由化，而且采取了系列措施加速印度经济的全球化。纳雅尔在评价BJP的经济政策和表现时认为，BJP的经济治理与之前的国大党政府没有什么大的区别，这种经济管理上的一致性主要由以下两种因素决定：第一，从内部看，印度政治出现中间化趋向，这是印度社会多样化和民主体制牵制的结果；第二，从外部看，现代世界经济体制发展的必然趋势就是给予参与者巨大经济刺激，而给予抵制者惩罚。[3] 然而，BJP选择的这一基于司瓦德希的经济自由化政策，却遭到了印度教民族主义团家族内部的反对，也遭到了广大落后地区群众的唾弃，最终导致2004年印度大选中BJP出人意料地失败。

BJP的经济自由化改革措施产生了一个重要后果，就是挑起了它的非议会盟友RSS的愤怒。RSS的领导人苏大山于2002年4月呼吁发动“第二次独立运动”来克服经济强国的控制。虽然此呼吁不是直接针对BJP领导的联合政府，却很明显地是指责BJP政府继续深入的经济自由化，谴责世界银行、国际货币基金组织和世界贸易组织是发达国家剥削欠发达国家的工具。这表明在BJP执政后，执政联盟内部存在观点冲突，BJP和它非议会支持者RSS在经济自由化政策上存在尖锐分歧。

司瓦德希问题成为BJP和团家族意识形态分歧的关键，这也突出了温和派和极端派印度教民族主义者之间的巨大鸿沟。司瓦德希群众阵线

---

① 辛哈：《全球化是司瓦德希最好的形式》(Yashwant Sinha, “Globalization Is the Best Form of Swadeshi”, *Business Today*, January 22, 1999)，第98页。

② 《司瓦德希自由主义》(“Swadeshi Liberalism”, *The Times of India*, April 15, 1998)。

③ 纳雅尔：《印度经济民族主义的局限》(Baldev Raj Nayar, “The Limits of Economic Nationalism in India: Economic Reforms under the BJP - Led Government, 1998 - 1999”, *Asian Survey*, Vol. 40, No. 5, Sep. - Oct. 2000)，第792页。

（Swadeshi Jagran Manch，SJM）是团家族的一员，坚决反对外国投资，鼓励消费本地商品。1998 年，SJM 与 RSS 成员反对外资进入保险行业，共同指责 BJP 政府屈服于游说团和顾问的压力，指责他们并不同情司瓦德希行动。其实在 BJP 执政之前，BJP 内部对于司瓦德希和自由化的意见分歧就很明显。据一位知名政治记者儿巴拉贾·吉麦尔所说，虽然 BJP 内部一些高层如财政部长贾斯旺特·辛格、总理瓦杰帕伊、内政部长阿德瓦尼支持自由化，并不赞成极端的司瓦德希，但其他人如党的总书记 K. N. 戈温达恰尔亚就坚决拥护司瓦德希，排斥对外经济开放。[①] 激进司瓦德希的吁求在 BJP 企业家成员中也不普遍，一些人认为他们能够赢得与外国公司的竞争，另一些人则对与海外投资家创建合资企业感兴趣。因此，韦轮·沙阿（联邦院中 BJP 企业家代表）赞扬 BJP 所采取的灵活司瓦德希形式，认为它给印度商业提供了一个能动的环境；政党并不阻止使用外国产品，而是相信一个强大的印度能够在全球范围受到尊重，并给人以高效的印象。沙阿代表了 BJP 内部的很多人，他们支持在司瓦德希问题上的温和路线，而不是像 K. N. 戈温达恰尔亚及其支持者那样。很显然，在司瓦德希和经济管理方面，正是这种温和的、全球导向的路径在 BJP 联合政府下得到了推广。[②]

BJP 赞成对外经济自由化（全球化），高度重视软件业产生的利益，这种经济政策产生的效果与 BJP 提倡的甘地式“罗摩之治”和乌帕迪亚亚的“整体人本主义”产生了冲突。一方面，经济自由化并没有为所有人群创造平等的机遇和均衡的经济增长，相反，弱势群体、落后地区和农村的相对贫困加重。另一方面，高技术产业的崛起使得传统产业的地位相对边缘化，这导致印度产业模式畸形发展，并没有实现最大化就业，也没有为广大文化教育水平低的人群增加收益。[③] 在印度，计算机软件人员比其他人群普遍收入高，高待遇、高消费和高生活水准成为这个城市中产阶级的

---

① 纳雅尔：《全球化与民族主义》（Baldev Raj Nayar, *Globalization and Nationalism*, New Delhi: Sage Publications, 2001），第 253—254 页。

② 麦克圭尔、科普兰编：《印度教民族主义与政府治理》（John McGuire and Ian Copland eds., *Hindu Nationalism and Governance*, New Delhi: Oxford University Press, 2007），第 113 页。

③ 文富德：《从瓦杰帕伊大选失败看印度经济改革的几点教训》，《南亚研究季刊》2005 年第 2 期，第 1 页。

象征。因此，全球化和计算机革命在印度并没有产生跟“整体人本主义”兼容的社会凝聚力，虽然印度经济改革以来，印度社会中绝对贫困减少了，但是相对的不公平却增加了。

减贫和创造就业是经济自由化的首要目标，然而就印度经济自由化所产生的利益来看，相对贫困和失业现象依然很普遍。官方公布的消除贫穷数据显示经济自由化和减少贫困有一定的积极联系。财政部长贾斯旺特·辛格宣布：到 2001 年 3 月贫困率降低到 26%，而 1993—1994 年该比率是 34%。相比较加速改革之前的时期，农村地区的贫困率依然很高，这是因为贸易自由化引起的食品等民生基本用品价格上涨，而农民的收入并没有明显改善。农业就业和食品谷物生产增长在后自由化时期遭到了打击，农村地区的条件整体恶化了。[①] 由于政府偏重于高新技术产业，农业和农村发展严重不平衡。比如，印度农业的增长率从 1994—1995 年度到 1998—1999 年度的 3.5% 下降到 1999—2000 年度到 2003—2004 年度的 2.3%。[②] 一份澳大利亚政府报告显示，印度高收入人群的家庭消费开支增加，但是低收入人群的家庭消费开支降低。[③] 也就是说，在国家整体经济实力增长的情况下，农村等落后地区的相对贫困却增加了。

印度软件业的发展的确增强了印度的出口能力，带动了技术进步，但是该产业的就业能力仅限于受过良好教育的人群。软件业照顾了经济和劳动力中的精英人群，信息产业为农村和城市穷人产生的就业利益却很少。尽管 1997—1998 年在软件业就业方面的绝对数字达到 20 万，最新的数据表明是 34 万，[④] 但是与印度大量劳动力的增长相比，软件业提供的就业机会还远远不够。况且，信息技术产业对就业人员的教育和技术要求很高，能够吸纳的就业劳动力十分有限。虽然印度的教育水平有所提高，但是社

---

① 麦克圭尔、科普兰编：《印度教民族主义与政府治理》（John McGuire and Ian Copland eds., *Hindu Nationalism and Governance*, New Delhi: Oxford University Press, 2007），第 123—124 页。

② 张淑兰：《印度经济改革与选举政治的互动意义》，《南亚研究》2005 年第 1 期，第 36 页。

③ 布利斯特：《全球化和经济民族主义》（Thomas Edward Brister, *Globalization and Economic Nationalism: India's Politics of Swadeshi*, University of Virginia, 2000），第 180 页。

④ 麦克圭尔、科普兰编：《印度教民族主义与政府治理》（John McGuire and Ian Copland eds., *Hindu Nationalism and Governance*, New Delhi: Oxford University Press, 2007），第 125 页。

会中依然存在许多文盲和半文盲。这些人并没有在信息技术产业找到工作，因此从经济改革中得到的收益也微乎其微。这说明，像印度这样的人口大国，在市场化经济改革中也要重视可以解决大量就业的农业和制造业等传统产业发展。

总之，司瓦德希只是 BJP 在竞选中吸引选票的卖点，以此突出 BJP 的政治身份。实际上 BJP 在执政后采取了跟国大党政府几乎一样的经济政策，全面进行经济自由化改革，积极发展软件业等高技术产业，以此推动印度整体经济实力的增长。然而，在 BJP 任期内印度也面临着一些问题，如执政联盟内部对经济政策的分歧、经济自由化产生了效率与公平的矛盾等。在印度这样一个民主化国家，各种舆论和媒体的自由宣传似乎也放大了经济改革对社会造成的不公平现象，选民往往用选票表达对政府经济失衡的不满意。自认为其经济表现出色的 BJP 在 2004 年选举中打出“闪亮印度”的口号，结果却遭遇了失败。事实上，任何一个国家在经济改革和发展过程中都会出现一对难以协调的矛盾，即效率与公平。在经济自由化的初始阶段，政府都强调效率和经济产值增加，相对忽视就业和效益的公平分配。随着经济自由化的深入，解决日益凸显的发展均衡问题则成为国家执政者面临的重大挑战。

第三节　文化民族主义政策：教育文化的“橘黄色化”

印度教民族主义意识形态家极力鼓吹古印度“黄金时代”之说，认为穆斯林和英殖民统治使印度倒退了。如果印度要再次成为大国，就必须意识到其重要的印度教遗产和文化。[①] 鉴于此，团家族“提出文化民族主义口号，主张捍卫印度教传统文化，认为只有复兴印度教传统文化才能实现

① 麦克唐纳德：《印度教民族主义、文化空间和行为实践》（Ian McDonald, “Hindu Nationalism, Cultural Spaces, and Bodily Practices in India”, *American Behavioral Scientist*, Vol. 46, No. 11, July 2003），第 1566 页。

民族振兴”。[①] BJP 上台后，极力推行印度教化教育，公开实施其基于教派意识的文化民族主义政策。BJP 领导的联合政府替换了教育部门的核心人物，改变了教学课程和历史教科书，相信教育政策是推广和传播其民族主义意识形态的有效途径。这种以国家的名义公然推行的印度教化教育，严重削弱了印度世俗主义的建国原则。事实上，印度国内教育长期存在教俗竞争的格局。国大党政府规定了世俗主义的教育文化原则，也致力于在公立学校推行世俗化教育，但是团家族长期在印度民间开展印度教特性教育活动。印度教育中世俗主义和教派主义并存的现象，既为 BJP 联合政府实施印度教化的教育政策创造了机会，也构成了挑战。

根据印度宪法规定，中央和各邦共同承担教育责任，联邦政府主要负责制定政策，推动创新和计划框架，邦政府的责任则是办教育。独立初期，印度教育的主要目的是提高识字率，扩大入学机会。1964 年成立的国家教育委员会（Kothari Commission）[②] 建议印度实施现代教育政策，即将教育体系现代化。由于印度是一个发展中国家，其教育的首要目的是提高生产率，实现社会和国家统一，加强民主，实现国家现代化，并在此基础上树立正确的社会道德和精神价值观。为了实现以上目的，印度宪法第 45 条规定，印度教育政策的主要目标是为 14 岁以下儿童提供免费义务教育。1986 年拉·甘地政府进行教育体制改革，即不仅要扩大教育规模，提高教育质量，而且要保证印度基本的世俗主义、社会主义和平等的价值观。为此，印度政府允许私人办学，但政府宣布要确保教育质量和标准，以实现教育的民族和统一特征。1992 年，印度教育政策继续完善和调整，强调要扩大中等教育，继续重视对少数群体和妇女的教育。纵观以上印度教育政策的发展历程，宪法保障的世俗化特征非常明显。然而，宪法条款基本上只反映了一种精英阶层的理想，宗教继续在印度社会和教育中扮演了重要的角色。20 世纪 40 年代末以来，为了抵制基督教传教活动，RSS 先后在许多农村和部落偏远地区建立自己的教育网络，以此补充甚至代替了邦公

---

① 张骥、张泗考：《印度文化民族主义及其对印度社会政治的影响》，《当代世界社会主义问题》2006 年第 1 期，第 80 页。

② 国家教育委员会的首任主席是克塔里（D. S. Kothari），所以该委员会也被叫作克塔里委员会（Kothari Commission）。

立教育，自此团家族开始将宗教和教育混合起来。

一、BJP的“橘黄色化”教育文化政策

1998年，BJP联合政府将负责人力资源发展和教育的关键职位留给了乔希（Murli Manohar Joshi）和巴提（Uma Bharti），乔希任人力资源部长，巴提在内阁和邦层面负责人力资源事务。乔希和巴提都是强硬派印度教民族主义者，曾经在20世纪90年代阿约迪亚罗摩庙运动上发挥了重要作用。人们开始担心新政府的教育政策可能出现极右的转变。事实的确如此，乔希将RSS成员安排到各级教育行政机构任要职，并于2001年颁布了“学校教育全国课程框架”文件。该文件背离了世俗主义教育指导方针，承认“宗教是所有社会价值观的基础”，印度教作为多数派的宗教需要享有突出地位。[①]“学校教育全国课程框架”文件主要基于RSS意识形态，反映了乔希曾使用的“印度化、民族化和精神化”口号。这个口号的潜在意义重大：印度不是真正印度的，它需要印度化；它不是一个准确的民族，因为它包含了太多非印度的成分，因此它需要民族化；当然这些需要通过发现和激发真正的印度教精神才能实现。从这方面看，所有外国文化成分必须从教学课程中清除，这既包括英国的遗产，也包括莫卧儿引入印度文化中的内容。乔希的口号和“学校教育全国课程框架”文件反映了团家族的意识形态指导，即强调印度教特性是印度认同的唯一正确基础。

按照印度教民族主义意识形态修改历史教科书是团家族一直努力的目标，BJP执政后就着手改变学校课程内容。1977年5月，人民同盟所在的人民党政府就以部分教科书伤害了印度教徒的宗教感情为理由，准备撤销四本历史教科书，但后来在全国抗议下，政府不得不放弃这个决定。1999年，BJP重新开始在中央执政，这使得团家族有机会再次实施修改教科书计划。2001年，BJP正式开始实施修改历史教科书的计划。这一年，全国教育研究和训练委员会（NCERT）任命巴特拉评估印度当时正在使用的历

---

① 卢帕勒利亚：《政治温和化机制理论再思考》（Sanyay Ruparelia，“Rethinking Institutional Theories of Political Moderation：the Case of Hindu Nationalism in India，1996 – 2004”，*Comparative Politics*，Vol. 38，No. 3，April 2006），第329页。

史教科书。巴特拉是印度教民族主义的同情者，一向积极倡导印度教文化意识和印度教特性政治。巴特拉提交的评估报告名为“印度化的敌人”，指出印度使用的 41 本教科书涉及诋毁印度教、美化穆斯林统治的内容。

根据巴特拉的报告，NCERT 决定删除印度正在使用的 4 本中学历史教科书中的 16 页内容。涉及删改的 4 本历史教科书分别是：十一年级使用的 R. S. 夏尔玛（R. S. Sharma）的《印度古代史》、六年级使用的罗米拉·塔帕尔（Romila Thapar）的《印度古代史》、十一年级使用的撒提西·钱德拉（Satish Chandra）的《印度中世纪史》和八年级使用的阿尔琼·德维（Arjun Dev）的《印度现代史》。这些历史教科书被删掉的内容概括为以下方面：古代印度人食用牛肉，且将牛肉看作荣耀的象征，用来招待尊贵客人；《往事书》中可以追溯阿约迪亚罗摩庙在公元前 2000 年左右就已经存在，但是考古资料并不能证明阿约迪亚是罗摩出生地；孔雀王朝覆灭的原因在于周边婆罗门反对阿育王及佛教的反献祭（Anti – sacriface）态度，这被认为影响了婆罗门的收入；种姓制度的产生得到了法律和宗教认可，每个种姓都应该履行相应达摩以获取来世过上好生活，这种想法实际上减少了低种姓与高种姓的对立和冲突；莫卧儿时代穆斯林、锡克教徒、印度教徒相互争夺势力范围。①

涉及删改的历史教科书作者都是印度国内知名的历史学家，他们的研究成果得到了国内外同行专家的肯定。BJP 领导下的 NCERT 既没有征得上述作者的同意，也没有履行合法的程序，就擅自删改了相关内容。一些活动家向最高法院请愿，认为 NCERT 没有遵循跟邦商议的程序，单方面引入宗教教育，这与宪法 28 条第 1 款相抵触，但是最高法院驳回了请愿书。BJP 政府坚持修改历史教科书的真实动机就是反对马克思主义和世俗的历史学家，推行印度教特性教育。乔希曾经在记者招待会上表示：“有些历史学家试图歪曲历史，他们给历史抹上了一层左倾色彩；他们说印度没有自己的历史，因为他们受到了马克思主义的指导；他们教授一个民族的历史，主要是被外来势力征服和控制的历史，这是在歪曲事实，甚至努力扼

---

① 麦克圭尔、科普兰编：《印度教民族主义与政府治理》（John McGuire and Ian Copland eds., *Hindu Nationalism and Governance*, New Delhi: Oxford University Press, 2007），第 246—252 页。

杀一个民族的士气。”① 可见，BJP 政府是不满意马克思主义历史学家对印度历史的塑造，认为这有损印度教的荣誉。在团家族看来，马克思主义是外来的西方思想，并不符合印度传统文化，这种异端思想已经制造了独立后印度“迷失的一代”，为了减轻其对年轻一代的影响，BJP 上台后就急忙贯彻团家族的意识形态和话语霸权。

BJP 等团家族势力认为印度独立以来所撰写的历史教科书以世俗主义为指导原则，美化并讨好穆斯林少数派，努力将其整合到国家主流中，这不符合印度教民族主义者的思路。世俗历史学家指责 BJP 推广印度教特性教派化教育，认为其对文化教育和年轻人很危险。然而，乔希在回应来自历史学界的普遍批判时，将其称为“左翼势力发动的知识恐怖主义”。② 瓦杰帕伊总理声称修改历史教科书只是修正“事实的谬误和渲染”，认为应该“改变历史的片面叙述”。在 BJP 看来，仅仅反映世俗主义观点，而不考虑宗教界观点的印度历史应该得到修正。BJP 并不打算掩饰自己的宗教倾向，其新闻发言人直白地说：“历史并不是唯一的，对历史真相的判定，取决于你站在耶路撒冷的哪一边。”③

在 BJP 执政期间，印度教民族主义者的计划主要是推动道德和普及知识的教育，集中于塑造印度教徒的骄傲。乔希表示不同意所有科学教材中将发明都归功于西方世界这种教育导向，认为印度教育的根本就是认识印度传统文化的伟大和智慧，而这个传统文化的主流则是印度教。为了更好推广团家族的印度教特性意识，BJP 控制下的 NCERT 不仅删除了现存历史教课书的部分内容，而且出版了自己的教科书如《古代印度史》、《中世纪印度史》、《当代印度史》和《印度和世界》，准备用来取代原来的历史教科书。

BJP 发起修改历史教科书计划，就是要将印度历史划分为印度教统治

---

① 夏尔玛：《印度教育处于十字路口》（R. Sharma, *Indian Education at the Crossroads*, Delhi: Shubhi Publications, 2002），第 215 页。

② 《乔希谈历史学家》（“Book Historian under POTO? Listen to Joshi”, *The Indian Express*, December 20, 2001）。

③ 宋丽萍：《印度独立以来历史教科书问题与教、俗之争》，《世界历史》2005 年第 6 期，第 110 页。

时期和非印度教统治时期，并且将前者的成就与后者的外来性、失败相对比。[①] 在修改后的历史教科书中出现了以下几方面的内容：第一，雅利安人被说成是印度原住民，是印度文明的创建者。相反，穆斯林的到来则被描写成入侵，破坏了想象的印度社会的同质性。第二，古代历史时期，特别是孔雀王朝和笈多王朝被描绘成黄金时期，因为这个时期的统治者是印度教徒，中世纪则被看作黑暗的到来，是对文化的威胁，是对印度文明的进攻。第三，莫卧儿皇帝特别是奥朗则布，被描绘成凶狠的独裁者，但是没有提到中世纪他们生存的环境。第四，当研究民族主义运动时，穆斯林被刻画为民族的敌人，应该对印度的分治负责，而印度教教派主义力量则被描写为伟大的爱国者和民族主义者。很明显，以教学课程改革的名义实施的修改教科书计划，冲击了学校教育的世俗性，历史的印度教化忽略了少数派对印度社会的贡献。

2001 年围绕历史教科书的争论遍及印度全国上下，媒体将这次教科书修改事件称为教育的“橘黄色化”。BJP 的行为不仅激起了世俗历史学家和反对党的激烈抨击，而且受到了执政联盟内部成员的反对。在印度议会辩论教育政策时，反对党以退席的方式抗议 BJP 政府修改历史教科书。反对党批判政府企图歪曲历史，并将政府强行修改教科书事件说成是印度教育开始“塔利班化”。世俗历史学家比潘·钱德拉就认为历史的教派主义解读是 RSS 的观念基础，他们认为古代印度什么都是好的，而将穆斯林统治妖魔化，就是为了在印度教多数派中制造恐惧。罗米拉·塔帕尔教授认为 BJP 删改历史教科书是为了在公立学校中落实印度教特性思想，实质上是以历史知识掩盖团家族掀起的宗教狂热潮。比如一些印度教极端分子就鼓吹《吠陀》中包含了现代科学的大多数真理，甚至认为哈拉帕文化和摩亨佐达罗文化是吠陀文明的一部分。罗米拉·塔帕尔将这些人的行动称为人为的欺骗。[②] BJP 执政联盟的其他成员表示，如果人力资源发展部坚持新

---

① 卢帕勒利亚：《政治温和化机制理论再思考》（Sanyay Ruparelia，“Rethinking Institutional Theories of Political Moderation：the Case of Hindu Nationalism in India，1996 – 2004”，*Comparative Politics*，Vol. 38，No. 3，April 2006），第 328 页。

② 邱永辉：《印度的历史教科书及其相关问题》，《南亚研究季刊》2002 年第 2 期，第 58 页。

的教育计划，非BJP执政的邦将不会使用修改后的教科书，也不接受对教学课程大纲的任何改变。印度国内对BJP新教育政策的批判主要基于两点：第一，新的教育政策受到了团家族的教派计划指导，跟宪法规定的教育原则相抵触。第二，教育责任主体在于各个邦，教育改变不能由中央政府单方面决定，如果没有经过各个邦同意，任何教育课程都不能够成为全国性政策。BJP在围绕教科书的辩论中遭到了孤立。

除了企图改变历史教科书外，BJP联合政府还削弱了高等教育及其他教育文化机构的独立性。BJP利用执政联盟内其他成员的弱势地位，加速了对高等教育及其他教育文化机构的控制，削弱了这些机构的独立性。据梅赫塔说，“高等教育的每个机构，从印度管理学院到技术学院，从大学到一些职业学院，从私人机构到外资学校，都必须服从一个界定高等教育政策的方案，那就是BJP的控制和中央化管理”。[①] 在BJP任期内，任命各个大学副校长的唯一条件就是同情政府的新教育政策。以德里大学为例，BJP在执掌德里邦政府时，德里大学的所有民主准则遭到了蔑视，学术委员会的功能和作用完全被削弱了。德里大学行政部门和学院充斥着一些没有学术成就或对教育不感兴趣的印度教民族主义同情者，甚至对教师的选拔也通过同样的方式决定。另外，喜马偕尔邦三所大学都由RSS领导层经营，阿利加穆斯林大学学生委员会的主席被非法解除了。

BJP联合政府不仅修改了印度历史研究学会的目标，而且对该学会人事安排进行了调整。印度历史研究学会最初的目标是“为客观、理性地展现和解释历史提供全国性的指导”，但BJP将“理性”改为“民族”，表明BJP对历史的解读将带有很强的印度教民族主义色彩。[②] 修改历史研究学会目标意味着否定了历史编纂的世俗主义指导思想。乔希还对历史研究学会人员做了调整，解除了比潘·钱德拉等著名历史学者，新任命的历史学家大多与印度教民族主义团家族关系密切。乔希甚至让那些支持罗摩出生地运动的人员担任历史研究学会要职，尽管世界考古大会指责他们缺乏专业知识，但是他

---

① 阿德雷、赛斯编：《联合政治与印度教民族主义》（Katharine Adeney and Lawrence Saez eds.，*Coalition Politics and Hindu Nationalism*，Oxon：Routledge，2005），第165页。

② 宋丽萍：《印度独立以来历史教科书问题与教、俗之争》，《世界历史》2005年第6期，第110页。

们可以为印度人民党的宗教文化民族主义意识形态进行辩护。

在 BJP 领导下，大学拨款委员会（UGC）、全国教育研究和训练委员会（NCERT）、印度社会科学研究委员会（ICSSR）等教育和文化管理机构的人事做了大变动，印度教民族主义者主导这些学术机构，努力在印度推行印度教化的教育和文化知识。UGC 在老师的工资、晋升和工作条件改善方面的权威和自治被削弱了，并削减了给邦的教育资源支持。同时，UGC 同意并支持在大学引入吠陀星相学，以显示雅利安文明对印度历史成就的重要性。NCERT 的人事做了调整，三位世俗历史学家罗米拉·塔帕尔、比潘·钱德拉和撒提西·钱德拉被除名了。结果很显然，NCERT 新上任的印度教民族主义领导人指导了该机构管理的教学和研究工作，并策划了修改历史教科书事件。同时，ICSSR 也充斥着 RSS 的支持者。西姆拉的印度高级研究所上任了一位亲 RSS 的新主席。国家博物馆的展室被重新命名，展品的选择也反映了团家族的印度历史观。印度大众传播所的执行委员会任命了一位具有 RSS 背景的新主席。全印技术教育委员会的顾问同样具有 RSS 背景。

BJP 政府对图书出版机构进行了严格的监督和审查，甚至还以损害团家族的荣誉为由强行干预出版社的出版计划。团家族的成员只要发现书中存在批判印度教或印度教特性的内容，就会威胁作者和出版商。① 2000 年 2 月，印度历史研究学会给印度的牛津出版社施压，要其撤回以反殖民运动为主题的两卷名为《为了自由》的系列书，原因是这卷书由著名的马克思主义派学者萨卡尔（Sumit Sarkar）和潘尼迦（K. N. Pannikar）合编，书中涉及 RSS 和印度教大会与英国合作的文件，并且认为 RSS 没有为反对英国殖民运动做贡献，这显然不能被印度教民族主义者所接受。② 2004 年 1 月，印度的牛津出版社被迫撤回詹姆斯·雷恩撰写的《希瓦吉》。在印度教民族主义者看来，希瓦吉曾经对莫卧儿帝国的统治发起英勇抵抗，他是印度教民族的英雄。极端右翼印度教势力不满意雷恩书中对希瓦吉私人生

① 阿德雷、赛斯编：《联合政治与印度教民族主义》（Katharine Adeney and Lawrence Saez eds.，*Coalition Politics and Hindu Nationalism*，Oxon：Routledge，2005），第 167 页。

② 卢帕勒利亚：《政治温和化机制理论再思考》（Sanyay Ruparelia，"Rethinking Institutional Theories of Political Moderation：the Case of Hindu Nationalism in India，1996－2004"，*Comparative Politics*，Vol. 38，No. 3，April 2006），第 329 页。

活的描述，特别是涉及希瓦吉生平的叙述引起了激烈抗议。[①]

BJP 执政时期在印度社会努力建构歧视而非宽容的话语，在 BJP 推行的印度教特性教育影响下，某些领域学术人员的话语已经发生了变化。德里理工学院的一位教授就说，“自独立以来的 50 年，政府实施的是不恰当地抬高少数人的历史政策”。[②] 可见，BJP 教育政策的最大成功不是引入被修改了的历史教科书和占星术课程，也不是 RSS 的活动家爬到了教育机构顶层，而是其倡导的歧视性话语思维在学术界蔓延开来。尼赫鲁大学一向被认为是坚持包容的世俗主义教育原则的高校，然而在 BJP 执政期间也发生了一些变化。某些教授和学生认为印度教徒在学生宿舍大厅里敬神，穆斯林学生则在学校餐厅里祈祷，这显然不公平。结果，校方在校园里划出一块中立的地方，让所有学生进行宗教活动。20 世纪 90 年代之前，宗教在尼赫鲁大学的学生和校园生活中很难扮演任何一种公共角色，但是现在宗教崇拜在校园内发展到引起争执的程度。尼赫鲁大学的一位教授作出这样的评论，“印度是一个很大的国家，像这样的变化很难一夜之间出现”。[③] 也就是说，团家族的印度教特性教育早已深入印度社会各个阶层，甚至高校师生已经开始接受印度教民族主义针对穆斯林的歧视话语。

BJP 联合政府推行的一系列新教育政策和措施，不仅影响了中学、大学和教育文化机构的人事和内容设置，而且最关键的是新政策已经在改变人们的话语思维。早期印度政府提倡的世俗教育被全面的印度教化教育覆盖，人们逐渐放弃印度教中宽容的美德，愿意诉诸一种暴力的、激进的大印度教沙文主义态度。在 BJP 联合政府时期，团家族活动家不时发动暴力活动，抗议所谓的侮辱印度教的文化活动，政府却宽恕了他们造成的破坏。比如，孟买的激进印度教民族主义组织湿婆军对所谓的“反印度教”电影发动了攻击。1998 年 11 月，一部反映印度教大家庭里妯娌俩同性恋的电影《火》在印度上映，连续好几周在各大城市票房爆满。然而，印度教民族主义者认为同性恋不属于印度教文化，强烈抵制电影《火》的播

---

① 阿德雷、赛斯编：《联合政治与印度教民族主义》（Katharine Adeney and Lawrence Saez eds.，*Coalition Politics and Hindu Nationalism*，Oxon：Routledge，2005），第 167 页。

② 同上书，第 166 页。

③ 同上。

放。1998 年 12 月 2 日，200 多名湿婆军女性组织成员袭击了孟买郊区的 Cinemax 电影院，砸坏电影院橱窗，撕毁了有关电影《火》的海报，并迫使电影院给观众退票。德里、苏拉特、普勒的电影院也遭到了湿婆军和神猴团的破坏，警察并没有进行干预。结果，电影《火》被要求返回印度电影审查委员会重新接受审查。[①] 2000 年 1 月，VHP 和神猴团在北方邦破坏了电影《水》的拍摄，原因是这部电影反映了印度教社会里寡妇的悲惨遭遇，暴露了印度教社会的阴暗或敏感方面，这不符合印度教民族主义恢复印度教自豪的文化教育精神。

一方面通过公开的教育政策推行印度教特性教育方案，一方面默许团家族以暴力手段抵制“反印度教”的教育文化活动，BJP 政府正是通过这两手战略逐步实施团家族的文化民族主义政策。虽然印度是个世俗的国家，但是当宗教能够达到某个政治家的目的时，宗教就可能在政治中复活。BJP 联合政府的教育行动表明，印度的世俗文化民族主义正在面临着来自团家族推行的狭隘的、激进的宗教文化民族主义的威胁，且后者在印度具有存活的天然土壤。

二、RSS 扩张印度教化教育

RSS 和其附属组织一直认为，印度的教育体系是英国殖民者强加给这个国家的，与其说是对印度人进行启蒙，使他们成为进步的力量，不如说将印度人英国化，使他们成为保卫英国执政的卫兵。团家族希望将整个教育体系进行彻底的改变，建议实行替代英殖民教育的体系，即真正的印度教育。新的教育强调性格塑造、印度文化、纪律、爱国自豪感，提倡热爱母语，为印度的生活价值观和美德而奉献。1998 年，印度人民党在中央和好几个邦获得执政权，这极大地方便了 RSS 和它的附属组织实施印度教化教育计划。

教育的“橘黄色化”实质上是 RSS 的计划，自创立以来 RSS 就致力于

① 沈曙东：《印度教民族主义者的女性观及其影响——兼论印度电影〈火〉引发的争议》，《南亚研究季刊》2013 年第 1 期，第 87 页。

通过文化教育活动，在印度社会建立起更加持久的影响。RSS 的领导层，从海德戈瓦和戈瓦卡尔开始，就将教育看作推广印度教特性意识形态的重要部分。戈瓦卡尔毫不含糊地表达了沿着 RSS 意识形态恢复整个印度教育的重要性，他说“整个教育体系好像需要一次彻底的改变”。① 由于印度公立学校主要使用政府推荐的世俗化教科书，RSS 打算修改印度教育体系、课程和教科书，从而向大众灌输民族主义和教派的意识形态。BJP 联合政府的人力资源部长乔希努力实现 RSS 的这一愿望。

一上任，乔希就迫不及待地推行 RSS 的教育“橘黄色”计划。1998 年 10 月，乔希在德里主持了各邦教育部长和秘书会议，并建议会前唱诵纪念印度智慧女神（Saraswati）的歌曲，而不是唱国歌。在会议安排中，RSS 教育机构印度知识协会（Vidhya Bharati）的一位高级代表做了推广印度教文化教育的发言。这次会议中，乔希建议将《吠陀》和《薄伽梵歌》引入初等教育，并强行推广梵语，还建议修正宪法第 30 条，从而取消给宗教少数派的特殊教育补贴。② 上任后，乔希积极推动教学课程改革，为此瓦杰帕伊赞扬了乔希在教育上的努力，他说：“我非常赞成乔希博士发起的教学课程改变”，“我看到反对者攻击乔希，指责他将教育体系变得‘橘黄色化’。橘黄色是履行奉献仪式时使用的颜色，我们鼓励这种颜色”。③

乔希是一位忠实的 RSS 意识形态家，他以很大的热情，利用职位推动 RSS 在教育领域实施其理想。2004 年 RSS 的周刊《组织者》自豪地报道了乔希取得的成绩，“瓦杰帕伊政府的许多部长在历史进程中留下了持久的影响，联邦人力资源发展部部长乔希就是其中之一”。④ 政治分析家指出，乔希推行的“橘黄色化”教育项目不仅导致印度教复兴主义的增长，而且导致教派主义、反世俗主义、反少数派意识的增长。乔希的目的就是要将 RSS 提倡的印度教特性文化推广为印度的主流文化。

---

① 戈瓦卡尔：《思想集成》（M. S. Golwalkar, *Bunches of Thoughts*, Bangalore: Jagarana Prakashan, 1966），第 380 页。

② 事实上，乔希的建议因受到少数派参会者的反对而不得不搁置。

③ 古鲁瓦希纳：《后现代印度教的政治化》（J. Kuruvachira, *Politicisation of Hindu Religion in Postmodern India*, Jaipur: Rawat Publications, 2008），第 35 页。

④ 《印度精英得有集体感》（“Elite Has to Have Community Feeling”, *Organiser*, February 29, 2004），第 1 页。

印度独立之前，RSS 就开始在国内建立学校，并且在其学校全面推广印度教化教育。RSS 的学校从创建开始就有一个政治的、意识形态的和社会的计划，那就是印度社会的“橘黄色化”。在 BJP 执政时期，RSS 从政府获取更多政策、资金支持，这有利于它在全国范围扩大教育规模。同时，通过团家族海外基金组织[①]募集的资金，RSS 支撑了它的主要教育机构印度知识协会在印度各个邦开设学校。印度知识协会采取特殊的办学模式，帮助 RSS 在印度社会扩张教育网络，产生了深远的影响。

印度知识协会（Vidhya Brarati）成立于 1978 年，是 RSS 在教育领域的重要组织。印度知识协会的发展模式几乎与 RSS 的金字塔式组织模式一样，其下面分别设有不同层级的协会，但最终都从属于总的印度知识协会。邦和地方层面的协会并不总是叫作 Vidhya Brarati，它们有一些地方的命名为 Bharatiya Vidya Niketan，Gyan Vidyalaya，Saraswati Bal Vidyalaya，Sewa Dham Vidya Mandirs 等。

印度知识协会的教育规模发展非常迅速。1978 年它只经营了 500 所学校，接受大约两万名学生。1991 年末，该组织宣布除了东北印度的一些邦，它的教育网络几乎覆盖了整个印度，拥有约 4000 所学校、3.6 万名教师、超过 100 万学生。1998 年印度知识协会被认为是教育领域最大的非政府组织，经营了 1.3 万个机构，聘用了 7.4 万名教师，教育了约 170 万名学生。印度知识协会拥有 8145 所小学、2800 所中学、2000 所单一教师学校、40 所大学、15 所教师培训学校、7 个技术机构。根据 2003 年 1 月的数据，印度知识协会拥有 2.1 万多所学校、10.7 万名教师、大约 250 万名学生。截至 2008 年，RSS 通过印度知识协会在全国的不同地方建立了约 6 万所学校，所有这些学校都是为了提供印度教特性意识形态化的教育。印度知识协会也有一个研究中心叫印度知识协会中央教育研究所，其总部在勒克瑙。[②]

在印度知识协会下属的学校里，除了教育学术内容，还有一门核心课

---

① 美国的印度发展和援助基金（IDRF）、英国的英国服务（Sewa UK）和加拿大的加拿大服务（Sewa Canada）。

② 古鲁瓦希纳：《后现代印度教的政治化》（J. Kuruvachira，*Politicisation of Hindu Religion in Postmodern India*，Jaipur：Rawat Publications，2008），第 134 页。

程，包括六个科目，即体育、瑜伽、音乐、梵语、道德精神教育、文化知识。正是通过这门核心课程，印度教特性计划被输送给年轻一代。课堂上，教师努力把一些还没经过科学证明的说法和神话当作历史事实来讲授，比如阿约迪亚巴布尔清真寺所在地是罗摩的出生地；禁止宰杀牛，因为牛是所有生灵的母亲、神的化身，还是神圣文化和民族统一的象征。

印度知识协会学校的许多教师是 RSS 团员，受到了"印度教国家"意识形态的教育。教室是教授 RSS 文化观和历史观的理想场所。孩子们吟唱祈祷词和歌曲，沉浸在为"印度教国家"而奉献的氛围中。印度教节日举行的集会和舞台表演强化了学生的印度教集体意识，因为非印度教孩子不会参加这些活动，这无形中增强了印度教身份认同，这也正是 RSS 学校举行活动所要达到的目的。因此，唤起集体的印度教认同感是 RSS 学校教育最基本的哲学。[①] 教师非常重视家校联系，要么教师去家访，要么邀请家长到学校来，要么发给家长一些文化材料，目的就是要让家校一起关注孩子的印度教文化教育，共同努力创建一个美好的印度教共同体。同时，印度知识协会模仿古代印度教社会古鲁与弟子的教育关系，在师生之间建立起家庭成员一样的非正式关系，从而强化了印度教认同具有的传统联系。

印度知识协会的大部分学校建立在 BJP 执政的邦。在中央邦，印度知识协会几乎发挥了与邦政府教育委员会一样的功能，甚至可以调整学校课程。北方邦、中央邦和拉贾斯坦邦的教育委员会被强迫改变学校教学计划，以给 RSS 自由干预的机会。在 BJP 和 RSS 政治影响力不大的喀拉拉邦和泰米尔纳杜邦，印度知识协会也建立了许多学校，这些学校更加注重灌输印度教民族主义意识形态。到 1998 年它在喀拉拉邦经营了 174 所学校，学校教师在上岗前要进行为期五个月的特殊训练，主要学习印度教传统和文化，以及印度教教育方式。在泰米尔纳杜邦，印度知识协会管理 150 所学校，大部分学校适合中产阶级家庭，主要提供音乐、舞蹈、瑜伽、体能及纪律方面的训练。学校也以道德教育的名义给学生们讲授印度教《史诗》和《往事书》。在公共考试之前，学生被带到附近的印度教神庙里祈

---

① 古鲁瓦希纳：《后现代印度教的政治化》（J. Kuruvachira, *Politicisation of Hindu Religion in Postmodern India*, Jaipur: Rawat Publications, 2008），第 135 页。

求神灵保佑。泰米尔纳杜的印度知识协会学校都有一个祈祷堂，里面供奉了印度教神祇，如财富女神拉克西米（Lakshmi）、智慧女神萨拉斯瓦提（Saraswati）和象头神（Ganesh）。这些学校的教师节设在 7 月 25 日，据说这一天是广博仙人（Sage Vyasa）[①] 的生日，他们还将儿童节定在克里希纳诞辰。这些学校里有门课是关于 RSS 意识形态家戈瓦卡尔的生平事迹的，是七年级的指定阅读材料。自 1980 年起，印度知识协会努力在印度东北建立学校，到 1998 年在阿萨姆开设了 171 所学校、曼尼普尔五所、特里普拉三所、梅加拉亚一所、“阿鲁纳恰尔”六所。到 2004 年，印度知识协会在东北共开设了 1100 所学校，其中 700 所在阿萨姆邦。[②]

印度知识协会的大部分出版物暗含了歧视非印度教徒的意思。NCERT 的国家教材评价委员会曾经发现，在 RSS 开设的印度知识协会学校里，名为“梵语知识”（Sanskriti Gyan）的系列材料中公然传播教派思想，甚至给学生派发文化知识检查资料，以问答的形式要求学生死记硬背，扼杀了学生的创造性思维。然而，所谓的文化知识却宣扬教派仇恨，比如它宣称 1528 年到 1914 年期间罗摩出生地至少被攻击了 77 次，35 万人为了保护罗摩圣地而牺牲；1990 年 11 月 2 日，印度教特性群体想袭击巴布尔清真寺，但遭到警察击退，因此这一天成为印度历史上的黑暗日等等。在关于世界宗教的言论中，印度知识协会出版的图书诉诸直接的教派宣传和歪曲历史，它认为由于基督信徒的合谋政策，印度才被分治，今天基督教传教士仍然在纳加、梅加拉亚、比哈尔、喀拉拉和其他地区从事反民族的活动。[③]

将教育印度教化，并对年轻人灌输偏激的、沙文主义的印度教文化知识是团家族一直努力的目标。1998 年印度人民党在中央执政，这给团家族推行印度教特性教育创造了更加便利的条件。BJP 开启的教育政策变化（如删改历史教科书、将印度教民族主义者安插在教育学术领域等），不仅直接冲击了独立以来的印度世俗教育体制，而且逐渐改变了人们的思维，激活了印度教徒心中的教派仇恨情绪，并使得非印度教徒日益生活在对多

---

① 据说广博仙人是《摩诃婆罗多》和《薄伽梵歌》的作者。

② 古鲁瓦希纳：《后现代印度教的政治化》（J. Kuruvachira, *Politicisation of Hindu Religion in Postmodern India*, Jaipur: Rawat Publications, 2008），第 136—137 页。

③ 同上书，第 139 页。

数派的恐惧之中。团家族中 RSS 在推广印度教特性教育上不遗余力，而 BJP 的执政给 RSS 提供了绝好的扩张“橘黄色化”教育的机会。RSS 依托印度知识协会，仿照团的组织模式，在印度全国发展了庞大的教育网络。在印度教育资源匮乏、教育权力分散的情况下，RSS 的教育模式很容易赢得人们的认可，它将继续在印度人民中传播教派的、偏狭的印度教文化知识，这并不利于培养理性、包容的印度一代。如果大量的中产阶级和知识精英登上印度教民族主义推行的印度教特性意识形态战车，接受它的话语规则，情况就会更复杂、更糟糕。2004 年国大党（英）联合政府执政后，重新考察了 BJP 实施的新教科书和课程，去掉了其中的沙文主义和教派主义内容。但是，印度教育及社会中存在的教派与世俗力量的竞争还在继续，印度能否恢复真正世俗、平等和多元的文化教育精神，值得我们关注。

小　结

BJP 执政伊始，就以民族受到威胁为由进行了核试验，这被外界称为 BJP 奉行的核民族主义政策。事实上，从国内外政治背景来看，BJP 进行核试验还出于获取认同的动机。国际上几大文明体都已经拥有核武器，拥有“印度教核弹”成为印度迫在眉睫的任务。事实上，早在人民同盟成立初期，团家族就呼吁印度建立强大国防，进行核武器试验。冷战时期印度凭借不结盟运动的声望赢得了道德大国的荣誉，但是冷战结束后不结盟运动失去意义，印度需要重新定位其在国际上的身份。这种背景下，BJP 执政的印度更加重视核武器在增强国家实力中的重要作用，认为核武器是印度重新获得大国地位的筹码。同时，在印度国内政治舞台，BJP 是一个刚刚脱离边缘地位的右翼政党，在联合政治的牵制下，BJP 难以在一些教派敏感问题上发出强有力的声音。但是，以增强国家安全为由的核武器试验展示了 BJP 一贯的强硬印度教特性形象，保障了其在印度政治舞台的身份和地位。

BJP 反对国大党选择的经济发展模式，认为社会主义和资本主义道路都不适合印度的文化传统。BJP提倡司瓦德希为中心的经济民族主义政策，实质上就是充分发挥印度自身的优势，一切经济活动都是为国家利益服务。在执政之前，为了宣称不同于国大党的政治身份，BJP发动了司瓦德希运动，鼓励国民购买印度本地产品，反对国大党引入的经济自由化和消费文化。执政后，BJP继续了国大党开启的印度经济自由化导向，并将全球化看作实现司瓦德希的最好方式。在BJP的经济自由化思想中，它首先主张在印度国内实现自由化，扶持本土企业。在国内企业增强竞争力后，BJP才实施对外经济自由化，在贸易、资本和技术上加速与全球经济的接轨。BJP的经济民族主义政策增强了印度整体经济实力，信息技术等高新技术产业异军突起，为印度在国际分工中赢得后发优势。

教育的目的就是传播有价值的知识、信仰、技能、行为或态度，因此教育是现代社会塑造民族认同的重要工具之一。独立后，尼赫鲁政府为印度设计了世俗主义的教育方针，坚持教育必须与宗教相分离。然而，印度教民族主义者的教育计划跟尼赫鲁和国大党主流倡导的教育计划有所不同，他们的教育理想就是努力建构一个伟大的印度教民族。印度教民族主义者的话语强调印度教徒是本土的，也是伟大的，穆斯林（他者）是外来的，在道德、社会和政治上处于弱势地位。RSS的教育不仅过于强调印度教社会及其英雄人物的重要性，而且曲解历史事实，急于制造针对穆斯林少数派的仇恨。BJP政府着手对印度教育政策进行调整，修改中学历史教科书和学校课程计划，对教育和学术机构进行人事调整等，其目的就是通过教育推广印度教特性思维，建构歧视而非宽容的霸权话语。BJP将这一行为自称为爱国的文化民族主义，本质上却是将印度教育全面印度教化，使得印度社会继续沿教派分化。

BJP将自己看作一个显著不同的政党，无论是在安全、经济还是文化政策方面，力图反映其立党之本中的强硬民族主义诉求。然而，BJP的政策选择也受到现实政治经济环境的制约，如核试验就是在变化的国内外政治环境下不得不进行的选择，经济自由化既是延续前任国大党的政策，也是国际经济发展趋势使然，教育文化的印度教化遭到了反对党和世俗主义者的批判。结果，BJP联合政府的政策不得不从右向中间调整，印度政治呈现出从国大党时代的中左到BJP时代的中右特征。

第五章 国内政治中的印度教民族主义

独立后，国大党政府确立了世俗主义建国原则，承认印度社会的多元性特征，努力将不同宗教、种姓、语言的人群整合起来，以建设一个多民族国家。在世俗主义者看来，印度国家就像一个五彩斑斓的万花筒，各个群体在保持自己文化特色的同时，认同印度国家并为国家建设作出贡献。然而，印度教民族主义者宁愿将印度国家看作一个大熔炉，认为其他文化成分应该同化到印度教文化中，并最终将印度建成一个单一印度教民族的国家。印度教民族主义的印度教同质化努力凝聚了印度教主体人群，但是其对异质文化和边缘群体的霸权主义态度事实上对印度国家整合的努力构成了挑战。下文中以穆斯林、女性和部落民为探讨范畴，分析印度教民族主义团家族在“属下群体”[①] 中开展的印度教特性运动及其影响。

第一节　2002 年古吉拉特邦印穆教派骚乱

古吉拉特邦是印度经济最繁荣的邦之一，同时是印度教民族主义势力成长的重要阵地。在团家族看来，古吉拉特邦是印度教民族主义运动的神

① 20 世纪末出现在文学、历史学领域的后殖民主义学派特别注重对边缘化群体的话语与权力进行研究，他们将这些群体称为属下群体（Subaltern Group）。属下群体主要包括宗教少数派、女性、部落民等，这些群体长期受到殖民者主流话语的压制，他们的权力得不到合理的表达。参见瓦西雷：《后现代主义、公民参与和族群冲突：理解印度》（Ashutosh Varshney，“Postmodernism，Civic Engagement，and Ethnic Conflict：A Passage to India”，*Comparative Politics*，Vol. 30，No. 1，October 1997），第 1 页。

经中心，甚至被看作“印度教特性实验室”。然而，古吉拉特邦不断升级的教派暴力事件也表明印度教民族主义运动破坏了印度国内社会秩序，恶化了印穆关系，不利于印度国家的整合与统一。自从20世纪60年代末以来，古吉拉特成为印穆教派暴力事件的高发区，不断增长的教派骚乱在2002年2月戈德拉事件期间达到顶峰。多个组织指控BJP执政的古吉拉特邦政府官员参与了针对穆斯林的暴力杀戮，这引起了人们对古吉拉特邦政府治理和坚持法治能力的质疑。这次事件也表明，在世界上拥有大量穆斯林人口的印度，这样的教派冲突可能破坏印度赖以成立的民主和世俗共识。

一、团家族在古吉拉特邦的发展历程

古吉拉特邦特殊的历史背景和它在印巴分治后所处的地理战略位置，为印度教民族主义团家族的迅速发展创造了有利条件。1951年，古吉拉特人民要求重建位于苏拉什特拉（Saurashtra）的索姆纳特（Somnath）神庙。[①] 但是，在建庙问题上印度联邦政府内部出现了意见分歧。坚持世俗主义的尼赫鲁总理认为应该成立基金会，由公众捐款来重建神庙；而来自古吉拉特的印度食品和农业部长蒙西（K. M. Munshi）和内政部长帕特尔（Vallabhbhai Patel）则建议以官方名义，由政府出资进行这项重建工程。迫于尼赫鲁在独立后印度国内政治中的强势地位，索姆纳特神庙后来不得不以公众募捐的方式重建。印度教民族主义势力在重建索姆纳特神庙过程中发挥了重要作用，这为团家族在古吉拉特发展壮大奠定了基础。

20世纪50年代，RSS在古吉拉特的发展就超过了国内其他地方，夏卡的参与者很多，1951年苏拉什特拉就有超过3000名团员。1948年甘地遇害后，RSS被取缔，但是这并不影响RSS在甘地故乡受欢迎的程度。1949年，RSS恢复活动后，就开始在古吉拉特组建夏卡，从事服务活动，

① 据说索姆纳特印度教神庙多次遭到穆斯林糟蹋，分别是1206年的入侵者嘎兹尼（Mahmud of Ghazni）、1297年的阿拉丁·克而吉（Ala - ud - din Khilji）、1701年莫卧儿皇帝奥朗则布。因此，重建索姆纳特神庙象征着为印度教伸冤，表达对穆斯林的不满，以及恢复古吉拉特印度教徒的自信和荣誉。

同时为印度教民族事业进行大众动员。1951—1952 年 RSS 发动了反对宰牛的游行，这继续强化了早在独立前就存在于苏拉什特拉的宰牛禁令。接下来，RSS 活动家积极参与了库奇（Kachchh）地震灾后重建，以及摩维（Morvi）洪灾后救济工作。

1965 年和 1971 年印巴战争期间，团家族在古吉拉特的势力变得更加活跃。虽然大部分战场位于印度北部和东部边界，但是在库奇附近印巴也发生了海上和空中交火。这期间，RSS 在库奇组织了大量游行，抗议巴基斯坦的进攻，指责印度政府的软弱立场。RSS 活动家被鼓励去参加防空训练，射击巴基斯坦的飞机。同时，RSS 和 BJS 领导人发表了反穆斯林、反巴基斯坦演讲，强调穆斯林如果要留在印度，就必须印度化。也就是在这期间，古吉拉特邦的许多地方发生了自独立以来大规模的教派暴力事件。仅 1969 年艾哈迈达巴德骚乱中，就有 3 万人受到影响，其中主要是穆斯林，后来有证据表明团家族、印度教大会的活动和这次事件有关。这次印穆暴力事件后，古吉拉特 RSS 的夏卡数量迅速增加，从 20 世纪 60 年代末的 30 个增加到 70 年代末的 45 个。在古吉拉特邦 RSS 的支持下，BJS 在古吉拉特邦开始了政治上升过程，从 1952 年到 1962 年的邦议会选举中，BJS 得票率从 0.11% 增加到 1.33%。[①] 在 20 世纪 70 年代国家紧急状态前后，BJS 与其他党派盟友领导了古吉拉特邦的反政府运动，其政治影响力越来越大，并在 1977 年人民党组建的中央联合政府中谋得了席位。

20 世纪 80 年代中期，随着国大党利用 KHAM[②] 战略在印度全国和古吉拉特邦赢得选举胜利，团家族意识到仅靠 30% 的高级和中级种姓印度教徒选民群是不行的，如果要打败国大党，就必须制定一个针对 KHAM 的联盟。这种背景下，1985 年古吉拉特爆发了大规模的骚乱，骚乱性质由最初的反保留变成反穆斯林。这次骚乱中，印度教徒第一次联合起来了，从而正式形成了政治上的印度教身份认同。在高种姓年轻人散发的传单上写着

---

① 苏德：《自由主义、印度教民族主义和邦：古吉拉特邦民族志》（Nikita Sud, *Liberalization, Hindu Nationalism and the State: a Biography of Gujarat*, New Delhi: Oxford University Press, 2012），第 137 页。

② 20 世纪七八十年代国大党在选举中使用的战略，包括 Kshatriyas（刹帝利）、Harijans（哈里真）、Adivasis（部落民）和 Muslims（穆斯林），KHAM 是这些群体名称首字母缩写。国大党宣称自己是这些被压迫人群的保护者。

“快点醒悟吧，所有的印度教徒，对狂热的穆斯林发动经济和社会上的抵制”，“穆斯林破坏了我们的宗教，所有印度教徒忘记地位和收入差异吧，让我们团结起来对付穆斯林，让我们保证所有印度教徒是一个整体”。[①] 1984 年 4 月，各种反保留委员会公开表示他们并不反对低种姓，4 月中艾哈迈达巴德这些大城市里的暴力变成了教派冲突。事实上，当时古吉拉特纺织业萧条引起的不景气经济形势加剧了 KHAM 联盟内部对就业的竞争，印度教统一体的教派吁求就变得非常及时，也很容易接受。这样的政治经济形势正好被团家族所利用，他们利用印度教身份建立了组织基地和选举平台，古吉拉特邦印度教选票仓开始形成。

团家族在古吉拉特邦利用印度教农民、学生等不同群体分别发起了反国大党政府、反穆斯林的大众运动，为 BJP 在古吉拉特政治崛起发挥了重要作用。随着 VHP 的成立，古吉拉特的许多印度教宗教势力都愿意与团家族建立联系，他们两者是互利的。一方面，在社会、政治和经济动荡时代，印度教派别给团家族选民提供了精神和社会支撑，印度教势力是重要的选票来源，为印度教右翼政治势力提供了合法性。在选举期间，经常有印度教圣人为 BJP 候选人进行游说，选举成功后他们又一起庆祝。作为回报，印度教被团家族推到了一个至高平台，团家族执政势力为印度教宗教势力提供社会和物质利益，比如为修建修行所和印度教神庙划拨土地。

1988 年 BJP 在艾哈迈达巴德召开全国委员会，主席阿德瓦尼宣布，BJP 必须关注组织活动，以老百姓为基础，特别要动员农民、年轻人、女性、哈里真和部落民。年轻人一直是团家族的核心组织成分，古吉拉特的大学校园是团家族发起大型政治事件的切入点，比如 20 世纪 70 年代反政府运动和 80 年代反保留骚乱就是从校园开始的。年轻人成为团结跨种姓印度教徒的领导力量，20 世纪 80 年代古吉拉特举行了一系列印度教年轻人会议。一次 VHP 主持的年轻人会议上传播了这样的观点，“印度教徒急需要跨越语言、种姓和教派的分歧，团结起来，表现得像一个整体。分离势力和反民族势力正在破坏印度内部安全，他们计划袭击印度教圣地。这个

---

① 苏德：《自由主义、印度教民族主义和邦：古吉拉特邦民族志》（Nikita Sud, *Liberalization, Hindu Nationalism and the State: a Biography of Gujarat*, New Delhi: Oxford University Press, 2012），第 140 页。

时候如果我们不团结起来保护我们的社会，那么谁会来呢？这是对我们全国印度教年轻人的挑战，让我们团结起来揭露那些反民族的势力，他们在印度独立40年后仍然拒绝融入国家主流。我们必须保证坚持印度教生活方式，开始建立一个强大的印度教社会”。① 通过强调印度教徒面临的安全威胁，年轻人指责古吉拉特国大党邦政府无能，国大党令印度教徒非常失望。结果，这为BJP参加选举营建了有利氛围。

虽然BJP的组织基础主要在城市，但是农民作为一个大的选民群也日益受到团家族的重视。团家族的农民翼（Bharatiya Kisan Sangh，BKS）在古吉拉特北部和中部的帕提达尔（Patidars）种姓中特别受欢迎。1985年反保留骚乱后，BKS不断向弱势的国大党邦政府发起请愿，要求政府提高农产品价格、减轻债务、提供电力等。它甚至在农产品加工中心韦贾普尔（Vijapur）组织农民拦路、举行集会等。同时，它也组织了大罢工，影响了古吉拉特邦的谷物、蔬菜和牛奶供应，甚至对邦政府设施和人员发动攻击。在游行中，BKS把国大党邦政府说成是反农民的，而将团家族政治势力看作农民的保护者。

到1990年，团家族在古吉拉特邦的势力迅速壮大，RSS共成立了1289个夏卡，志愿者人数达到28956人，BJP的普通党员人数增加到20万人。② 团家族在古吉拉特邦政治势力的上升既源于该邦的反穆斯林历史遗产，也是团家族几十年精心组织的结果。古吉拉特邦的民主政治环境也有利于团家族走到政治舞台中央，BJP在税收、市政服务、保留、政治改革和农民权利上向执政的国大党邦政府发起了攻击，从而成为国大党的可行替代者。随着BJP在全国政治舞台上的崛起，以及BJP在古吉拉特运用了有效的大众动员战略，BJP在古吉拉特邦议会选举中表现得越来越好。20世纪90年代初BJP与其他党派在古吉拉特联合执政，1995年BJP在邦议会选举中赢得了绝对多数议席，从此开始了BJP在古吉拉特邦独立组建政府的时代。

---

① 苏德：《自由主义、印度教民族主义和邦：古吉拉特邦民族志》（Nikita Sud, *Liberalization, Hindu Nationalism and the State: a Biography of Gujarat*, New Delhi: Oxford University Press, 2012），第146—147页。

② 同上书，第148页。

印度教民族主义势力在古吉拉特发展非常迅速，团家族的高层领导人甚至将古吉拉特看作“印度教特性实验室”。2002 年 BJP 在邦议会选举中再次取得胜利后，VHP 领导人托嘎迪亚（Pravin Togadia）表示“印度教特性实验室的试验将被重复……选举将改变所有政党的意识形态、颜色和构成”。当时的 VHP 主席辛格尔（Ashok Singhal）宣布“古吉拉特进行的试验，将在印度其他地方得到复制，最终在整个印度进行复制。古吉拉特邦是经过精心挑选的，以将 RSS 的印度教特性意识形态进行实践的实验室”。[①] 一位穆斯林学者相信古吉拉特是印度教特性计划的实验室，因为 VHP 在邦内建立了大量的网络，他们甚至在遥远的小村庄也设了办公室，那儿的成员能够在很短时间内行动起来。同样，一份人权观察报告认为自从 1995 年 BJP 在古吉拉特邦执政以来，邦内各级官员都是 VHP 和 RSS 成员，或者是那些赞同并愿意推行团家族政策和计划的人。有学者认为，古吉拉特为国大党的衰落和印度教民族主义的上升奠定了基调，古吉拉特是印度变化的先驱，古吉拉特经常是首先被试验的战场。古吉拉特的精英总是自豪地说：“古吉拉特的今天，就是印度的明天。”[②] 然而，2002 年古吉拉特的印穆教派骚乱事件受到全世界的关注，人们指责印度教特性运动正在粗暴践踏印度的民主政治，并为印度教徒和穆斯林之间越来越深的鸿沟感到忧虑。

二、2002 年印穆教派骚乱及原因

2002 年 2 月 27 日，一列载有印度教徒志愿者的火车从阿约迪亚开往艾哈迈达巴德，火车途径戈德拉站台时，一节车厢着火燃烧起来。火车着火造成 58 名印度教徒丧生，其中主要是妇女和儿童。原来，那些印度教徒志愿者到阿约迪亚集会，为重建罗摩庙奠基活动提前进行准备。结果，从

---

① 韦亚斯：《团家族凌驾于法律之上?》（Neena Vyas，“Sangh Parivar above the Law?”，*The Hindu*，October 21，2002）。

② 夏尼：《教派主义、种姓和印度教民族主义：古吉拉特邦的暴力骚乱》（Ornit Shani，*Communalism*，*Caste and Hindu Nationalism*：*the Violence in Gujarat*，Cambridge：Cambridge University Press，2007），第 15 页。

2月28日起，古吉拉特邦经历了难以想象的暴力袭击，一次有组织的、系统的、针对穆斯林的骚乱在艾哈迈达巴德和古吉拉特城乡全面蔓延开来。年轻人、老年人、女性、儿童、残疾人、反对党中的穆斯林成员，无一幸免地遭到伤害。穆斯林的房屋被烧毁，他们的商店和生意被抢劫。清真寺和伊斯兰纪念碑被捣毁，古吉拉特乌尔都语诗人瓦利（Shams - ul - Din Muhammad Wali）的坟墓被夷为平地。高级法院的穆斯林法官不得不将家庭迁徙到安全地方。古吉拉特邦政府声称这次骚乱事件共造成800人死亡，但公民法庭报告的数据显示至少有2000人死于这次暴乱。暴力以一种种族屠杀的方式出现，目的是整个或部分地摧毁一个民族内的宗教人群。国际法律界将“古吉拉特2002”看作对“人性的犯罪”。相关公民法庭、人权观察组织，以及其他很多从事调查的非政府组织都将这次事件称为种族大屠杀。①

这次暴力事件的残暴性和极端性从国大党前工会和议会成员贾夫利（Ahsan Jafri）的遇害可见一斑。贾夫利的手指被砍掉后，还被押送到四处游行。随后，他的手脚被砍掉。他被沿路拖在地上，脖子上卡着一把叉子样的刑具，最后被扔进火堆里。贾夫利住在甘地纳加（古吉拉特邦府）一个中产阶级社区。他的家族以及到他家寻求避难的好几个家庭都遭到同样的残害，而他的中产阶级印度教徒邻居从他们的家里观看了整个暴行过程。据现场目击者声称，当公众进行谋杀、强奸和抢劫时，警察就在旁边。甚至还传说，警官将印度教暴徒引到藏匿穆斯林的人家。警察与市政官员被指控合谋支持和教唆暴力人群，让他们损害穆斯林的家庭和生意，然后目睹暴徒强奸和杀害无辜人群，导致古吉拉特法治崩溃。

在这次教派冲突事件中，古吉拉特 BJP 邦政府成员公然警告全部穆斯林对民族构成威胁，邦政府机构暴露出他们完全是为了印度教激进力量的利益。当穆斯林要求警察提供帮助时，警察要么不来，要么来得很晚。他们甚者在一大群印度教徒前面进行掩护，向穆斯林发射催泪弹，而印度教人群则大声吼叫“胜利属于印度母亲”。古吉拉特邦警察建议印度教徒烧毁穆斯林的商店，袭击他们的房屋，如果穆斯林想还击，他们则以射击穆

---

① 卡马特、马修：《勾画全球化时代的政治暴力：以印度教民族主义为例》（Sangeeta Kamat and Biju Mathew, “Mapping Political Violence in a Globalized World: the Case of Hindu Nationalism”, *Social Justice*, Vol. 30, No. 3, 2003），第5页。

斯林来控制他们。当印度中央政府决定派驻部队到艾哈迈达巴德维持秩序时，邦警察提前通知印度教居民，要他们当晚结束一切行动。事实上，VHP 和神猴团在古吉拉特邦设立了许多分支机构，团家族的势力很容易渗入邦政府机构，警察和政府官员成为“印度教特性”的共谋者，古吉拉特邦武装部有大约 6000 人是 VHP 及团家族相关成员。①

尽管 1998 年印度最高法院规定罢工有违宪法和法律精神，但是邦政府并没有采取行动制止罢工，或者制止暴力。戈德拉事件后的第二天，VHP 立即宣布全邦罢工，BJP 古吉拉特邦支部主席拉纳宣布支持这次罢工，这就意味着大规模的暴力骚乱即将发生。当对穆斯林的大规模报复发生时，邦政府官员和政治领导人认为这种暴力是合法的。古吉拉特邦首席部长莫迪不仅认为罢工正常，而且用“作用力与反作用力”来为印度教徒的暴行进行辩解。莫迪在接受媒体采访时说，“暴力是印度教徒对戈德拉纵火事件的自然反应”，② 在罢工当天对穆斯林的迫害快要结束时，他才建议人们在面对巨大挑衅时保持克制。

一些古吉拉特邦权威机构和政府高官好像在帮助印度教徒扩散暴力，阻止联邦军队平息这次骚乱。联邦政府军队虽然在暴力后的第一天半夜就到达了，准备第二天一早进行部署，但是直到第二天下午还没有接到古吉拉特邦政府的指示，也没得到邦政府必要的支持。当军队真正执行任务时，也是象征性地行进在大街上，让骚乱继续进行。当印度卫视新闻台（Star News）播报警察在针对穆斯林的暴力袭击中不作为时，古吉拉特邦政府关闭了邦内大部分有线电视频道，警察说这是为了制止媒体进行挑衅性的报道。有报道说 BJP 官员指示警察不要采取行动。当暴力正在发生时，两名 BJP 成员和邦政府内阁直接监管了艾哈迈达巴德和甘地纳加警察局，据说这是莫迪作出的决定，以便他能够直接控制警察的行动。③

---

① 《推翻体制》（“Subverting the system”, *The Hindustan Times*, April 8, 2002）。

② 卡马特、马修：《勾画全球化时代的政治暴力：以印度教民族主义为例》（Sangeeta Kamat and Biju Mathew, “Mapping Political Violence in a Globalized World: the Case of Hindu Nationalism”, *Social Justice*, Vol. 30, No. 3, 2003），第 6 页。

③ 夏尼：《教派主义、种姓和印度教民族主义：古吉拉特邦的暴力骚乱》（Ornit Shani, *Communalism, Caste and Hindu Nationalism: the Violence in Gujarat*, Cambridge: Cambridge University Press, 2007），第 172 页。

古吉拉特邦政府权威机构在暴力期间对穆斯林持偏见态度，制造了全部穆斯林威胁民族利益的气氛，于是点燃了全体印度教徒对穆斯林的仇恨。古吉拉特邦政府的行为很显然在印度教徒和穆斯林之间进行了划界。BJP 官方观点坚持认为戈德拉事件是伊斯兰恐怖主义，穆斯林挑起了阴谋教派暴力。4 月教派暴力还在发生，时任总理瓦杰帕伊说："如果没有戈德拉纵火事件，悲剧就不会发生。"他继续说道，"无论哪儿有穆斯林，他们就不想与别人一起生活，不想和平地生活在一起。他们想要传教，宣传他们的宗教，从而在其他人心目中制造了恐惧"。[①] 于是，穆斯林威胁意识为政府提供了解释和证实其行动的依据，似乎是穆斯林挑起了针对他们自己的暴力活动。自从上台执政起，BJP 中央政府就开始淡化其教派色彩，但 BJP 对戈德拉事件的回应，使得它又迅速地集结在印度教特性运动周围，宣布印度的穆斯林少数派威胁了印度教徒。这种表述的用意很明显，通过与"9·11"相联系，瓦杰帕伊努力将古吉拉特的骚乱事件置于更大范围的泛伊斯兰恐怖主义背景下。这样，印度教民族主义者能够轻易将印度的穆斯林刻画为对印度教徒的恐怖威胁。甚至，BJP 全国主席宣布 3 月 9 日为"内部反恐日"。[②]

古吉拉特教派骚乱过去十多年了，但是我们并不清楚谁该为这件事情负责。有人说是印度教活动家在戈德拉火车站挑衅穆斯林商人，并调戏穆斯林妇女，结果穆斯林就点燃了火车车厢。一些人包括退休的最高法院大法官巴勒吉坚持认为火车着火是个意外。另外一些人包括古吉拉特邦首席部长莫迪，认为是穆斯林与巴基斯坦三军情报局合谋点燃了火车车厢。上述哪种说法是事情的真实起因，我们并不知道，恐怕永远也没人知道。但是，我们可以肯定一件事，那就是 59 名印度教徒被烧死这个事实引发了接下来的针对穆斯林的大规模暴力活动。事实上，戈德拉火车着火只是印穆暴力冲突的导火线。除了 BJP 所在的团家族策略性地利用骚乱制造印度教

---

① 卢帕勒利亚：《政治温和化机制理论再思考》（Sanyay Ruparelia，"Rethinking Institutional Theories of Political Moderation：the Case of Hindu Nationalism in India，1996 – 2004"，*Comparative Politics*，Vol. 38，No. 3，April 2006），第 318 页。

② 夏尼：《教派主义、种姓和印度教民族主义：古吉拉特邦的暴力骚乱》（Ornit Shani，*Communalism*，*Caste and Hindu Nationalism*：*the Violence in Gujarat*，Cambridge：Cambridge University Press，2007），第 181 页。

徒选票仓以达到自己的政治目的外，这次印度教徒与穆斯林之间的恶性暴力冲突还有其深刻的社会经济原因，如保留冲突转化为教派暴力、经济自由化产生动荡等。

从20世纪80年代起，印度国内的教派对立总是由印度教徒内部种姓冲突引起的，特别是高级种姓与低级种姓就保留政策的冲突，而古吉拉特的教派骚乱也不例外。可以说，一旦印穆分歧变得不尖锐了，印度教徒内部潜在的紧张关系就会浮现。因此，为了掩盖印度教社会内部的分歧，制造一个印度教徒统一体，团家族总会努力将矛盾引向穆斯林。1990年8月，维·普·辛格领导的全国阵线政府决定在全国范围实施“曼达尔计划”，为其他落后阶级实施保留，这在印度全国引发了大规模的反保留骚乱。意识到保留政策可能损害高级种姓的利益，同时保留引发的冲突也会破坏团家族统一印度教徒的计划，BJP主席阿德瓦尼发动了“罗摩战车游行”，将人们的注意力从保留转移到罗摩上来。“罗摩战车游行”迅速改变了大众的政治话语，即从之前的保留争议转移到印度教民族主义、印度教徒的团结上来。正如阿吉评论的那样，“由于罗摩的气息，保留这个魔鬼就跑了”。[①] 实质上，印度教徒支持阿约迪亚罗摩庙运动背后的动机，却是广大高级种姓反对保留政策。[②]

随着维·普·辛格政府决定为其他落后阶级实施保留政策，古吉拉特邦也爆发了反保留骚乱。“曼达尔计划”宣布大约八个穆斯林群体属于落后群体，政府政策将为穆斯林提供优惠对待。将穆斯林纳入保留范围意味着高级种姓上升机会的减少，这必然引起高级种姓印度教徒的强烈反应。BJP和VHP呼吁进行大罢工，对政府设施进行系统的破坏。在工业区，BJP、VHP强行关闭穆斯林的商店而实施彻底罢工，达利特和穆斯林也发生了冲突。艾哈迈达巴德的市长和副市长在城市帮助设置路障，以支持BJP、VHP呼吁的第二次大罢工。人们被阻挡在路障前，要求说“胜利属

---

① 夏尼：《教派主义、种姓和印度教民族主义：古吉拉特邦的暴力骚乱》（Ornit Shani, *Communalism, Caste and Hindu Nationalism: the Violence in Gujarat*, Cambridge: Cambridge University Press, 2007），第183页。

② 巴素：《印度教民族主义的崛起》（Amrita Basu, “The Rise of Hindu Nationalism in India”, *Harvard International Review*, July 1996），第33页。

于罗摩大神”才能放行。印度教组织和BJP政客以保护印度教的名义，挑起达利特和穆斯林的冲突，并袭击了上层穆斯林居住地，由此加深了印度教徒和穆斯林的分裂。

从1990年开始，保留和宗教少数人权利之间的混乱局面公开化了。马哈拉施特拉邦一位来自其他落后阶级的BJP成员在“曼达尔计划”引发的危机期间解释道，BJP反对保留政策的主要原因是将穆斯林纳入到其他落后阶级。20世纪90年代中期，随着越来越多的政党和邦政府公开将为其他落后阶级提供保留与宗教少数人的权利相提并论，印度教徒高级种姓感觉穆斯林对他们地位的威胁越来越严重。1994年国大党联邦福利部长克萨利建议将穆斯林整体包括到其他落后阶级中，以在市政和教育部门为他们提供保留。尽管这席话是国大党为了讨好穆斯林群体以获得他们的选票而说的，但是仍然引起了BJP和许多印度教徒的愤怒。

保留政策的目的是给一些处于劣势地位的种姓群体提供社会运动的手段，但是这引起了高级种姓与低级种姓之间的紧张敌对。由于穆斯林也进入保留对象群体，团家族很容易就将保留引发的冲突转移到穆斯林身上，认为穆斯林在保留政策中享受的好处挤压了低种姓印度教徒上升的空间。于是在种姓保留冲突的背景下，团家族在印度国内制造了穆斯林威胁他者形象。团家族努力让印度教群体相信，穆斯林曾经破坏了印度领土统一，现在又抢占了属于印度教徒的保留好处。于是，印度教徒的愤怒被点燃了，他们掀起了针对穆斯林的教派暴力，将遭受的所有不公平的怨气都发泄到穆斯林身上。因此，正是种姓冲突强化了古吉拉特邦的教派冲突，2002年教派骚乱事件则是印度教徒与穆斯林在保留利益上多年积怨累积的反映。事实上，教派对立的加剧反映了印度教道德秩序内部不断滋生的不确定性。也可以说，印度穆斯林政治并不是完全受宗教信仰支配，而是取决于大多数印度教徒内部和谐与否。①

作为印度经济增长最快的邦之一，20世纪90年代以来古吉拉特经历了大规模的经济自由化，古吉拉特邦公共部门就业逐渐减少，而私人部门

---

① 夏尼：《教派主义、种姓和印度教民族主义：古吉拉特邦的暴力骚乱》（Ornit Shani，*Communalism，Caste and Hindu Nationalism：the Violence in Gujarat*，Cambridge：Cambridge University Press，2007），第12页。

就业增加。经济自由化及其影响给社会中特定人群和邦人力发展构成了巨大挑战，达利特和低种姓仍然受到社会歧视，上升的中产阶级群体始终不满足于相对贫困的状态。经济自由化在各种印度教徒群体内部不断产生紧张不安，他们很容易将这种情绪以暴力的形式宣泄到穆斯林身上。①

中产阶级在自由化过程中不断壮大，但这个过程产生的价值观变化在他们内部制造了挫败感。中产阶级在种姓分布上各不相同，他们的生活方式和生活标准发生了转变，高标准的消费文化使得这个群体中的一部分人难以维持中产阶级的地位。在不断加速的经济自由化刺激下，人民需要更多的收入来购买现代化商品如电脑、汽车等。那些不能轻易维持中产阶级生活方式的群体就不断感觉到相对贫困的状态。对于那些来自低下和落后种姓的中产阶级来说，他们受挫感更加强烈，因为他们除了要努力保持新的阶级地位的经济需要之外，还要不断为社会接受其种姓身份而进行斗争。一些上升的高种姓集团又产生了 20 世纪 80 年代对于保留政策同样的失望感。

自由化过程同样在达利特集团内产生了不确定性。虽然许多达利特通过保留政策受到了高等教育，但是他们通往私人部门就业的渠道依然有限。同时，经济改革降低了政府工作的前景和数量，而这个工作在 20 世纪七八十年代是他们社会和经济安全、晋升的关键。对表列种姓来说，来自保留的工作机会没有了，因为国家实行私有化改革后，很多政府服务和教育都变成私有的，表列种姓并不能参与到这些私有领域。因此，年轻达利特的现实生活条件和期望之间出现了差距。许多达利特大学毕业生只能做搬运工、快递员，或者商店柜员，收入很低。甚至，达利特感觉到与穆斯林相比，他们相对贫困化。在 2002 年的暴力骚乱中，一些受过教育的达利特就产生了抱怨，认为穆斯林靠技能如开摩托三轮车就能轻松赚到钱，相比穆斯林同龄人，年轻达利特逐渐感觉自己在经济自由化中被边缘化了。

达利特和部分中产阶级的经历突出了印度教群体在自由化过程中的分歧和不满，但是他们发现穆斯林并没有这样的受挫感，他们反而从自由化中大大受益。在古吉拉特邦，穆斯林普遍受教育很少，很难进入政府公职

① 张高翔：《印度教派冲突研究》，社会科学文献出版社 2012 年版，第 220—221 页。

部门或大公司，所以他们大部分人形成了经商的传统。穆斯林善于从事商业活动，比如经营服装店、鞋店、百货商店。在经济自由化改革后，一些公有企业进行改制，受过教育的印度教徒群体面临着失业的压力，生活也变得不如从前。但是，穆斯林的生意却不受自由化的影响，相反他们在更加市场化过程中把生意越做越大，生活也越来越好。利益对比之下，印度教徒出现心理失衡，认为自己的损失正是穆斯林的获利，因此在教派暴力事件中印度教徒总是报复性地破坏穆斯林的财产。

2002 年古吉拉特教派骚乱中，失业的低种姓印度教徒受到了高种姓印度教徒的教唆，成为印度教特性力量的打手和牺牲品。神猴团的成员主要来自失业的年轻印度教徒，他们容易受到仇恨和复仇思想的鼓动，并以穆斯林为假想敌而进行武装组织。这些人在暴力冲突中具有极大的破坏能力，疯狂地破坏穆斯林的生意和财产。① 比如，印度教徒烧毁了穆斯林的房屋，捣毁了穆斯林的工厂和商店。甚至那些开着小车的印度教徒也趁火打劫，去穆斯林的鞋店抢劫。暴力事件还没有结束，VHP 就提出罢市计划，如不购买穆斯林的商品、不光顾穆斯林的旅馆和加油站等。印度教民族主义团家族以穆斯林的经济利益为打击目标，妄想从经济上彻底摧毁穆斯林团体。VHP 长期以来在古吉拉特邦从事反穆斯林的宣传鼓动，认为印度教徒和穆斯林之间不能平等，并且呼吁从经济上和社会上制裁穆斯林。②可见，古吉拉特邦的经济自由化为印度教徒与穆斯林之间的关系增加了新的不确定因素，经济改革导致的印度教徒内部的紧张和不安全感通过教派暴力表现出来。③ 在印度教徒看来，穆斯林处于经济上的领先优势，这是印度教徒不能接受的事实，他们选择暴力去试图扭转这种经济上的失衡局面。

20 世纪七八十年代国大党依靠 KHAM 战略赢得了古吉拉特邦选举胜利，这让团家族认识到仅仅依靠高级种姓认同将不适合赢得政治权力，于

① 邱永辉：《解读古吉拉特教派冲突》，《南亚研究》2002 年第 1 期，第 25 页。

② 邦夏：《无止境的仇恨运动》（Dionne Bunsha，“A Relentless Hate Campaign”，*Frontline*，May 11，2002）。

③ 夏尼：《教派主义、种姓和印度教民族主义：古吉拉特邦的暴力骚乱》（Ornit Shani，*Communalism*，*Caste and Hindu Nationalism*：*the Violence in Gujarat*，Cambridge：Cambridge University Press，2007），第 177 页。

是其决定重新宣传一种替代性的社会政治认同，那就是基于印度教群体统一的印度教认同。除了作为一种政治选举策略，印度教徒团结的理想也是为了最大化实现印度教民族主义的意识形态目标，即努力建立一个统一的印度教民族和印度教文化。低种姓达利特、落后种姓和部落民都是团家族倡导的印度教民族认同的组成部分，通过这种方式团家族不仅制造了一个印度教徒选票仓，而且在印度社会制造了一个穆斯林威胁他者形象。

出于建构印度教认同和建立印度教徒选票仓的动机，团家族发动了罗摩出生地运动，阿德瓦尼发起了“罗摩战车游行”。团家族希望借助这些大众动员，唤醒印度教徒保护自己的传统文化，增强作为印度教徒的自信，建立印度教统一体。然而在这个过程中，通过罗摩这个民族形象的渲染，团家族建构了穆斯林他者的形象，更加突出了穆斯林对印度教社会的威胁。不论是婆罗门还是达利特，都对穆斯林表现出前所未有的仇恨。这种背景下，印穆教派冲突不可避免，而2002年古吉拉特教派骚乱也是团家族为了建立印度教徒选票仓而进行政治操弄的结果。

团家族利用罗摩出生地运动动员了印度教徒的支持，这使得BJP很快就掌握了政治权力。1995年古吉拉特邦议会选举中，BJP赢得了182席中的122席，开始在邦单独组建政府。2001年10月以来，莫迪任邦首席部长，印度教民族主义强硬派的莫迪成为印度教信仰的忠实保卫者。当中央政府淡化罗摩出生地运动时，莫迪政府仍对阿约迪亚重建罗摩庙予以了关注。VHP宣布于2002年3月为重建罗摩庙奠基，莫迪领导的古吉拉特邦政府予以支持，为去阿约迪亚帮忙的志愿者保留了火车车厢，在戈德拉事件前三天西部铁路局给志愿者提供了近一半的免费火车票。这样，通过与罗摩出生地运动的联系，古吉拉特邦政府仍然牢牢地抓住了印度教徒选票仓。

BJP领导的古吉拉特邦政府在实施一些发展项目时，努力追逐低下和落后种姓以及部落民，把穆斯林排斥在发展项目之外。之所以这样做，既是出于选举政治考虑，也是为了建构统一的印度教认同，从而强化了“我们印度教徒”的观念。比如，古吉拉特邦政府发起“自助组织”运动，为创业者提供优惠贷款。这些“自主组织”包括了印度教里的所有种姓，但是穆斯林却不能进入这个印度教同质化环境。更糟糕的是，BJP和邦政府否认古吉拉特邦存在宗教少数派，莫迪以此为由擅自挪用了中央划拨给穆斯林少数派的教育补贴。古吉拉特邦政府不承认宗教少数派的存在，事实上就是将穆斯林从印度教民族构想里排除了。正如苏德所说，古吉拉特邦政府利用发展项目来建构一个印度教徒选票仓，这不仅是建立高级和低下种姓印度教徒团结的潜在基础，也是建构印度教民族最有效的方式。①

从20世纪80年代末起，团家族努力在古吉拉特印度教各种姓中制造一个印度教徒选票仓，注意将低种姓达利特吸引到印度教特性运动中。团家族邀请达利特参加各种印度教神祇游行，并让他们到印度教神庙里朝拜。VHP经常将年轻人召集起来，在会上号召年轻人努力废除不可接触制度，为经济和社会落后的印度教徒兄弟的全面发展而努力工作。在KHAM战略被团家族击破后，艾哈迈达巴德的达利特和穆斯林曾经有过的友好关系被印度教民族主义者削弱了。一位达利特领导人证实，2000年至2002年之间VHP为达利特在艾哈迈达巴德举行了公共集会，会上宣传了这样的观点“只要穆斯林在这儿，达利特的生活就不安全”，会上还散发了小型铁质武器，以用来获得自由。② 事实上，2002年暴力事件中达利特没有受害，古吉拉特邦政府表现出对穆斯林的明显偏见，这也强化了古吉拉特邦政府站在达利特这一边的印象。

2002年古吉拉特发生教派骚乱，BJP从中收获了极端印度教徒的支持。古吉拉特邦政府机构在暴力过程中不仅没有发挥政府中立的角色，而且明显偏袒印度教徒，这无疑给印度教徒这样的印象：政府是印度教徒的保护者，穆斯林是政府和人民的共同敌人。尽管印度教民族主义组织VHP和RSS中的激进分子参与并扩大了这次暴力冲突规模，但是BJP政府帮助他们推卸了责任。即使政府逮捕了一些涉事印度教人员，也是先抓后放，明显袒护印度教徒。③ 事发后，中央执政联盟内部指责是莫迪领导的邦政

---

① 苏德：《古吉拉特印度教族群宗教认同的建构与冲突》（Nikita Sud，“Constructing and Contesting a Gujarati – Hindu Ethno – religious Identity through Development Programmes in an Indian Province”，*Oxford Development Studies*，Vol. 35，No. 2，June 2007），第131页。

② 夏尼：《教派主义、种姓和印度教民族主义：古吉拉特邦的暴力骚乱》（Ornit Shani，*Communalism，Caste and Hindu Nationalism：the Violence in Gujarat*，Cambridge：Cambridge University Press，2007），第183页。

③ 张四齐、宋丽萍：《透视印度宗教危机管理机制——古吉拉特教派冲突个案分析》，《南亚研究季刊》2004年第1期，第58页。

府纵容了这次暴力事件，要求莫迪辞职，但是瓦杰帕伊总理依然为其开脱。在这次骚乱事件中，印度教民族主义者强硬派与温和派努力制造一个团结的内部力量，这一形象有助于强化印度教社会的团结和统一意识，从而为 BJP 创建了一个强大的印度教徒选票仓。

总之，在保留风波和经济自由化的冲击下，达利特和中产阶级中受地位所困的群体被吸引到了高级种姓的印度教特性计划中来，他们将教派暴力作为缓解地位不安全感的方式。同时，团家族实施的印度教徒选票仓动员战略也使印度教徒和穆斯林裂痕加深，为教派骚乱埋下了祸根。正如巴素所说，在印度社会和经济改革期，本来是发生在印度教徒高种姓和低种姓之间的冲突，却转变为印度教徒和穆斯林之间的教派暴力事件。[①] “伊斯兰恐怖主义”、“文明的冲突” 这样的话语给 2002 年古吉拉特暴力冲突提供了看似合理的解释，实际上却模糊了印度教派冲突背后深刻的社会、经济及政治原因。

第二节　印度教民族主义的男权特征与女性有限赋权

在 2007 年世界经济论坛进行的全球性别差距报告中，印度处于 128 个国家中的第 114 位。该报告指出印度女性在权利和机会方面的地位极其落后。[②] 印度女性地位低下及权利丧失与印度教传统文化的束缚有关。根据《摩奴法典》，只有女人能够孕育男性后代时，这个女人才是有价值的。在女性孩童时代，她应该一直顺从于她的父亲，在年轻时代应该顺从于丈夫，而在丈夫去世后则要顺从于她的儿子。《摩奴法典》要求女性应该由家庭的男性成员来照顾，印度教中女性的形象与观念为压迫女性提供了神学和意识形态上的支持。秉承传统文化精髓的印度教民族主义者挖掘传统文化中的重男轻女观念，对现代印度女性赋权进行狭隘解读与实施。RSS

---

① 巴素：《印度教民族主义的崛起》（Amrita Basu，“The Rise of Hindu Nationalism in India”，*Harvard International Review*，July 1996），第 33 页。

② 梅赫拉：《印度政治发展趋势》（Ajay K. Mehra，*Emerging Trends in Indian Politics：the 15th General Election*，New Delhi：Routledge，2010），第 219 页。

意识形态家和领导人戈瓦卡尔的发言中显示出对女性的歧视，他说：“当前有人呼吁男女平等，女性应该从男性控制中得到解放，甚至在各种职位上为女性保留，于是出现了真正的性别偏见。”① 印度人民党执政时期的人力资源部长乔希奉行保守和歧视女性政策，他将女性研究与家庭研究合并到一起，认为女性和家庭绝不能分开。② 印度教民族主义呈现霸道男权特征，女性参与印度教民族主义政治是为了维持男性的控制地位，这对实现男女平等的女性运动构成了挑战。

一、印度教民族叙事中的性别

伴随着英殖民帝国追求的基督教男性气概价值观的渗入，印度教民族主义的男权意识和诉求出现了。然而，印度教民族主义并不仅仅是复制英国人的男性气概，还基于传统文化观念对男权印度教民族进行想象建构，目的是挑战外来的殖民统治。③ 英国殖民者追求的基督教男性气概观念不仅包括体能（战斗力），而且强调男性气概的道德维度，如骑士精神、爱国主义和一种社会荣誉感。这种多元化的男性气概建构了英国用以看待印度及其男性公民的性别视角，英殖民者对印度人的普遍评价是女性气，缺乏战斗技能。基督教霸道男性气概将帝国与性别联系起来，强调英国需要指导印度，并将印度呈现为实践基督教男性气概的理想场所。

部分印度教精英将英殖民者的批评进行内化，开始嘲笑自己软弱、无力保护自己的祖国，随后致力于恢复印度教社会中阳刚、英勇的男性气概。代表这种视角的两个早期印度教民族主义重要人物是萨瓦卡尔和维韦卡南达（Swami Vivekananda），他们呼吁印度人成长为真正的男人，必要的时候采用武力从英殖民者手中解救祖国。萨瓦卡尔在书中歌颂印度教士

① 戈瓦卡尔：《思想集成》（M. S. Golwalkar, *Bunches of Thoughts*, Bangalore: Jagarana Prakashan, 1966），第 116 页。

② 古鲁瓦希纳：《后现代印度教的政治化》（J. Kuruvachira, *Politicisation of Hindu Religion in Postmodern India*, Jaipur: Rawat Publications, 2008），第 175—176 页。

③ 阿特尔：《禁欲、性和北印度民族主义中的性别转变》（Joseph S. Alter, “Celibacy, Sexuality, and the Transformation of Gender into Nationalism in North India”, *The Journal of Asian Studies*, Vol. 53, No. 1, February 1994），第 45 页。

兵是男人的形象模范，并将英国的征服归咎于曾经强大的男权印度教的衰落。在萨瓦卡尔看来，男权印度教的巅峰时代是尚武的希瓦吉（Shivaji）领导的马拉塔帝国时期（1630—1680 年），希瓦吉是男性印度教徒的理想代表，体现了战斗技能、勇气、肌肉感、组织和高效的能力。萨瓦卡尔鼓励年轻男性从希瓦吉抵抗莫卧儿帝国的英勇行为中重新学习男性课程，学习希瓦吉为印度教荣誉而斗争的精神。他提倡建立一个强大、统一、军事化的印度教国家，鼓励每个年轻男性印度教徒都要参军为国家而战。分析印度软弱斗志的原因及其对策几乎成为萨瓦卡尔所有作品的核心框架，他的作品在当代男权印度教民族主义形成和发展中具有重要影响。维韦卡南达同样倡导男性气概，他抱怨印度人的女子气，并鼓励印度人克服柔弱性，成为真正的男人，“不要再哭泣，而是自己站起来，做一个真正的男人”。①

印度教民族主义将印度教社会的衰落归结为不断退化的勇武男性力量。也就是说，由于男性力量的退化，印度教社会不断遭到外族入侵，先沦入穆斯林的统治，后被英国殖民征服。在印度教民族主义者看来，为了摆脱民族侮辱，必须恢复印度教徒的男性力量。男性气概成为印度教民族主义追求的目标，这甚至可以从罗摩大神的形象变化上看出来。过去的罗摩神塑像是双性的，没有肌肉感，表现出女性一样的身体曲线，面部表情慈祥而柔和。但是在 20 世纪 90 年代阿约迪亚罗摩庙运动期间，印度教民族主义者制作的海报中罗摩大神全身肌肉、体格强健、气势威武，体现出显著男性特征。

女性形象的定位对于男权印度教民族主义非常关键，即勇武的男性力量不能单独存在，而是需要女性来成就男性气概。早期的印度教民族主义者极力歌颂英雄母亲和贤惠妻子的形象。后来随着女性不断参与到印度教民族主义运动中，禁欲和贞洁成为男性控制女性活动家的桎梏，他们还以保卫女性和民族名誉的名义训练女性尚武精神。因此，作为母亲、妻子和勇士，女性被动地进入男权政治版图，民族被想象为一名女性，民族荣誉

---

① 巴勒吉：《武装的男子气、印度教民族主义与女性政治参与》（Sikata Banerjee, “Armed Masculinity, Hindu Nationalism and Female Political Participation in India”, *International Feminist Journal of Politics*, Vol. 8, No. 1, March 2006），第 65 页。

存在于女性的身体。

作为家庭贤内助，印度教女性支持男性对外部世界的征服。后殖民主义批评家夏特吉认为，男权印度教民族主义者模仿西方殖民者，将公共和私人两个领域分别划分给男人和女人，即将家庭分配给女人，世界分配给男人，看似体现了男女平等，实际上重塑了男性的控制地位。[①] 受到英帝国男权观念的影响，印度男性明显感觉有必要在公共领域宣称他们的男性气概，从而要求女性在家庭里成为一个具有美德的妻子。无论遇到什么困难，她都应该对丈夫和孩子奉献终生。同时，女性也可以作为勇士直接进入民族存亡的战斗。虽然萨瓦卡尔的男性气概形象关注男性个体，但是他认为杰出的女性也可以体现男性印度教徒的这些特征。其中一个突出的例子就是詹西女王，她身负幼子，乔装成男性，为保护詹西土邦而奋力抗争，没有向英国投降。詹西女王角色同时体现了女性的两个模范形象，即英雄的母亲和男子气的女性勇士。

印度教民族主义者也将民族比作女性，女性贞洁成为民族共同体的重要象征。代表民族的女性形象有痛苦的母亲、柔弱的少女或勇敢的女神，无论是哪种形象，贞操和纯洁都是这个民族想象体的重要部分，民族共同体里男性必须看管好女性的身体和行为。出于这样的逻辑，印度教民族主义者认为必须严密保护女性纯洁，因为它象征着一个家庭的地位和荣誉，而家庭是印度教民族统一所必需的基本构成单位。印度教女性需要进行必要的武术训练，因为尚武女性勇士既是为了保护女性自身的贞操，也是为了保护印度教民族免受侮辱。[②]

男性气概和民族主义结合并深入到现代印度教民族主义运动中，印度教民族主义的意识形态和原则体现了印度教的霸道男权主张和进攻观念。[③]

---

① 夏特吉：《民族主义者对女性问题的解决》（Partha Chatterjee，“The Nationalist Resolution of the Women's Question”，in Kumkum Sangari and Sudesh Vaid eds，*Recasting Women*，New Delhi：Kali for Women，1989），第2页。

② 沈曙东：《印度教民族主义者的女性观及其影响——兼论印度电影〈火〉引发的争议》，《南亚研究季刊》2013年第1期，第85页。

③ 索霍沃迪：《印度教民族主义与印度教女性的政治作用》（Syed Hussain Shaheed Soherwordi，“Hindu Nationalism and the Political Role of Hindu Women：Ideology as a Factor”，*A Research Journal of South Asian Studies*，Vol. 28，No. 1，January－June 2013），第49页。

可见，印度教民族主义是典型的男权民族主义，女性以英雄的母亲、顺从的妻子和尚武的勇士形象才能进入印度教民族主义政治中，参与政治的女性并不能脱离武装男性而单独存在，她们的纯洁需要武装男性的保护。[①]在印度教民族主义者看来，战斗的男子与贞洁的女性表现了文化的双重性，正是这种文化双重性塑造了印度教民族这个共同体。[②]

二、国民志愿团（RSS）的女性观

印度教民族主义支持者宣称女性一直在印度教传统中享有很高的地位，他们引用了很多例证来证明这个观点，最普遍的就是印度教中女性神祇崇拜的广泛性，他们还鼓吹说在吠陀时代就有女性预言家。实际上，从吠陀晚期起，法论和法经就开始剥夺女性的社会和政治参与权。[③]《摩奴法典》禁止女性接受入教礼，剥夺了女性成为神职人员或礼拜者的权利和尊严。在印度教话语里，女性就是母亲和哺育者、传统和财产的保护者。于是女性失去了她平等的地位，变得从属于男人，她的全部角色都局限于家庭。批判者指出印度教社会中的女性受到了歧视，她们没有享受任何自治，不能作出任何理性的自我决策。

海德戈瓦将国民志愿团（RSS）设计成一个纯粹的男性组织，拒绝让女性进入 RSS，害怕女性影响了男性印度教徒在梵行期[④]的清静生活。但是，海德戈瓦相信女性在将年轻一代引入正确方向上发挥了一定作用。1936 年，一位家庭主妇克卡尔（Lakmibai Kelkar）希望改变印度教女性糟

---

① 巴勒吉：《武装的男子气、印度教民族主义与女性政治参与》（Sikata Banerjee, "Armed Masculinity, Hindu Nationalism and Female Political Participation in India", *International Feminist Journal of Politics*, Vol. 8, No. 1, March 2006），第 63 页。

② 巴勒吉：《女性、男权民族主义和印度教》（Sikata Banerjee, "Women, Mascular Nationalism and Hinduism in India", *Totalitarian Movements and Political Religions*, Vol. 11, No. 3 – 4, September – December 2010），第 275 页。

③ 卡伦果：《国民志愿团的政治勾结》（Pralay Kanungo, *RSS's Tryst with Politics: from Hedgwar to Sudarshan*, Delhi: Manohar, 2002），第 158 页。

④ 印度教将人生分为四个时期：梵行期、家居期、林栖期和遁世期。梵行期指男性印度教徒在成家之前跟随印度教精神导师学习印度教经典《吠陀》、《往事书》等，其间必须做到独身、禁欲。

糕的生活条件，请求海德戈瓦给予帮助。在与海德戈瓦商议后，克卡尔决定建立一个与 RSS 平行的独立女性组织。1936 年 10 月 25 日，女性志愿团（Rashtra Sevika Samiti）正式成立，克卡尔任第一届执行主席。[①] 尽管女性志愿团形式上是独立的，但 RSS 制定和控制了该组织的事务，这部分地解释了海德戈瓦的女性观念。

在戈瓦卡尔设想的“印度教国家”里，女性首先作为尽职的母亲，应该认真地看管孩子，避免孩子受到西方影响的腐蚀，并教给孩子正确的印度教知识，比如忠于职责、个人奋斗精神、热爱祖国和准备服务社会。[②] 同时，母亲还应该给孩子教授关于爱国英雄和宗教典籍的知识。戈瓦卡尔赋予女性的另一个重要角色就是称职的妻子角色，他甚至赞同女性为丈夫履行萨提，他曾写道：“在萨提面前，连死亡之神都承认了失败，而萨提的理想摆在女性面前。希望所有女性都能全心全意为这种理想而奉献，唤起如此纯洁的性格和无比的英雄主义。”[③] 戈瓦卡尔的女性话语强调女性作为尽职母亲和妻子的角色，强调女性的任务是孕育“印度教国家”的伟大儿子。在戈瓦卡尔时代，RSS 不赞同女性任何公开的政治角色，不能接受印度的最高政治权力由女人掌管的事实。RSS 的喉舌《组织者》发文称英·甘地的统治是灾难，并且说无论什么时候女性被赋予权力，都将给国家和民族造成混乱。文中没有欣赏英·甘地的政治得势，而在最后规劝寡居女性（指英·甘地）在家庭圈里寻求满足，就像印度教习俗规定的那样。[④] RSS 奉行的是赤裸裸的大男子主义，直接反对女性，与《摩奴法典》中的女性观一致。

后戈瓦卡尔时代，RSS 被迫修改它的僵化女性话语，主要原因在于：第一，女性不断提高的社会经济独立性为她们在家庭之外获取认同创造了

---

① 钱德拉巴布、提拉嘎瓦特：《女性及其解放斗争史》（B. S. Chandrababu and L. Thilagavathi, *Woman, Her History and Her Struggle for Emancipation*, Chennai: Bharathi Puthakalayam, 2009），第 534 页。

② 戈瓦卡尔：《思想集成》（M. S. Golwalkar, *Bunches of Thoughts*, Bangalore: Jagarana Prakashan, 1966），第 485 页。

③ 同上书，第 493 页。

④ 卡伦果：《国民志愿团的政治勾结》（Pralay Kanungo, *RSS's Tryst with Politics: from Hedgwar to Sudarshan*, Delhi: Manohar, 2002），第 161 页。

物质条件；第二，女性政治参与的机会越来越多；第三，在教派冲突期间，女性被当作煽动教派热情的工具。在这种变化的背景下，女性传统的角色需要得到改变。戈瓦卡尔的继任者德奥拉斯认识到组织人口占一半的女性的重要性，强调女性志愿团在印度教民族主义运动中发挥的作用。为了深入到不同阶层的女性，团家族一些附属组织开始建立它们各自的女性翼。除了 RSS 最早成立的女性志愿团外，BJP 成立了妇女阵线（Mahila Morcha），VHP 成立了女圣徒性力会（Sadhvi Shakti Parishad）和杜尔迦女兵团（Durga Vahini）。随着团家族内女性组织的发展，女性话语呈现多元化——温和与极端并存、传统与现代并存。比如，女性志愿团里的温和派和妇女阵线反对萨提习俗，然而极端者赞成女性选择萨提的权利。同样，温和派支持对印度教属人法进行修改，并呼吁制定统一民法改善穆斯林女性的地位。BJP 甚至谈到保证女性平等地获得丈夫的财产。然而，VHP 女性组织成员强烈反对改革印度教属人法，要求恢复《摩奴法典》。一些人甚至走得更极端，要求恢复印度教一夫多妻制。

温和派和极端派的女性话语中都不同程度地涉及了现代和传统成分。比如，妇女阵线的温和声音中包含了非常传统的主张，即强调女性在家庭中作为妻子和母亲的角色。尽管女性志愿团让女性走出了家庭和传统的角色，但是也非常谨慎，没有挑战家庭对成员，特别是女性成员的绝对权威。在围绕鲁普·坎瓦（Roop Kanwar）① 的萨提讨论中，BJP 内一些激进成员就认为坎瓦受到了传统印度教的毒害，为她鸣不平，同时还公开谴责穆斯林女性法对穆斯林女性的压迫。然而，辛迪亚（Vijayraje Scindia）表示，萨提是印度文化传统的一部分，履行萨提是所有印度教女性的基本权利，如果她们想要去做，就不应该阻止。② 尽管这些多样的话语表现得很矛盾，但在这些不同话语背后存在一根共同的线索，即承认女性具有母性性力（Matri Shakti），作为妻子和母亲的印度教女性是强大的。在这些话语里，印度教女性既是传统也是现代话语的产物，她既是宗教传统话语的

---

① 1987 年，拉贾斯坦邦印度教女性鲁普·坎瓦在丈夫葬礼上自焚，履行了传统的萨提习俗。

② 霍雷：《印度教：撒提及其捍卫者》（John S. Hawley，“Hinduism：Sati and its Defenders”，in John S. Hawley ed. ，*Fundamentalism and Gender*，New York：Oxford University Press，1994），第 79 页。

主体（歌颂印度教女性的性力），也是自由主义和世俗主义现代话语的主体（印度教女性拥有权利）。①

近些年来，RSS 对女性的建构经历了巨大的变化，最初它并不赞同女性公开和积极的政治角色。罗摩出生地运动突出了好斗的印度教女性，颠覆了女性必须呆在家里的传统角色，这场运动为女性政治自我动员过程带来了一些前所未有的变化。早期的民族运动和教派运动由男性发动，并承诺恢复女性角色的尊严。然而，罗摩出生地运动中的性别角色发生了颠倒，女性被调动起来，解放出生地并将其还给罗摩（一个男性神祇）。教派女性被武装起来，担当了保护印度教男权社会的斗士角色。

RSS 当前的话语是赞成一个强大的印度教女性，为此 RSS 为女性开设了体能训练。一个强大的印度教女性被 RSS 看作建立一个强大的印度教社会的关键。新女性也经常出现在公共场合，变得很活跃。然而，RSS 对女性新的建构从没允许她放弃传统的角色，即作为家庭经营者以及尽职与负责的母亲和妻子。他们一直相信，通过女性的服务、爱和理解，女性具有保持整个家庭团结的独特责任。因此，女性保持了其传统的角色，尽管她在变化的社会政治环境下获得了一定新的角色，并且接受过教育和工作，但是她仍然明显存在于家庭和社区中，仍然需要保持作为一个妻子和母亲的纯洁和忠贞。②

三、印度教民族主义运动中的女性政治参与

始于殖民印度时期的男性化过程塑造了现代印度政治中大男子主义与女性政治参与的动态关系。女性利用英雄的母亲、贤德的妻子和尚武的勇士这样的模范在印度教民族主义运动中协商着她们自己的政治空间。女性志愿团（Rashtriya Sevika Samiti，以下简称 Samiti）和女圣徒性力会（Sadhvi Shakti Parishad，以下简称 Parishad）是两个重要的印度教民族主义女性组织。通过这两个组织，女性进入印度教民族主义运动中，像男人一

① 卡伦果：《国民志愿团的政治勾结》（Pralay Kanungo，*RSS's Tryst with Politics*：*from Hedgwar to Sudarshan*，Delhi：Manohar，2002），第 164 页。

② 同上书，第 165 页。

样参与演讲、游行和骚乱这样的政治活动。虽然从很多方面看女性在印度教民族主义运动中的作用显著，但是女性从属、谦恭和贞洁的观念抑制了女性权力话语的建构，并没有撼动印度教民族主义的男权本质。

Samiti 以“女性作为母亲”角色为其行动基础，它的使命是培养积极的印度教母亲。Samiti 通常在周末为年轻女性组织聚会，或者组织一年一度的露营活动，活动中既涉及体能训练，也有关于女性如何平衡工作和家庭的话题讨论。根据印度教传统，当一名好的妻子和母亲是一名女性的最高理想。① 几乎所有的 Samiti 成员都觉得，在女性能够扮演的所有角色中，作为妻子和母亲的角色是首要的考虑。虽然 Samiti 成员经常独自在外活动，传播女性志愿团的信息，但是她们总爱强调外出工作丝毫没有影响作为妻子或母亲的使命。Samiti 活动的目的就是要将女性责任置于其他责任之上，这得到了一些高级知识分子成员的理解和支持。Samiti 也举行武术训练，培养女性的自我保护和决策能力，但这一切都是以母性行为为模式的，不会威胁到男权民族主义。Samiti 的全职活动家普拉夏拉克斯（Pracharakis）宣布终生禁欲，这是因为在印度教民族主义运动中一个无性的女性才不会影响男性的英雄追求，这最终决定了一个和谐、理想的印度教家庭。印度教民族主义通过“理想家庭观”的建构，对男性在印度教社会中的控制地位进行巧妙解读。②

在 Samiti 位于孟买的集会处，房间后面墙上挂了一幅海报：一位漂亮的女神位于印度地图上，女神身旁卧着一只威武的狮子，这是象征印度民族的提毗女神（Ashtabhuja Devi）。女神八只手中所托之物分别具有象征意义：火表示纯洁，念珠表示民族责任，剑表示对敌人的武力进攻，没有抬起的手代表祝福，橘色旗表示印度教文化，《薄伽梵歌》代表知识，铃铛表示重视纯洁生活，莲花象征了处于其他文化衰落和腐败环境下纯洁的印度教民族。印度被想象成一位尚武的女神，因此 Samiti 让年轻女孩挥舞木

---

① 巴勒吉：《女性、男权民族主义和印度教》（Sikata Banerjee, “Women, Mascular Nationalism and Hinduism in India”, *Totalitarian Movements and Political Religions*, Vol. 11, No. 3 – 4, September – December 2010），第 278 页。

② 沈曙东：《印度教民族主义者的女性观及其影响——兼论印度电影〈火〉引发的争议》，《南亚研究季刊》2013 年第 1 期，第 85 页。

剑习武，这有助于建构印度女性的勇士形象。[①]

Samiti 通过熟练地运用女性历史人物来说教，让女性参与到印度教民族建构运动中。吉伽巴伊（Jijabai）是广为传颂的印度教勇士希瓦吉的母亲，她被 Samiti 描述为一位伟大的女性。吉伽巴伊的丈夫归顺于穆斯林统治者，她为此感到蒙羞，并指责印度教不断衰落的武力和自豪。她向送子女神（Bhavani）祈求一个儿子，以实现领导印度教印度的需要，送子女神答应了她的祈祷。于是，两个女性（女神和母亲）塑造了完美的印度教勇士（希瓦吉），准备保护印度教的荣誉。根据 Samiti 的叙述，希瓦吉的爱国主义、武斗能力和执政技能都来自于他母亲的培育。希瓦吉被看作民族的创立人，吉伽巴伊负责通过希瓦吉产生民族。[②] Samiti 将吉伽巴伊、詹西女王视为女性的偶像，然而这两位伟大女性都未跨越贞洁和美德的边界。尽管 Samiti 认为妻子和母亲应该是强大的女性，能够在经济决策和政治行动这样的公共领域开辟自己的道路，但是这些女性权力只有在贞洁和美德成为重要的规则时才能被人接受。Samiti 认为女性应该为她们身体、家庭、民族的荣誉负责，这三者处于一个无尽的循环之中，贞洁的妻子和母亲象征了一个强大的家庭，强大家庭最终代表一个伟大而受尊敬的民族，这个民族值得坚强而贞洁的女性去保护。

Parishad 成立于 1998 年，当时约有 1000 名印度教女圣徒（Sadhvis）。[③] Parishad 举行的活动包括在公共场合履行印度教女神崇拜，就保卫印度教民族进行演讲，组织集会训练年轻女性武术，帮助她们树立印度女性的理想。女圣徒们通晓《阿育吠陀》，实践冥想，熟悉各种印度教仪式。她们深入年轻女性中，传授印度教价值观，歌颂母性角色。女圣徒认为女性应该保持谦恭、乐于奉献、履行好妻子的责任，因为女人的丈夫成为她力量

---

① 巴勒吉：《武装的男子气、印度教民族主义与女性政治参与》（Sikata Banerjee，"Armed Masculinity，Hindu Nationalism and Female Political Participation in India"，*International Feminist Journal of Politics*，Vol. 8，No. 1，March 2006），第 70 页。

② 梅侬：《我们将成为吉伽巴伊》（Kalyani Devaki Menon，"We Will Become Jijabai：Historical Tales of Hindu Nationalist Women in India"，*The Journal of Asian Studies*，Vol. 64，No. 1，February 2005），第 105 页。

③ 巴勒吉：《武装的男子气、印度教民族主义与女性政治参与》（Sikata Banerjee，"Armed Masculinity，Hindu Nationalism and Female Political Participation in India"，*International Feminist Journal of Politics*，Vol. 8，No. 1，March 2006），第 72 页。

的核心。女圣徒宣誓禁欲，统一简单着装，这潜在地表达了禁欲勇士的形象。可以说，为了进入男权印度教民族主义现实中，女圣徒强调身体的贞洁和内心的纯洁，象征性或实际上抛弃了女性的外部特征。

在接受印度教家庭中传统的性别等级观与创建一种特殊的女性赋权之间，女圣徒正在穿越一条充满荆棘的道路。20 世纪 90 年代活跃在印度政坛的女圣徒巴提曾经宣布，“女性构成了社会的精神基础”，然而她继续表示，“男人建立的机制破坏了女性的这种形象……他们限制了女性的伟大……如果我们只让她作为母亲或妻子，那么她人格中重要的部分就得不到繁荣…印度独立后，受过良好教育的女性开始进行抵抗，她们加入了所谓的西化的女性解放运动，这危害了印度家庭”。[①] 巴提指责始于西方的女性运动侵蚀了印度教女性和印度教家庭，希望 Parishad 恢复印度女性传统的精神力量，让她为构建和睦的印度教家庭和强大民族而服务。一方面，巴提指责大男子主义对女性全面发展的压制，另一方面对于印度知识女性倡导女性解放的女性运动提出质疑，认为它影响了印度教和谐家庭。巴提宣称在男权印度教社会里实现女性赋权，这看起来困难重重。

四、对女性赋权的解读

对于印度教民族主义女性活动家来说，她们可以自由地展示武术，像男性一样成为勇敢的公民，这给印度教女性赋予了一定权利。然而，这种女性赋权是有限的，女性首先被要求履行家庭中的母性特殊角色，维护男性在家庭里的权威。况且，女性并没有控制她们自己的性的权利，无论是母亲、妻子或勇士，她们都必须接受男性赋予她们的贞洁标准。禁欲勇士可以被看作男权社会控制女性的又一个成功建构。[②] 在印度教民族主义者眼中，真正的女子美德必须是贞洁的、顺从的、居家的，在高度男权民族

---

① 世界印度教大会编：《母性的力量》（Vishwa Hindu Parishad ed.，*The Power of Motherhood*，New Delhi：Vishwa Hindu Parishad，2000），第 11 页。

② 索霍沃迪：《印度教民族主义与印度教女性的政治作用》（Syed Hussain Shaheed Soherwordi，“Hindu Nationalism and the Political Role of Hindu Women：Ideology as a Factor”，*A Research Journal of South Asian Studies*，Vol. 28，No. 1，January - June 2013），第 50 页。

主义中作为支持系统；女性的理想地方很显然是家庭，心甘情愿为民族生产和养育后代。印度教民族主义对性别角色的解读大部分是传统的，强调女性的义务而不是权利，认为女性首要且重要的角色是母亲和妻子。[①] 可以说，印度教女性仍然是印度传统的卫道士。[②] 但是，为了实现印度教民族事业，女性也从事了一定的政治活动。在这个过程中，女性被要求或显示了贞洁的形象，这实际上维持了印度教社会中的男性至上权威。因此，印度教民族主义中的女性政治赋权是有限的，她们只有在维护男性权威的情况下才能获得"受控制的解放"。[③]

印度教民族主义者反对将男性和女性仅仅看作个人，而是主张放在所处的社会环境来分析。他们认为女性的生活应该受印度教文化规则的制约，这种文化强调女性作为一个看护的角色即妻子和母亲，而不是其他角色。其中印度教民族主义者经常提到的一个理想范例就是悉多——印度教罗摩大神的妻子。悉多在婚姻生活中遭遇了很多不公正和挫折，但是她没有抱怨，没有疏于一个妻子和母亲的责任。理想状态下，女性在所有宗教政治话语中被建构为哺育后代的母亲，但是在有自卫的必要时，则女性暴力也会得到神授批准。在印度教民族主义运动中，印度教女性从女神项蒂（Chandi）、杜尔迦（Durga）和迦梨（Kali）的形象中找到从事暴力的证据，她们以宗教的名义接受暴力政治。[④] 20 世纪 90 年代阿约迪亚罗摩庙运动期间，暴力女性化不断升级成一个显著特点，即印度教女性参与打砸、抢劫、斗殴。某些女人在特定情况下真正表现出印度教男子气的特征，作为勇敢公民参与冲突，以保护印度教民族。1990 年 10 月在北方邦的西部

---

① 贝戈伦德：《印度教民族主义和公民社会中的性别》（Henrik Berglund，"Hindu Nationalism and Gender in the Indian Civil Society"，*International Feminist Journal of Politics*，Vol. 13，No. 1，March 2011），第 91 页。

② 贾夫里罗特：《印度教民族主义者对朝圣的再解读》（"The Hindu Nationalist Reinterpretation of Pilgrimage in India：the Limits of Yatra Politics"，*Nations and Nationalism*，Vol. 15，No. 1，2009），第 14 页。

③ 汉森：《受控制的解放》（Thomas Blom Hansen，"Controlled Emancipation：Women and Hindu Nationalism"，*The European Journal of Development Research*，Vol. 6，Issue 2，1994），第 85 页。

④ 帕拉夏：《神圣与亵渎》（Swati Parashar，"The Sacred and the Sacrilegious：Exploring Women's'Politics'and'Agency'in Radical Religious Movements in South Asia"，*Totalitarian Movements and Political Religions*，Vol. 11，No. 3 - 4，September - December 2010），第 444 页。

镇比吉诺尔，印度教女性在穆斯林片区发动了一场游行，她们手上挥舞着剑，呼喊一些偏激、煽动性的口号。在2008年克什米尔阿玛纳特圣地暴力期间，印度教女性基于宗教身份的政治参与非常明显，其中穆斯林女性也围绕她们的宗教身份举行集会。在这种高度教派化环境下，印度教女性和穆斯林女性互不示弱、相互对峙。

“民族作为女性”的话语不仅使得女性身体与民族荣誉观相联系，还将女性身体与她作为健康民族的文化和生物再造者的角色联系起来。如果女性没有正确履行她们的文化和生物再造者角色，于是家庭变得糟糕，从大的范围来说民族也变得没落。因此，“民族作为女性”话语也使针对女性的暴力变成侮辱敌人的政治武器,① 这从印度教派骚乱中强奸印度教女性或穆斯林女性可以看出来。2002年古吉拉特邦戈德拉事件后，谣传印度教女性在被烧死前遭到了穆斯林暴徒的强奸和侵犯，“亵渎了我们女性”成为各个印度教极端组织在艾哈迈达巴德对穆斯林进行疯狂暴力报复的理由。印度教女性鼓励男性强奸穆斯林女性，甚至连小女孩也不放过。如果发现印度教男性在保护印度教（民族）荣誉、侮辱穆斯林方面很犹豫，印度教民族主义女性活动家就将红布包裹的手镯送到他们家里，显示该家的男人没有男性气概，像女人一样。据说，有些印度教女性也当面把手镯丢给丈夫，蔑视丈夫无法保护自己的软弱，以此来刺激印度教男性表现出勇武，参与针对穆斯林的暴力活动。②

女性名誉观解读与印度教派冲突中许多印度教女性的暴力行为联系起来，就产生了印度教民族主义的特殊女性赋权观。一些印度教女性积极参与印度教民族主义政治动员，要么直接参与暴力冲突，要么激发印度教男性群体团结起来，对非印度教群体（包括女性）发动攻击。女性的教派保护行为强化了印度教霸道男子主义。印度教民族主义将女性的暴力行为看作为了保护印度教民族而进行的积极抵制，甚至将暴力女性化解读为一种

---

① 巴勒吉：《性别与民族主义》（Sikata Banerjee，“Gender and Nationalism：the Masculinization of Hinduism and Female Political Participation in India”，*Women's Studies International Forum*，Vol. 26，No. 2，2003），第168页。

② 阿南德：《焦虑的性》（Dibyesh Aanand，“Anxious Sexualities：Masculinity，Nationalism and Violence”，*Political Studies Association*，Vol. 9，2009），第265页。

女性赋权。

随着印度教民族主义势力在印度社会的深入，它对寻求男女平等的印度女性运动产生了冲击。一方面，印度教民族主义者让女性接受简单的教育，通过小额贷款帮助女性发展经济能力，并让女性参与一定政治活动；另一方面，他们规劝女性不要打破传统的性别关系，强调女性遵守传统美德。在世界印度教大会出版的《母性的权力》一书中这样写道："对于体面家庭的女性来说，白天坐在阳台上，透过窗户瞧不认识的男性，没有缘由就笑，这很不得体。"包括性侵和嫁妆谋杀之类的女性问题也被该书作者归咎于女性本身和西方化。[①] 为此，书中极力宣扬"Pativrata"美德，即女性毕生为丈夫而奉献。"Pativrata"意识形态和对女性"色诱"男性的不得体行为的告诫，显示出印度教民族主义的霸道男子主义。印度教民族主义通过倡导"Pativrata"来控制女性的性，目的是保持男权制印度教家庭的和谐。[②] 然而，女性运动强调女性解放，而性解放是其中的一个方面，这势必威胁到男权印度教民族主义。在这种背景下，女性运动被看作西方话语，被妖魔化为印度教家庭的敌人，从而遭到印度教民族主义排斥。[③]

对印度女性运动活动家来说，印度教家庭的男权结构是女性的负担，它将羞耻和性名誉作为控制女性的手段。普利调查了北印度女性的真实生活，在书中披露了许多女性对她们性感的身体感觉到羞耻和不自在。[④] 男人的恶意注视被女性建构为自己的过失，这样的心理暗示导致女性自卑，并继续使其在公共领域处于弱势地位。印度教民族主义没有将女性从这种羞耻感中解放出来，而是以贞洁和美德标准评判女性，维持印度教家庭的男性权威。

像印度教民族主义这样的宗教政治工程给女性运动既提供了机遇，也构成了挑战。女性对宗教意识形态的认知和有限政治参与为女性运动发展

---

① 世界印度教大会编：《母性的力量》（Vishwa Hindu Parishad ed.，*The Power of Motherhood*，New Delhi：Vishwa Hindu Parishad，2000），第 13 页。

② 同上书，第 31 页。

③ 王昌滨、双虎译：《印度女权主义哲学》，《妇女研究论丛》1996 年第 3 期，第 45—46 页。

④ 普利：《后殖民印度的女性、身体和欲望》（Jyoti Puri，*Women*，*Body*，*Desire in Post－colonial India*：*Narratives of Gender and Sexuality*，New York：Routledge，1999），第 6 页。

开启了空间，所以说是机遇。然而在宗教政治工程中，女性进入公共空间和政治是由实现男权目的而控制的，所以说是挑战。虽然这些机遇有利于女性适度参与公共讨论和政治，并塑造人民和国家的生活，但是这种宗教政治的目的是确保一个理想的男权国家和社会体系，其中女性被认为是“居家的、失语的、隐身的”，她们应该显示出矜持保守的从属女子气。正如巴素所说，“宗教政治为女性运动创造了机遇，但是同时削弱了女性的自治”。①

女性运动组织主张男性和女性享有基本相同的权利和义务，印度教民族主义提倡的女性特殊角色的观点遭到了女性运动的反驳。虽然印度女性运动和印度教民族主义女性组织都宣称要提升女性地位、给女性赋权，然而它们在女性身份、采取的行动和目标实现上存在很大差异。第一，女性身份差异。来自不同宗教、种姓、阶级、语言、地区、性取向的女性都可以加入到印度女性运动的行列，她们活动的服务对象是相对于男性范畴的全印度女性。而参与印度教民族主义活动的女性是印度教徒、中产阶级、中高级种姓、受过好的教育，她们活动服务的群体是印度教女性，贞洁和美德成为印度教女性身份的关键。第二，行动差异。印度教民族主义要求女人规范自己的言行，比如不随便笑、走路时眼光低下、保持谦恭、防止自己的行为举止具有挑逗性。在印度女性运动看来，这显然限制了女性行动和言语自由。印度教民族主义将女性遭受的侵害归结为女性自身的原因，而女性运动认为性侵是男性展示优于女性的社会权力的企图，并组织女性对遭受性侵时承受的羞耻和自责进行抵抗。对于印度教民族主义与女性运动存在的行动差异，Samiti 成员古普塔做了很好的总结，“女性运动活动家教女性认识她们的权利，她们让女性为这些权利而跟男人斗争；我们教女性如何自我奉献，从而保持家庭的完整”。② 第三，目标差异。印度女性运动的目的就是要让女性享受与男性一样平等的公民

---

① 巴素：《女性活动与印度教民族主义的起落》（Armrita Basu，“Women's Activism and the Vicissitudes of Hindu Nationalism”，*Journal of Women's History*，Vol. 10，No. 4，Winter 1999），第 104 页。

② 萨卡尔：《印度教右翼实用政治》（Tanika Sarkar，“Pragmatics of the Hindu Right：Politics of Women's Organisations”，*Economic and Political Weekly*，August 31，1991），第 2058 页。

权利，摆脱男性赋予她的弱势身份建构。印度教民族主义女性组织的目的则是为了让女性扮演从属于男性的特殊角色，从而在男权印度教社会里获得有限的权利。

印度教民族主义保守、霸道的男权思想阻碍了印度女性获取与男性平等的权利，印度教女性只有承认并维持印度教家庭中的男性地位，才能获得一定程度的特殊权利。印度教民族主义女性活动家不断强调英雄母亲、贤德妻子等女性角色，向外界展示她们正在为完美的印度教家庭和民族而奋斗。然而，印度女权主义者以怀疑的眼光看待印度教民族主义女性的活动，因为女性从印度教民族主义政治中获取的权利，最终并没有对男权印度教家庭里性别权力的不平衡构成挑战。[①] 事实上，正如许多女权活动家和其他评论家所指出的那样，印度教民族主义政治从意识形态上抑制了女性解放，使得女性继续处于宗教和男性的双重压迫之下。

第三节　团家族在部落地区的印度教特性活动及影响

印度教民族认同建构需要不断突出他者的威胁，团家族逐渐将注意力转向印度国内的基督教徒，尤其关注部落地区的基督教传教活动。印度独立后，作为西方文化“代理人”的基督教传教士仍然留在印度部落地区，不仅为部落民履行基督教仪式，而且为部落民提供一些教育和医疗服务。印度教民族主义者认为作为外国人和非印度教的基督教徒正在对全国的印度教多数群体构成威胁，他们在落后的部落地区从事着分离和颠覆活动。[②] 印度教民族主义团家族对基督教传教士在部落地区的活动充满了敌意，认为基督教是对印度教民族事业的威胁。事实上，印度教民族主义者的反基督教情绪与反殖民情绪有关，他们害怕与英殖民者具有同样信仰的基督教

---

① 索霍沃迪：《印度教民族主义与印度教女性的政治作用》（Syed Hussain Shaheed Soherwordi, “Hindu Nationalism and the Political Role of Hindu Women: Ideology as a Factor”, *A Research Journal of South Asian Studies*, Vol. 28, No. 1, January - June 2013），第 50—52 页。

② 弗洛勒：《强调他者》（Peggy Froerer, “Emphasizing ‘Others’: the Emergence of Hindu Nationalism in a Central Indian Tribal Community”, *Journal of Royal Anthropological Institute*, Vol. 12, No. 1, March 2006），第 41 页。

传教士继续破坏印度的民族统一。在英国撤走后，印度教徒对基督教徒的持续敌意还源于传教士不断的宣教活动使得大批部落民皈依了基督教。[①]为了抵制基督教在部落地区的影响，团家族在奥利萨邦和恰蒂斯加尔邦部落地区积极推行印度教特性活动方案，为 BJP 建立了地方支持基础。近年来，BJP 一直在这两个邦组建邦政府，反过来则为团家族在部落地区扩张提供了绝好机会。

印度部落也称为表列部落。根据 2001 年人口统计数据显示，表列部落包括了 461 个群体，共有 8430 万人，占印度总人口的 8.2%。其中，75.79%部落民生活在印度中部地区。1950 年印度宪法规定，将在政府公职部门和教育领域对表列部落实施保留政策。2008 年印度第四次选区划界完成后，表列部落在印度人民院的保留席位从原来的 41 席增加到 47 席，占印度人民院总共 543 席的 8.65%。在这 47 个议席中，就有 31 个席位属于印度中部，其中奥利萨邦占 5 席，恰蒂斯加尔邦占 3 席。[②] 近些年来，印度教民族主义政党 BJP 在奥利萨邦和恰蒂斯加尔邦议会选举中连续取得胜利，这与团家族在这两个邦部落地区的活动关系密切。

在团家族看来，部落民属于印度教社会的一部分。RSS 宣布部落民是印度教徒，它并不接受 adivasi（部落民）中的前缀 adi（开始、本土）。在 RSS 看来，接受 adi 意味着接受部落民是原住民，那么也就意味着承认雅利安人来自外面，这是印度教民族主义者不能接受的。相反，RSS 制造了 Vanavasi（森林居住者）这个词代表部落民。戈瓦卡尔曾说部落民虽然不了解他们的宗教（指印度教），但是他们事实上是印度教徒。然而，有批判家指出部落民不能叫作印度教徒，因为他们食用牛肉，并且死后会土葬。然而，印度教信仰和实践中的共同特征是崇拜牛，死后火化。因此，从敬仰牛和处理死者的方式上说，部落民被排除在印度教群体之外。戈瓦卡尔在这个问题上表现出灵活性，为部落民进行辩护，认为错误不在部落民而在于印度教徒，这是因为没有人教育部落民将牛看作他们的母亲，而

---

① 欧门：《宗教民族主义和民主政治》（T. K. Oommen，“Religious Nationalism and Democratic Polity：the Indian Case”，*Sociology of Religion*，Vol. 55，No. 4，Winter 1994），第 461 页。

② 梅赫拉：《印度政治发展趋势》（Ajay K. Mehra，*Emerging Trends in Indian Politics：the 15th General Election*，New Delhi：Routledge，2010），第 158—160 页。

部落民也没有足够的食物为生，他们出于生存需要不得不吃牛肉。所以，戈瓦卡尔认为印度教徒有责任教会部落民印度教社会的传统和习俗。正是在戈瓦卡尔上述思想的影响下，团家族在奥利萨邦部落地区成功地推行了印度教同质化活动。

一、团家族在奥利萨邦部落地区的印度教同质化活动

奥利萨邦资源丰富，复杂的社会关系为印度教特性势力进入提供了充分条件。RSS 在奥利萨建立了 2500 个夏卡，拥有 10 万团员。VHP 在奥利萨有 6 万名活动家。神猴团在奥利萨邦发展了 2 万名成员，分别在 200 个中心工作。[①] 2006 年，RSS 的重要创始人戈瓦卡尔诞生周年庆上，团家族保证奥利萨邦将成为推广印度教特性的榜样邦。2003 年，VHP 的国际处秘书托嘎迪亚访问了奥利萨邦，他鼓励奥利萨人民加入印度教特性运动，在印度建立一个印度教邦，迎接"罗摩盛世"的到来。2003 年 7 月，神猴团在奥利萨邦的召集人丘汉说，"基督教传教士正在将大量部落民改教为基督徒，我们必须强化印度教特性的力量（Hindutva Shakti），在邦里开展教育、净化和振兴行动"。[②] 2004 年，尽管印度人民党在全国大选中失利，但是它继续在奥利萨邦组建执政联盟，这为印度教特性运动进入奥利萨部落地区创造了机会。

奥利萨邦 24% 的人口为部落民，其中 68.9% 的人很贫穷，66% 的人是文盲，只有 2% 的人接受了大学教育。[③] 部落民低下的文化和经济现状，使他们容易受到各种宗教意识形态的诱惑，这既为基督教传教士的传教活动创造了条件，也为印度教民族主义者进入提供了方便。由于基督教传教士在部落地区的福利工程和改教方面非常活跃，RSS 也模仿基督教传教士，在部落地区推行印度教化的教育活动，提供可替代的福利体系，同时在部落地区发起再改教仪式，把部落民吸引到印度教大家庭里。

---

① 夏特吉：《印度教民族主义的生态政治》（Angana P. Chatterji，"The Biopolitics of Hindu Nationalism：Mournings"，*Cultural Dynamics*，No. 16，2004），第 327 页。

② 同上书，第 326 页。

③ 同上书，第 332 页。

由于部落民缺乏印度教意识，最初VHP设法说服部落民遵守四项主要的责任：敬奉印度教神祇；理解印度教经典的主要意思；对鸟儿和动物采取非暴力，尤其是牛；保护印度教民族，并为印度教民族服务。相应地，VHP在部落地区散发许多印度教神祇的画像，要求他们定期敬奉这些神灵。VHP教育部落民要遵守一套规范的宗教实践，像奥利萨邦海边的居民一样。VHP还组织了圣歌协会，让部落民高声吟唱印度教祈祷歌，组织学习《奥义书》、《牧童歌》这样的印度教经典，并在部落地区推广罗摩奴贾(Ramanuja)、马达瓦—阿车里雅（Madhabacharya）等印度教哲学家思想。VHP组织了100—150个祭祀点，建立了超过300个圣歌协会，开始在这个地区推广印度教化活动。

团家族引入印度教同质化的实践活动，牺牲了部落地区的传统习俗和宗教实践。由于部落地区通常崇拜原始神（Thakurani)，每个部落村子有一个原始神庙，这不仅是一个传统的宗教场所，而且是部落社会文化生活的中心。这个神庙还被用来当作年轻部落男女约会的地方，他们在这里选择人生伴侣，这种活动通常叫作Dhangda Dhangdi。VHP认为这样的活动不符合印度教文明，遂发起了一场反对运动。VHP领导人自豪地宣布在这个地区取消了许多原始神庙，以Bhagabata Toongis（团开办的文化改革中心)来代替原始神庙。这样，VHP的部落使命实质上对部落的显著文化身份进行了攻击，部落的悠久传统和习俗遭到了所谓文明和印度教化的践踏。Bhagabata Toongis实际上是奥利萨海岸地区的印度教宗教文化特征，VHP在奥利萨其他地方强行推广海岸地区的宗教文化实践，想要使其成为整个邦的标准，它的目的就是要加强统一性，破坏之前存在于奥利萨邦部落地区的多样化宗教实践。

团家族领导人意识到部落民对印度教的热情不可能持续很久，还需要给部落民提供生活相关的福利活动，强化他们对印度教的好感。于是，团家族仿照基督教传教士的活动模式，开办印度教修行所、学校和医院，即通过福利活动宣传印度教。① 为此，VHP成立了部落福利中心（Vanavasi

---

① 古鲁瓦希纳：《后现代印度教的政治化》(J. Kuruvachira, *Politicisation of Hindu Religion in Postmodern India*, Jaipur: Rawat Publications, 2008)，第141页。

Kalyan Ashram，VKA）。VKA 在奥利萨经管了好几所印度教修行所和学校，不仅向部落民传授印度教相关的知识，而且给部落民提供生活上的帮助，比如教授种植、饲养等。

1969 年，RSS 活动家 L. 萨拉斯瓦提（Laxmanananda Saraswati）来到奥利萨邦普巴尼部落地区，建立了查卡帕达修行所，1979 年 VKA 接替了这个修行所的管理。查卡帕达修行所开办了一家梵语学校，提供初等和高等教育。学校里有 260 名学生，其中 90% 的学生是部落民。修行所每月为每个学生开支 100 卢比，这主要靠修行所的农业产出来补给。1989 年，在 RSS 的同意和支持下，L. 萨拉斯瓦提还为女性开设了一处修行所即贾纳斯巴达修行所，并在修行所旁边修建了商羯罗庙。贾纳斯巴达修行所也开设了学校，学校只招收女生。修行所学校提供了梵语教育，共有 8 名老师和 148 名学生。这中间有 134 名是部落学生，几乎都住在修行所。每个学生每月从政府得到 155 卢比补助，除此之外修行所从农业收成中提供补贴。修行所的学生宿舍都由 VKA 经营，RSS 的全职工人负责照看宿舍。[①]

部落地区的修行所经常主持一些与部落民生活相关的活动，对于团家族推广印度教同质化非常有意义。比如查卡帕达修行所就进行了以下活动：第一，禁酒运动。团家族将酒看作基督教引入的外来品，因此非常反对饮酒。修行所的这一禁酒活动也得到了政府的支持，结果这个部落地区的饮酒和酒的销售量显著减少了。第二，宗教集会。修行所每年组织一次或两次宗教集会，会上集体吟唱印度教圣歌，并举行祭祀活动。这样的集会吸引了许多部落民和其他人参与印度教宗教实践活动。第三，修行所为部落民传授种植技术，成为他们的种植和兽医指导。RSS 活动家吹嘘，由于修行所采取了以上的活动措施，基督教传教士停止了他们在查卡帕达的活动。

在修行所开设的学校里，所有老师和学生都是 RSS 的志愿者，每天都要参加团的夏卡活动。中学志愿者在早上参加夏卡，大学志愿者则参加晚上的夏卡。每周六晚上学校要组织两小时的文化项目，包括爱国题材的舞

---

① 卡伦果：《国民志愿团的政治勾结》（Pralay Kanungo，*RSS's Tryst with Politics*：*from Hedgwar to Sudarshan*，Delhi：Manohar，2002），第 152—153 页。

蹈剧和部落文化资源需要得到保护的部落舞蹈。RSS 并不反对推广某些部落传统，前提是这些传统不会与印度教核心价值观起冲突。星期天的下午，修行所学生结伴访问周围的村子，教小孩和女性识字，让女性熟悉不同的印度教仪式和实践。学校每月要举行一次会议，讨论重要的国内和国际问题，同时回顾这一个月学校的活动，并为下一月制订计划，分配任务。在 RSS 的影响下，修行所学生们过着守纪律的生活，彻底得到了印度教民族主义意识形态的训练。

除了学习外，修行所学生还到附近的村子进行服务活动，比如帮助村民打扫环境、跟村民一起到地里干活，这些活动受到了部落民的称赞。更重要的是，修行所学校的志愿者在部落民中宣传家庭价值观，因为他们发现家庭纽带在部落民中并不牢固。志愿者发动游行反对部落地区盛行的约会形式（如 Kusanskar、Dhangda Dhangdi）。显然，这些志愿者的目的就是要将印度教的婚姻价值观强加在不了解婚姻关系的部落民身上。

除了上述地区的修行所和学校外，VKA 在雷基亚区开设了 15 家夜校，在库廷吉和库尔坦姆加尔开设了医务室，同时设立了一个流动医务室。VKA 还开设了文化和技术教育活动中心（Bal Sanskar Kendras），年龄 3—8 岁的男孩被授以印度教知识。在雷基亚区 VKA 开设了 20 个这样的活动中心。①

除了修行所和学校外，团家族还举办各种宗教政治活动，以加快部落地区印度教化进程。RSS 每周四或周日都要组织拜神仪式。RSS 组织者通过举行集体拜神仪式，强调社会和民族的强大而不是个人的提升。同时，VKA 安排各种训练营，让崇拜者接受教育，给他们传授印度教政治话语。RSS 在部落地区从事的另一项主要宗教活动叫再改教或“回家”，目的是将基督教传教士吸引过去的部落民带回到印度教大家庭。RSS 官员巴达尔·萨特帕提在阐释对部落民进行再改教的重要性时说，“政府给以部落民土地，如果他们将自己置于印度教之外，那么他们的土地也就是非印度教土地，这是反发展的，不利于提升民族。Bharat 就是印度教国家，部落

---

① 卡伦果：《国民志愿团的政治勾结》（Pralay Kanungo，*RSS's Tryst with Politics*：*from Hedgwar to Sudarshan*，Delhi：Manohar，2002），第 155 页。

民改信基督教是反民族的，因此必须要对他们进行改教”。[1]

学习基督教传教士的改教方法，并根据印度教典籍中净化习俗（Shuddi）的规定，RSS 发明了一套再改教仪式。首先对再改教者进行象征性的净化仪式，之后利用五种食物混合物（Panchamrita）敬献神灵，来自附近村庄的部落民见证这个仪式。同时，VHP 领导人发表讲话，将基督教描述成亵渎印度教的邪恶势力。此时，再改教者大声宣布“我回来了”，村民们则集体回应“我们欢迎你”。接着，再改教者更换他们的旧衣服和旧陶瓷锅。最后，他们作为虔诚的信众到附近的印度教寺庙祭拜，整个再改教仪式结束。[2] 2002 年 6 月，VHP 宣布在桑达伽尔地区将 143 名部落基督徒皈依到印度教。部落民之所以接受再改教，主要出于以下考虑：第一，印度教是占主体的宗教，部落民不得不屈从于团家族的强大实力；第二，部落民接受印度教后，他们与达利特的关系就会是平等的，之前达利特看不起部落民；第三，印度人民党执政的邦政府将会在发展项目中更多地考虑部落民的利益。

然而，团家族在再改教问题上也面临困境。RSS 原以为改教会很顺利，以至于 RSS 工人认为，“我们正在通过教育和改教，将基督教部落民带回印度教群体，我们也在经济上帮助他们。他们应该很感激我们，死心塌地地加入我们，并且证明他们属于我们群体”。[3] 事实上，有的部落民并没有忠于印度教，而是利用改教获取保留好处。这让 RSS 领导人感到不高兴，因为许多再改教者并不是真正被印度教吸引，而是部落民的宗教地位否定了他们在就业中享受保留的特权，于是他们进行再改教，仅仅是为了得到一张印度教证书以在就业时使用。只要再改教者利用完了印度教证书，他们又回到基督教那里。RSS 非常气愤这类功利的再改教行为，提防类似情况再次发生。同时，1999 年奥利萨邦颁布了邦法令，禁止在没有地方警察和行政官同意的情况下改变宗教信仰。印度教民族主义者故意利用这条法

---

① 夏特吉：《印度教民族主义的生态政治》（Angana P. Chatterji，“The Biopolitics of Hindu Nationalism：Mournings”，*Cultural Dynamics*，No. 16，2004），第 329 页。

② 卡伦果：《国民志愿团的政治勾结》（Pralay Kanungo，*RSS's Tryst with Politics：from Hedgwar to Sudarshan*，Delhi：Manohar，2002），第 155 页。

③ 夏特吉：《印度教民族主义的生态政治》（Angana P. Chatterji，“The Biopolitics of Hindu Nationalism：Mournings”，*Cultural Dynamics*，No. 16，2004），第 337 页。

令威胁宗教少数派，并与同情印度教民族主义的警察伙同起来，确保印度教徒不会改教。

VHP 还决定利用发展援助项目来吸引部落民加入印度教统一体。团家族相信，“发展是增强祖国的关键，一旦部落民和达利特尝到了发展的好处，他们将加入我们的队伍。那样基督教传教士就没有地方兜售宗教了。一旦祖国变得内外都很强大，那么人们就会肯定我们的印度教民族观是唯一的出路”。[①] 1999 年台风后，RSS 的救济工作为团家族在奥利萨邦扎根发挥了重要作用。RSS 在 32 个村子里安装了减灾设施，开设了四家医院和六个移动救护中心。团家族海外基金组织 IDRF 为奥利萨遭受台风后的重建募集了 9.066 万英镑，Sewa UK 募集了 26 万英镑救济金。2003 年 12 月，部落福利中心组织的集会上，全国表列种姓和表列部落委员会的主席布利亚表扬了 BJP 领导的奥利萨邦采取了惠及部落民的政策。但是，部落民对团家族支持的发展救济项目有不同的看法。部落民表示发展不仅是打井、修路这样的问题，而且是决定需要和优先的问题。让部落民参与决策，肯定他们的文化差异，并且支持他们的身份认同，这才是发展所需要的。

二、建构基督他者：RSS 在恰蒂斯加尔邦部落地区

恰蒂斯加尔一词的印地语直译为“36 个部落”，意指古代此处居住的 36 个部落。从 20 世纪 20 年代起，恰蒂斯加尔地区的人民就发动了独立建邦运动。直到 2000 年 11 月 1 日，恰蒂斯加尔才与中央邦脱离，成为印度的第 26 个邦。恰蒂斯加尔的部落人口主要集中在北部和南部地区，构成了 42 个部落群。根据 2001 年人口统计和选举划界情况显示，恰蒂斯加尔邦的部落人口 500 万，占全国部落人口的 7.8%，而该邦部落人口占全邦总人口的 31.96%。恰蒂斯加尔邦在全国议会中占据 11 席，其中表列部落预留三席。[②] 2008 年以来，BJP 在恰蒂斯加尔邦议会选举中一直处于优势地

---

① 夏特吉：《印度教民族主义的生态政治》（Angana P. Chatterji，“The Biopolitics of Hindu Nationalism：Mournings”，*Cultural Dynamics*，No. 16，2004），第 346 页。

② 梅赫拉：《印度政治发展趋势》（Ajay K. Mehra，*Emerging Trends in Indian Politics：the 15th General Election*，New Delhi：Routledge，2010），第 171 页。

位，这跟团家族在部落地区成功地推行印度教特性计划有关。RSS 活动家积极参与恰蒂斯加尔部落地区经济矛盾，并将其与基督他者的威胁联系起来，从而把部落民群体纳入到印度教民族主义工程中。

恰蒂斯加尔邦的莫汉普尔村位于浓密的森林地区，由于高大的树木阻隔和道路不通，地理上莫汉普尔村与城市主流完全隔离开来。村民们主要靠种植水稻、收集和销售森林非木材产物维持生计，很少到村子外面去。莫汉普尔村共有 165 户人家，893 人，93% 是部落民，其中 75% 宣称是印度教徒，25% 宣称是基督教徒。政治和社会上处于控制地位的是莱提亚·坎瓦尔（Ratiya Kanwars）种姓印度教徒，欧拉翁（Oraons）基督教徒在当地社会秩序中属于最低种姓。欧拉翁住在村子另一头，离印度教徒的巴斯提（Basti）[①] 大约半公里。

欧拉翁女性擅长酿制一种地方酒，这种酒是从当地一种树花中提取酿制的。在莫汉普尔村，人们喜欢用这种酒进行祭祀、治病、消遣解乏，地方酒在当地部落民的日常生活中占据着重要位置。除了到欧拉翁那儿购买酒外，没有哪个种姓印度教徒愿意从欧拉翁那儿接受食物。印度教群体内存在许多祭祀仪式和经济上的相互依赖，他们白天在地里互相协助，或者互相串门请教闲聊。然而，印度教徒和欧拉翁低种姓之间缺乏这样的依赖，除了向印度教徒销售酒外，欧拉翁与印度教徒之间并不存在其他的社会关系。

20 世纪 70 年代，随着欧拉翁来到莫汉普尔村，基督教传教士也开始在这个村子活动。基督教传教士不仅建立教堂为欧拉翁提供宗教服务，还建立了诊所和寄宿学校。教堂的出现和活动加固了欧拉翁的基督教性边界，突出了欧拉翁和印度教徒的文化距离。RSS 认为基督教传教士将落后的部落民欧拉翁转变成信仰上帝的基督教徒，这对印度教构成了威胁。于是，RSS 对教堂的存在和活动作出了反映，它的战略就是模仿基督教传教士，在部落地区建立医疗和教育设施，以将部落印度教徒整合到全国印度教民族主义事业中去。

RSS 将莫汉普尔村的落后归因为传统部落宇宙论和信仰，比如用酒和

---

① 印度部落民聚居地。

鲜血敬奉村庄和森林神祇。尽管这些仪式被当地人称为乡村印度教，但RSS认为其跟城市主流印度教的崇拜方式反差很大。为了改革这些落后的实践，自1996年起RSS活动家在该村发动了一系列教育和文化运动，包括引入主流印度教节日、教育当地部落民使用正确的印度教敬神方式、建立幼儿园向村里的小孩传播相关文化精神、组织村落训练会议向年轻印度教徒传播印度教特性意识形态。RSS活动家中有个叫拉吉的年轻人，他是莫汉普尔村莱提亚·坎瓦尔家族成员。拉吉熟悉这个村庄和周围的丛林，这使得他成为RSS组织的骨干成员，并迅速成为RSS地方分支在部落的主要联系人。拉吉在当地印度教年轻人中非常受尊敬，他和当地年轻印度教男孩成立了12人组织，经常结伴到村子里推广各种文化活动。这些文化活动主要涉及正确敬奉神灵和庆祝主流印度教节日。通过这种方式，这些年轻人掌握了正确的印度教信仰方式。另外，拉吉经常召集年轻人参加晚上的训练会议，学习更多的印度教特性意识形态主张。

尽管拉吉和其他年轻人积极参与RSS组织的活动，却没有在推广印度教特性方面取得显著成功。RSS的战略并没有能够让当地群体成员重视印度教特性计划，也没有成功地宣传印度教特性运动所需要的教派情绪。然而，事情很快就出现了转机，拉吉和RSS利用地方经济纠纷做文章，将其转变为印度教与基督教的教派冲突，从而将莫汉普尔村与广泛的印度教民族主义关切联系起来。

1997年6月，在莫汉普尔发生了印度教徒女性与欧拉翁女性因售酒引起的争执。印度教女性指责欧拉翁女性卖酒给她们家男人，而男人偷偷把生活物资如米、大豆等拿到欧拉翁那儿换酒喝，影响了家庭生活供给。但是，欧拉翁女性否认了印度教女性的指责，认为印度教男性管不住自己才去换酒，印度教徒的家庭生活供应紧张与他们无关。结果，双方的紧张关系迅速升级。正好，这时拉吉和RSS活动家在村子里举行训练会议，他见证了整个纠纷过程。拉吉呼吁大家安静下来，随后公开询问欧拉翁女人问题，“基督教父为什么访问莫汉普尔村并直接进入欧拉翁聚居地？他什么时候来访问？”他不等大家反应，就自己给出了答案，“因为教父来鼓励和建议基督徒制作和销售酒给印度教群体”。① 欧拉翁女人强烈反对这种说法，坚持认为教父仅仅是来主持一年一度的弥撒。但是，拉吉继续说，“印度教徒相信教父正如其他地方的基督徒一样藏有一个秘密计划，那就是鼓励欧拉翁给印度教徒供酒，以打倒印度教群体”。② 这种说法得到了印度教徒男女的积极响应，他们马上加入到对基督教的指责中来，声讨基督徒的秘密计划。

接下来，印度教徒与欧拉翁发生了激烈的语言和肢体冲突。印度教人群开始指责基督徒的计划就是通过销售酒获取所有印度教徒的土地。“你们基督徒正在利用酒钱购买我们的土地”，“你们基督徒应该还回我们的土地，离开这儿，你们应该去和基督教父呆在属于你们的地方”，“如果你们还留在莫汉普尔，那么就不应该销售酒”，“如果我们看到你们用酒钱买电视之类的东西，我们将砸毁它”，“如果你们还呆在莫汉普尔，那么你们就停止去教堂，开始在村子里拜神”。③ 这次印度教徒和欧拉翁的冲突持续了十几分钟，直到村子头人被叫来才平息。值得重视的是，这是当地印度教徒第一次公开用“基督徒”代替了“欧拉翁”作为一个身份认同词汇。在这之前，印度教徒在谈论群体时，将基督徒欧拉翁称为欧拉翁人。更关键的是，这是第一次将当地的饮酒纠纷与基督教的“打倒印度教徒”的计划联系起来，使得这次地方纠纷与印度教民族主义的广泛目标联系起来。

后来，村子头人在村委会上亲自宣布，“印度教群体因饮酒而堕落了，这主要是由于酒的销售；一定不准基督徒卖酒给印度教徒，因为正如印度其他地方出现的情况一样，从这些酒销售中产生的收入正在损害印度教群体”。④ 头人的讲话中使用的是基督徒，而不是之前使用的欧拉翁，这表明头人接受了拉吉所在的 RSS 的印度教特性思维，将莫汉普尔的社会关系看作两个教派间的关系。头人态度的转变有更深刻的原因，那就是莱提亚·坎瓦尔种姓认为接受印度教特性话语，可以继续保障他们在莫汉普尔的经

---

① 弗洛勒：《强调他者》（Peggy Froerer, “Emphasizing ‘Others’: the Emergence of Hindu Nationalism in a Central Indian Tribal Community”, *Journal of Royal Anthropological Institute*, Vol. 12, No. 1, March 2006），第 51 页。

② 同上。

③ 同上，第 52 页。

④ 同上，第 53 页。

济政治优势。用南迪的话来说，“他们（莱提亚·坎瓦尔种姓）发现在印度教特性意识形态里很安全。印度教特性成为这些人新的《往事书》，确保了他们的优越地位”。[①] 威胁基督他者形象与教派关系的确立，意味着印度教民族主义教派动员的惯用手段在莫汉普尔村得到了成功应用。正如汉森指出的那样，印度教民族主义寻求权力的更大政治战略只能在这样的背景下才能成功，即印度教徒大多数群体意识到一种威胁，不管是真实的还是想象的威胁。[②] “威胁他者”意识，成为印度教民族主义运动发展的基石。RSS 活动家选择饮酒矛盾作为主要的工具，将“威胁他者”妖魔化，并将社会关系教派化，推进印度教特性计划。事实上，欧拉翁通过售酒和其他劳动所得增加的财富削弱了印度教徒传统的主导地位，威胁到印度教群体的经济和政治利益。在这种背景下，印度教与基督教的教派矛盾可以被看作早就存在于印度教徒与欧拉翁之间经济矛盾的放大。

由于 RSS 成员的介入，看起来普通的种姓经济冲突就迅速变得教派化，他们将注意力从欧拉翁种姓转移到基督教群体，并鼓励宣传“威胁他者”形象。维勒曾指出，当两个竞争的群体属于不同种姓群体，当问题围绕经济财富竞争或获取时，之前存在的矛盾可能并真的恶化成宗教民族主义问题，特别是在有组织参与时。[③] 也就是说，莫汉普尔村存在的饮酒矛盾在 RSS 参与后，就变成了一个强烈教派色彩的问题，并与印度教民族主义的广泛诉求建立了联系。拉吉和他的 RSS 同伴利用他们的地位，积极宣传威胁基督他者观念，将印度教民族主义意识传播到部落地区。拉吉对当地经济纠纷的功能性介入，在部落地区成功地制造了教派对立情绪。通过他们的介入，RSS 在当地事务中获得了影响力，并实现了从地方到民族层面政治的转变。在这个过程中，RSS 活动家使饮酒矛盾脱离了当地特殊性，将其联系到印度教民族主义运动的威胁他者建构过程。通过这种方式，

---

① 南迪等：《建构民族》（Ashis Nandy et al. , *Creating a Nationality*: *the Ramjanmabhoomi Movement and Fear of the Self*, Delhi: Oxford University Press, 1995），第 5 页。

② 汉森：《橘黄色风潮：现代印度的民主与印度教民族主义》（Thomas Blom Hansen, *The Saffron Wave*: *Democracy and Hindu Nationalism in Modern India*, New Jersey: Princeton University Press, 1999），第 208 页。

③ 维勒：《大地之子》（M. Weiner, *Sons of the Soil*: *Migration and Ethnic Conflict in India*, Princeton: Princeton University Press, 1978），第 7 页。

RSS 不仅产生了反基督徒情绪，而且在当地印度教徒部落民和印度其他地方的印度教徒之间培育了一种文化忠诚。

印度教民族主义在莫汉普尔部落地区的成功传播主要由于 RSS 策略性卷入当地事务，突出了基督他者的威胁。基督徒位于印度教徒旁边，这为 RSS 进入部落创造了可能性，并将普通纠纷转变成更具威胁和教派性的矛盾。通过当地身份的分极化和教派化，RSS 活动家强调了多数部落民的印度教特性。结果，这种对共享宗教身份的重视，凸显了部落印度教徒具有在印度教想象共同体内共同的起源、期望和忠诚。可见，不断强调印度教身份以及他者对这种身份的威胁，有助于支撑 RSS 在部落地区传播印度教民族主义意识。然而，RSS 将部落经济关系教派化的举动并没真正解决部落民面临的经济问题，相反却通过威胁他者建构在部落社会制造了恐惧和仇恨，加剧了部落地区社会关系的对立和分化。

戈瓦卡尔早就认识到部落在推广印度教民族主义运动中的重要地位，他要求 RSS 成员努力改善这些被忽视部落的物质条件，还要通过对神奉献的渠道，在他们心中点燃对印度教达摩的热爱和自豪，以及认同其他印度教徒的精神。[①] 因此，团家族强调印度教化过程，宣传印度教特性活动，修行所学校和福利项目包含了印度教同化的企图。可是，RSS 在部落地区的活动急于推广印度教文化意识，反而忽略了部落民关心的社会经济问题。团家族的活动并不能真正赢得部落民的认可，大量的部落民仍然位于印度教特性势力范围之外，因为它没有提供任何实质的行动来改善他们的社会经济问题。部落民没有在梵化（印度教化）中找到更多安慰，相反部落身份政治的支持者从意识形态上和政治上对 RSS 的印度教同质化工程发起了抵制。[②] 一位部落民活动家曾说，“我们是这个社会的外人，受到现代化、政府、公司和右翼宗教力量的威胁。好像我们在这个国家没有历史、没有家园。如果我们改变的话，我们将不认识自己了”。另一个部落民活动家抱怨道，“我们部落民不是印度教徒，我们被强迫改变，然后一生为

---

① 戈瓦卡尔：《思想集成》（M. S. Golwalkar, *Bunches of Thoughts*, Bangalore: Jagarana Prakashan, 1966），第 473 页。

② 卡伦果：《国民志愿团的政治勾结》（Pralay Kanungo, *RSS's Tryst with Politics: from Hedgwar to Sudarshan*, Delhi: Manohar, 2002），第 157 页。

印度教特性而奋斗。我们宁愿组织起来为我们自己的未来而斗争”。[①]

小　结

古吉拉特邦被团家族称为“印度教特性实验室”，印度教民族主义者在古吉拉特邦的活动将在其他地方得到推广。利用邦特殊的历史和地理位置，团家族在古吉拉特邦建立了庞大的组织网络。团家族在古吉拉特邦的巨大影响力决定了当地极端对立的印穆关系，以及穆斯林在邦发展中的边缘地位。2002 年戈德拉火车站纵火事件后，印度教徒发动了针对穆斯林的暴力行动。这次大规模的教派骚乱的原因主要有：由“曼达尔计划”引发的反保留和反穆斯林风波，经济自由化给印度教徒带来的压力、焦虑和受挫感，团家族制造印度教徒选票仓加剧了宗教群体间的矛盾。2002 古吉拉特教派骚乱中穆斯林损失惨重，BJP 邦政府明显袒护印度教徒，甚至纵容印度教徒压制穆斯林。结果，穆斯林对印度教民族沙文主义产生恐惧，对政府无能保护少数派感到失望，穆斯林更加难以融入印度主流社会。

女性以英雄母亲、贤德妻子或刚烈勇士的形象进入印度教民族叙事，其目的是支撑男性在民族生活中的控制地位。印度教民族主义者追求阳刚、勇武的男权气概，将女性解读为从属于男性的范畴。同时，印度教民族主义者将民族比作女性，用女性的贞洁激发男性保护印度教民族的斗志。RSS 保守的女性观决定了女性在印度教民族主义运动内的从属地位。团家族中成立了各种女性组织，印度女性有机会参与印度教民族主义政治生活。但是，通过考察 Samiti 和 Parishad 这两个重要印度教民族主义女性组织的活动发现，女性活动家政治参与的主要目的是呼吁女性在家庭里扮演好妻子和母亲的角色，以支持男性对外部世界的征服。同时，印度教女性活动家接受“民族作为女性”的话语，认为女性贞洁成为民族荣誉的象征，除了练习武术保护自身外，还鼓动印度教男性侵犯穆斯林女性，以侮

---

① 夏特吉：《印度教民族主义的生态政治》（Angana P. Chatterji，“The Biopolitics of Hindu Nationalism：Mournings”，*Cultural Dynamics*，No. 16，2004），第 330 页。

辱对方的民族。可见，女性并不是作为与男性一样平等的群体参与民族政治空间的，而是被动地接受男性赋予其的弱势身份。女性在印度教民族主义运动中获得的权力是有限的，并没有撼动印度教社会里性别权力的不平衡。相反，女性继续处于宗教和男性的双重压迫之下，这对追求男女平等的女性运动构成了挑战。

出于对部落地区日益出现的基督徒威胁的反应，团家族针对部落群体逐渐形成了双重战略：一方面让部落民接受印度教身份，把部落民融入到印度教主流中；另一方面将基督教徒建构为威胁他者，强化印度教身份认同，抵制基督教传教士对部落民进行改教。团家族向奥利萨邦部落民传授印度教礼仪知识，建立教育和福利系统，进行再改教活动，抑制了基督教传教活动的势头。然而，团家族在部落地区的印度教特性活动破坏了部落传统文化，不顾部落民的需求推行的发展项目并没有解决部落经济社会问题，这引起了部落民的反感和斗争。在恰蒂斯加尔邦的莫汉普尔村，RSS积极参与地方经济纠纷，目的是建构威胁基督他者形象，以此突出印度教群体认同。RSS 将部落经济关系教派化的举动仅仅是为了满足其推广印度教民族主义意识形态的需要，并没有解决当地的经济问题。相反通过建构基督威胁他者形象，RSS 在部落社会制造了恐惧和仇恨，加剧了部落地区社会关系的对立和分化。一些部落民被迫加入到印度教社会，他们实际上默认了印度教群体的控制地位。对不占控制地位的部落民来说，印度教沙文主义给了他们希望（获取优惠），同时塑造了他们对印度教霸权的恐惧感，并内化为一种压力。从后殖民主义的视角看，团家族以民族统一和振兴的名义，在属下群体中开展印度教特性运动，真正的动机却是反穆斯林、歧视女性和无视部落文化。实际上，团家族在属下群体中推行的是印度教多数人的话语霸权，属下群体继续处于社会边缘地位，难以融入国家主流中。印度教民族主义运动使得印度国家民族整合更加困难。

第六章
印度教民族主义对国际政治的影响

印度教民族主义强调印度教身份认同，极力讴歌印度教文化的优越。在团家族眼里，印度教是世界上最伟大的宗教，印度教化的印度是例外的，也是永恒的，印度教的精神魅力足以让印度在世界上享有受尊敬的地位。因此，印度教民族主义政党 BJP 认为自己是一个与众不同的政党，只有它能够保障印度的国家利益和安全，并确保印度的大国地位和对巴基斯坦的强势立场。全球化背景下，印度教特性势力加速向海外印度教群体扩散。团家族帮助印度移民维护印度教认同，海外移民则从经济和政治上支持印度教民族主义运动的发展。印度教民族主义的跨国维度是一个值得关注的现象，有助于我们理解全球化背景下印度教民族主义运动的发展趋势。

第一节　国家安全观与南亚国际关系

早在印度独立之前，萨瓦卡尔和戈瓦卡尔就对未来印度安全勾画了一幅美好蓝图：印度领土北起喜马拉雅，南到印度洋；这块土地孕育出伟大的印度教宗教与文化，印度教徒是这块土地上真正的主人，其他少数群体唯有接受印度教文化；印度教文化属于世界文化之最，印度应该恢复、重建、复兴强大的印度教文化。随着印度教复兴主义的出现，20 世纪 80 年代以来印度在思考自己在国际上的地位时，“印度教认同”理所当然成为一种具有广泛影响的思想趋势。也就是说，如果印度想再次成为世界上举足轻重的国家，就必须得有自己的特征，82%的印度人所信奉的印度教显然应该成为其主要特征。[①] BJP在1998年的选举宣言中也提到："这些年我们看到国家外交倾向于在压力下低头，之所以产生这样的外交，是因为执政者既不了解我们在世界事务中的正确位置和角色，也缺乏民族自信和决心。像我们这样强大的民族，必须要在世界舞台上留下应有的影响。"[②] 1998年在中央执政后，BJP基于印度教认同的印度国家安全构想逐渐得以实施，它努力推动印度的大国地位诉求，同时在印巴关系中体现了强硬的民族主义色彩。

一、增强国家安全

根据2002年印度国家安全委员会秘书处发表的国家安全报告，印度国家实力在世界上排名第十位，中国和巴基斯坦是印度的主要安全威胁。[③] 在BJP看来，一国的经济和政治体制只能满足国家的内部安全需要，增强国家外部安全必须依靠强大的国防能力建设。BJP认为要获得国际社会对印度的认可，印度必须重视国家安全战略，印度的安全不仅取决于可以量化的因素（如军队规模、常规与核武器数量）等，而且取决于执政政府的意识形态和领导能力，它将增强印度在国内外的认同感。这意味着具有强烈印度教民族主义色彩的BJP将从意志与实力两方面来塑造强硬的印度国家安全战略。

自独立以来印度历届政府总是强调经济发展和外交比军队更能保障国家的安全，并没有制定国家安全战略。到20世纪90年代中期，印度国家安全战略缺失的积聚效应让人民很失望。贾斯旺特·辛格在《保卫印度》书中说，"过去50年的遗产是什么？在安全相关的问题上缺乏肯定；没有建立陆地边界；缺乏安全的地缘政治环境；贬低印度在国际事务上的发言

① 邱永辉：《印度教、民族主义与印度人民党》，《南亚研究季刊》1998年第4期，第45页。

② 《1998年BJP选举宣言》，（BJP Manifesto 1998，http：//bjpelectionmanifesto. com/pdf/manifesto1998. pdf）。

③ 印度政府国防部：《国防安全报告2001—2002》（Government of India，Ministry of Defence，*Annual Reports 2001 – 2002*. http//mod. nic. in/reports/report02. htm）。

权；更令人担忧的是，甚至没有建立任何国家安全管理机制”。[①] 贾斯旺特·辛格认为印度长期没有真正的战略观和战略判断，倾向于维持一种道德威望；正是因为印度缺乏战略文化，没有恰当认识到权力积聚和权力政治的重要性，历史上印度多次陷入一种内在的无能，不断遭到外来者的进攻和摧毁；印度外交政策的失败可能具有深层的历史、文化和思想基础，而外交的改变有赖于印度教特性这种新的文化意识形态。

1998 年选举期间，BJP 利用印度教特性意识形态，向前任的中左联合阵线政府和国大党发起抗议，认为一个伟大的印度也是一个军事强大的印度。BJP 在选举宣言中说前任政府没有足够重视“邻国快速军事扩张和现代化”，印度的国防预算事实上降低了，涉及战斗机、潜艇和导弹等防御项目也因缺乏足够的资金而被推迟。为此，BJP 在选举宣言中特别列出了一些安全战略选项：建立国家安全委员会，持续分析安全、政治和经济威胁，为政府提供建议，并进行一流的战略安全评估；重新评价印度的核政策，考虑实施核武器计划；加快烈火系列导弹的研发。同时，BJP 在选举宣言中还承诺要改善军人的待遇，允许国家安全机构独立处理武装暴动和恐怖主义。[②]

1998 年 BJP 执政后，全国民主联盟政府设立了一个特别委员会，就建立国家安全委员会提出建议。同年 6 月特别委员会提交了调研报告，11 月联合政府成立了国家安全委员会。印度国家安全委员会是一个有效的战略决策机制，不仅为外交与防务政策提供决策参考，还涉及国内经济、政治、法律等全面的安全事务。国家安全委员会的成立及 BJP 上台后实施的一系列确保安全的举措，显示出安全关切在印度教民族主义政府计划中的重要性。

1998 年 5 月，BJP 上台后仅两个月，印度就公开跨过核门槛，成为事实上的核武器国家。1999 年 8 月 27 日，BJP 领导的全国民主联盟政府重新上任后，颁布了核声明草案，内容如下：印度追求可靠的最低核威慑的原

---

① 辛格：《保卫印度》（Jaswant Singh，*Defending India*，London：Macmillan，1999），第 268 页。

② 《1998 年 BJP 选举宣言》，（BJP Manifesto 1998，http：//bjpelectionmanifesto. com/pdf/manifesto1998. pdf）。

则；印度具有适当的核还击能力；印度不首先发动核战争；印度不针对任何没有核武器的国家，也不跟核国家结盟；印度具备海、陆、空三重核发射系统；印度总理、总统或继任者控制核武器使用权；依据已经建立的战略目标和战略政策，印度发展一体化操作系统。1999 年 5 月，印巴发生了卡吉尔冲突。尽管双方保持克制，避免事态升级为核战争，但是双方边界军事对峙表明，印巴之间发动低烈度军事冲突的空间依然很大。2000 年，印度政府成立卡吉尔评估委员会，为在北部地区的情报收集、边界安全和防御管理提供建议。

紧接着，BJP 建立国家安全的努力又向前迈出一步，联合政府任命一些部长对印度国家安全的各个方面进行评估，他们是内政部长阿德瓦尼、国防部长费尔南德斯、外交部长辛格、财政部长辛哈、特邀顾问米什拉。2001 年 2 月，联名部长提交了名为“改革国家安全体制”的报告。该报告评价了国家安全涉及的各个方面，认为到 2020 年中国可能成为核超级大国，由于中国进行了大规模的防御现代化，特别注意发展多样化和高技术武器系统，因此中国是印度潜在的威胁。另外，报告中也不断提到巴基斯坦对印度构成的威胁，“巴基斯坦继续对印度安全构成威胁……传统上它对印度充满敌意，并专注于破坏印度的稳定，它不仅觊觎克什米尔，而且还寻求跟印度平起平坐……由于巴基斯坦政治和经济不稳定，它的军事政权可能表现出非理性行为……巴基斯坦相信核武器可以弥补其传统军事劣势，巴基斯坦领导人并没有隐瞒他们使用核武器针对印度的愿望”。同时，该报告还高度重视巴基斯坦针对印度实施的越境恐怖主义行动，报告中说道，“来自巴基斯坦的另一个威胁是巴基斯坦选择使用非国家角色和非传统渠道，实现对印度的破坏；巴基斯坦三军情报局直接或间接参与塔利班和圣战组织分裂印度联邦的行动”。[①] 为了维持印度国内的法律秩序与保护领土和海洋安全，上述报告建议在情报、国内安全、边界管理和防御管理上进行全面的改革。BJP 联合政府实施了大部分建议，比如在内政部设立了“边界管理局”，并对边界地区实施了发展促融合的项目；2002 年 3 月

① 印度政府新闻信息局：《联名部长的改革国家安全体制的报告》（Government of India, Press Information Bureau, *Group of Ministers' Report on Reforming the National Security System*, May 23, 2001, http://pib.nic.in/archieve/lreleng/lyr2001/rmay2001/23052001/r2305200110.html）。

建立国防情报局（Defence Intelligence Agency，DIA），合并了所有军方的情报机构，希望降低军方对民间情报机构的依赖。最重要的是，2003 年 1 月 6 日政府宣布成立一个新的核控制权威机构（Nuclear Command Authority，NCA），负责印度战术、战略核武器的管理。NCA 包括一个由总理主持的政治委员会和国家安全顾问主持的执行委员会。

2001 年“9·11”事件后，印度国内议会大厦遭到疑似巴基斯坦情报机构指使的恐怖主义袭击，印巴各自在边界地区陈兵百万，战争似乎一触即发。然而，在各种因素的作用下，2002 年秋印度和巴基斯坦从边界地区撤回军事力量，印巴避免了一场可能的核战争。随着 BJP 联合政府对核恐怖的认识，它将国家的安全政策从单纯追求军事实力调整为全方面提升战略安全。首先，调整后的安全政策继续重视军事实力，认为军队是国家安全的重要保护者。联合政府继续增加国防预算，从 1998 年的 93.9 亿美元到 2002 年的 128.8 亿美元，相当于平均每年增加 6.28%。[①] 其次，调整后的国家安全政策强调参与国际维和，认为这是印度成功展现道德和军事力量的机会。冷战时期，尼赫鲁反对“要么和我们在一起，要么反对我们”的冷战思维，领导国际不结盟运动，并指导印度军队参与联合国的维和行动。印度军队保持了参与维和的传统，2003 年在 BJP 执政期间，大约 2500 名印度军人参加了联合国的维和行动。BJP 政府参与维和的主要目的就是强调印度在维持国际秩序中的重要性，这对印度谋求安理会常任理事国席位具有重要的影响。最后，国家安全政策的新趋势就是加强与外国的安全合作。就传统防御关系来说，印俄安全合作又处于上升阶段，其中印度海军受益很大。2002 年 12 月普京访印期间，印俄双方达成武器交易意向，其中包括印度将获得俄罗斯改装后的戈尔什科夫号航母和阿库拉 II 攻击型核动力潜艇。2003 年 1 月，BJP 联合政府决定从俄罗斯租借四架远程核轰炸机和两艘核潜艇，共同生产布拉莫斯舰载巡航导弹。5 月，两国在阿拉伯海举行了联合作战演习。2004 年 1 月，BJP 联合政府正式签署协议，购买俄罗斯的戈尔什科夫号航空母舰、米格 29 战机和卡莫夫反潜艇直

---

① 阿德雷、赛斯编：《联合政治与印度教民族主义》（Katharine Adeney and Lawrence Saez eds.，*Coalition Politics and Hindu Nationalism*，Oxon：Routledge，2005），第 225 页。

升机。[①]

这期间，印度还不断寻求新的安全合作关系，其中最重要的就是以色列。最初印度政府同情巴勒斯坦遭遇，拒绝与以色列建交。直到1992年印度才与以色列建立外交关系。2003年9月以色列总理沙龙访问印度，其间印度副外长沙朗表示“9·11”后恐怖主义是威胁双方共同利益和共同生活方式的敌人，印度和以色列是反对恐怖主义的天然伙伴。虽然BJP联合政府在说服其他国家使用国际恐怖主义看待克什米尔分离运动上遭遇挫折，但它发现以色列却是很好的倾听者。2003年12月，印以两国建立了共同的防御委员会，以色列是印度第二大武器供应国。印度与以色列敲定了10亿美元的军购计划，主要从以色列购买费尔康早期预警雷达系统和箭－Ⅱ反导弹弹道系统。随着印度的以色列裔武器的增加，印度国防力量可能在质量方面超过中国和巴基斯坦。印度与以色列的军事关系也反映了印度与美国不断增强的防御关系。一开始美国担心以色列会增强印度的军事优势，因此反对印以防御合作，但是印度政府多年来的反恐决心使美国最终放松了立场。2003年在美国的犹太协会年度晚宴上，印度国家安全顾问米什拉说：“美国、印度和以色列必须共同面对恐怖主义，这样的结盟将具有政治意志和道德威信，以便在面临极端恐怖主义威胁时采取大胆行动。”[②]

二、大国地位诉求

BJP联合政府的国家安全战略观加速了印度大国地位诉求的步伐。印度的“大国”情结是与其历史文化传统分不开的，历史荣誉感和抱负是影响印度内外政策的一大因素。印度竭力谋求世界大国地位，部分源于印度历史上那些伟大帝国所产生的民族自豪感。印度的民族优越感和世界文明古国意识，让印度人民相信印度应该是世界上屈指可数的几个大国之一，应当在地区和全球事务中发挥其应有的作用。深受印度教婆罗门文化影响

① 陈小萍：《冷战后时期印度对俄外交》，四川大学硕士学位论文，2006年，第22页。

② 阿德雷、赛斯编：《联合政治与印度教民族主义》（Katharine Adeney and Lawrence Saez eds., *Coalition Politics and Hindu Nationalism*, Oxon: Routledge, 2005），第229页。

的尼赫鲁在印度独立前就为其勾画了一幅大国美好蓝图，“印度以它现在所处的地位，是不能在世界上扮演二等角色的；要么做一个有声有色的大国，要么就销声匿迹，中间地位不能引动我，我也不相信中间地位是可能的”。[①] 冷战期间，尼赫鲁领导下的印度成为不结盟运动的领袖，印度事实上成为国际社会中的道义大国。然而，冷战结束后，不结盟运动失去了意义，在变化的国际环境下印度需要调整其安全与外交政策，重新确立其在世界上的大国地位。

1998 年 BJP 联合政府上台后，通过实施一系列基于实力和印度教传统价值观的政策措施，继续寻求印度在国际和地区中的大国地位。首先，实施了公开核试验政策。BJP 联合政府迫不及待地进行了核试爆，并宣布要建立完备的核武库，BJP 希望以武力支撑印度的军事大国、政治大国梦想。正如马克斯维尔所说，“通过核试验，印度教民族主义企图给印度政治气候带来一些变化。核试验被认为可以将整个国家在强大武力展示面前团结起来，同时也可以让世界重视：印度母亲必须被国际社会认可为一个大国，应该得到联合国安理会席位”。[②] 在 BJP 执政者看来，核武器提供了权力硬通货，是获得大国地位的捷径。就一个国家核行为的模式分析，国家声望（National Prestige）模式认为国家进行核试验是因为相信获得核武器是一个国家民族声望和民族认同的象征。渴望在国际上树立印度的民族声望，而且渴望获得大国地位，这正是新德里进行核试验的动机之一。新德里认为“核武器是一个国家实力的主要指标”。[③] 1998 年核试验被看作印度教印度成长为一个大国的最恰当表现。[④] 因此，“印度教核弹”增强了印度的实力，在印度看来，核武器让印度赢得了世界对其大国地位的认可。

其次，重视大国外交。从历史的角度看，BJP 及其前身人民同盟一直对西方持偏见态度，特别是美国。但是，为了尽快融入西方主导的国际秩

---

① 贾瓦哈拉尔·尼赫鲁，齐文译：《印度的发现》，世界知识出版社 1956 年版，第 57 页。

② 马克斯维尔：《1962 年的“中国进攻”与“印度教核弹”》（Neville Maxwell，“China's ‘Aggression in 1962’ and the ‘Hindu Bomb’”，*World Policy Journal*，Summer 1999），第 117 页。

③ 胡维兴：《印度的核试爆和未来的中印关系》（Richard Weixing Hu，India's Nuclear Bomb and Future Sino－Indian Relations，*East Asia*，Spring 1999），第 47—50 页。

④ 马克斯维尔：《1962 年的“中国进攻”与“印度教核弹”》（Neville Maxwell，“China's ‘Aggression in 1962’ and the ‘Hindu Bomb’”，*World Policy Journal*，Summer 1999），第 111 页。

序，印度采取了更加务实的大国外交政策。汉森曾说“当代印度教民族主义政治就是印度努力克服它相对于西方的从属地位，想要世界大国认可它”。[①] 正是出于这样的目的，BJP 领导下的印度努力与世界各个大国发展关系，除了借助这些国家来增强印度的经济与军事能力建设外，大国外交的另一重目的就是表明印度在国际事务中与其他主要大国享有同等发言权。一方面，BJP 的印度教特性意识形态家将印度外交战略导向美国。塞缪尔·亨廷顿在《文明冲突论》中认为伊斯兰世界是基督教西方的主要对手，这跟印度教特性的反穆斯林情绪非常合拍，团家族非常愿意在印度教的印度和基督教的西方之间建立文化—文明联盟，反对伊斯兰恐怖主义世界。[②]“9·11”事件后，印度抓住国际形势变化中的契机，全力支持美国反恐，使得美印关系继续升温。印美两国在军事、安全等领域不断加强合作，加快了印美建立战略合作关系的步伐。另一方面，印度不忘传统盟友俄罗斯，继续深化印俄双边关系。印俄两国高层交往日渐频繁，无论是在传统的军售还是能源、信息技术等新领域，印俄达成了一系列合作协议，丰富了印俄战略伙伴关系的实质内容。可见，印度大国外交之重仍然是美国和俄罗斯，其实质就是在美国和俄罗斯之间推动均衡外交，努力成为美、俄的平等对话伙伴。印度奉行“左右逢源”的大国外交，既谋求良好且稳定的印美关系，也继续巩固与俄罗斯的传统友好关系。[③] 印度能够成功地开展大国外交取决于以下因素：反恐成为各国共同目标，美国、俄罗斯、印度都面临不同程度的恐怖主义威胁；印度有利的地缘政治和巨大的军火市场，成为美国和俄罗斯争相拉拢印度的重要考虑；印度快速发展的信息产业提升了它在后工业化时代世界经济中的地位。基于这些因素，BJP 联合政府成功地展开了对美、对俄外交，双方领导人在世界舞台上频频展现身影，这给人们留下了印度与美、俄几乎平起平坐的印象。

---

① 汉森：《全球化与民族主义想象》（Thomas Blom Hansen，“Globalization and Nationalist Imagination：Hindutva's Promise of Equality through Difference”，*Economic and Political Weekly*，March 9，1996），第 613 页。

② 麦克圭尔、科普兰编：《印度教民族主义与政府治理》（John McGuire and Ian Copland eds.，*Hindu Nationalism and Governance*，New Delhi：Oxford University Press，2007），第 394 页。

③ 陈小萍：《“9·11”事件后印度的大国外交——以美国、俄罗斯为中心》，《南亚研究季刊》2005 年第 2 期，第 85 页。

最后，确保地区霸权优势。印度历届领导人都把南亚地区看作自己的势力范围，认为这是实现印度大国地位诉求的第一步。受古代曼陀罗战略思想影响，尼赫鲁认为印度外交的首要目的就是在南亚建立支配地位，并将实现印度大国梦分为“主宰南亚—确立在亚洲的中心地位—争当世界大国”这样三个步骤。后来英·甘地政府继续推行南亚版的“门罗主义”，她坚决反对地区外国家参与区内国家事务，并认为南亚小国应该首先寻求印度而不是外国的帮助。① 出于在地区内寻求权力和控制力的目的，印度肢解了巴基斯坦，吞并了锡金，并将尼泊尔和不丹的防御置于自己的管辖范围。可以说，尼赫鲁在《印度的发现》中为印度在印度洋和太平洋发挥大国作用勾画了美好蓝图，英·甘地和拉·甘地政府巩固了印度在南亚—印度洋的次超级大国地位。20 世纪 90 年代以来，BJP 联合政府对南亚地区国家继续采取强硬姿态，以确保自己的优势地位。BJP 所在的印度教民族主义团家族宣言中甚至暗示要吞并印度教徒居多数的邻国尼泊尔，使其成为强大印度教民族的一部分。② BJP 任期内的印巴关系走势不仅反映了印度谋求地区霸权的企图，而且反映出团家族反穆斯林和反巴基斯坦的印度教特性思维。

三、印巴关系

独立后，印巴关系成为南亚国际关系格局演变中的一个重要变量，而印度教民族主义势力则成为影响印巴关系发展的一个决定因素。1947 年 8 月，英国撤出印度次大陆，原来的英属印度分裂为印度和巴基斯坦两个国家。印巴分治的一个决定因素就是基于宗教民族主义的“两个民族”理论，即印度教徒和穆斯林各自构成为两个民族。1940 年在拉合尔召开的穆斯林联盟大会上，真纳以“两个民族”理论为由通过了建立巴基斯坦的决议。他说，“印度教徒和穆斯林具有不同的宗教哲学、社会习俗和文学。

① 张骥、张泗考：《论印度文化民族主义对印度外交的影响》，《国际论坛》2008 年第 6 期，第 67 页。

② 欧门：《宗教民族主义和民主政治》（T. K. Oommen，“Religious Nationalism and Democratic Polity：the Indian Case”，*Sociology of Religion*，Vol. 55，No. 4，Winter 1994），第 462 页。

他们具有不同的史诗和英雄，甚至一方的英雄是另一方的敌人，他们具有不同的成功和失败经历。如果继续将这两个民族置于一个国家内，一个是少数派，另一个是多数派，这必然会导致不满，甚至最终会破坏国家的构成”。[①] 从那之后，穆斯林联盟就积极为建立巴基斯坦国家而进行动员和筹备，并最终在 1947 年 8 月 14 日成立巴基斯坦国家。

印巴分治是印度教民族主义与伊斯兰教民族主义直接对抗的结果。[②] 分治导致了南亚次大陆历史上最血腥的印穆教派冲突，大约有 50 万人死亡，上百万人不得不迁徙家园。印巴分治的伤痛让两个国家至今都难以走出历史的阴影，从此两个国家陷入相互仇视和敌对，并发动过三次战争、多次军事冲突。印巴矛盾的症结表面上看是克什米尔引起的归属争议，实际上印巴对立的民族主义意识才是真正的冲突根源。

独立运动期间，国大党利用印度教宗教精神动员广大人民反抗英殖民者的统治，实际上就是将印度教与民族主义混合，运用宗教达到政治目的。其实，19 世纪印度教改良运动就注意恢复印度教文化传统，歌颂古代印度教王国的辉煌，并且希望以此反抗英殖民者的统治。从那时起，发动针对外来者的斗争，从而保护印度教文化身份，就成为印度民族运动的精神实质。正是在这种背景下，印度教文化成为独立运动期间印度民族话语中的重要主题。虽然国大党在正式场合否认宗教认同，宣称世俗主义，但事实上它依赖印度教象征和传统发起大众运动，并获得了合法性。国大党早期领导人提拉克发起象头神节朝拜活动，从而使印度教具有了大众化特征，也就是说将印度教宗教实践从私人事务转变成公众事务，在印度教教派意识基础上组织大众。提拉克极力宣传马拉塔王国时期的印度教英雄希瓦吉，目的是强调印度教伟大的历史。虽然提拉克的目的是唤醒印度教大众的政治能量，但他的动员战略具有深刻的影响，使得马哈拉施特拉邦的城市沿着教派界线迅速分极化。同样，在孟加拉国，人民狂热崇拜暴力女神杜尔迦和巴瓦尼（Bhawani），并到恒河边举行宗教仪式，所有这些表明

---

① 《1940 年真纳在穆斯林联盟拉合尔年会上的致辞》（“M. A. Jinnah’s Presidential Address”, Lahore Session, the All – India Muslim League, March 22, 1940）。

② 姜景奎：《印度教民族主义及其影响》，《东方研究》，国际文化出版公司 2002 年版，第 450 页。

在国大党领导的反殖民民族运动中具有潜在的印度教宗教性，从而将穆斯林少数派排除了。[①]

韦尔曾经这样说，“印度最重要的民族想象一直是宗教的，而不是世俗的”。[②] 由于印度教从一开始就成为国大党倡导的印度民族主义发展过程中持续和控制的力量，国大党实际上代表了印度教民族主义的自由面目。[③] 表面上宣称世俗主义的国大党，实际上利用印度教进行大众动员，这无疑支撑了印度教民族主义者的狂热主张。印度教民族主义意识形态家萨瓦卡尔曾说，“印度是印度教徒的祖国，并且是印度教徒的圣地，它并不是穆斯林或基督徒的圣地”，“穆斯林要留在印度，就必须接受印度教徒的支配地位”。[④] 正是这种极端印度教民族主义主张加剧了穆斯林精英的担忧，他们害怕英殖民者撤出次大陆后，穆斯林将遭到印度教徒的不公平对待。同时，印度教民族主义者通过威胁他者建构印度教自我认同，奉行强硬的反穆斯林政策，并强迫穆斯林接受印度教文化主导的印度。[⑤] 可以说，印度教民族主义者对穆斯林少数派的不宽容加速了印度穆斯林的离心倾向。于是，真纳提出了“两个民族”理论，并建立了穆斯林的家园——巴基斯坦。

事实上，巴基斯坦的建立并没有解决南亚次大陆的宗教与民族问题，相反使问题更加复杂化了。印巴分治后，很多穆斯林仍然留在印度，印度教民族主义团家族将其看作“巴基斯坦的第五纵队”、“印度国内的小巴基

---

① 库马尔：《冲突的民族观念》(H. M. Sanjeev Kumar, “Competing Conceptions of Nationhood: The Cultural Dimensions of India - Pakistan Conflict and the Subcontinental Security Dynamics”, *The International Journal of Interdisciplinary Social Sciences*, Vol. 5, No. 9, 2011), 第 207—208 页。

② 韦尔的《宗教民族主义：印度教徒和穆斯林》(Peter Van Der Veer, *Religious Nationalism: Hindus and Muslims in India*, California: University of California Press, 1994), 第 22 页。

③ 麦克圭尔、科普兰编：《印度教民族主义与政府治理》(John McGuire and Ian Copland eds., *Hindu Nationalism and Governance*, New Delhi: Oxford University Press, 2007), 第 446 页。

④ 汉森：《橘黄色风潮：现代印度的民主与印度教民族主义》(Thomas Blom Hansen, *The Saffron Wave: Democracy and Hindu Nationalism in Modern India*, New Jersey: Princeton University Press, 1999), 第 180 页。

⑤ 米什拉：《印度教民族主义和穆斯林少数派的权利》(Amalendu Misra, “Hindu Nationalism and Muslim Minority Rights in India”, *International Journal on Minority and Group Rights*, No. 7, 2000), 第 14 页。

斯坦”。[①] 他们认为穆斯林并不忠于印度，穆斯林在印度只是为了从事分裂印度的企图。团家族所进行的印度教特性运动，除了宣扬印度教文化的伟大繁荣之外，还将伊斯兰教建构为印度教的威胁。历史上伊斯兰教徒残暴地镇压印度教徒，独立时穆斯林又将印度领土撕裂，通过这些宣传，团家族极力妖魔化穆斯林，从而在国内掀起了一股强大的反穆斯林情绪。[②]

印度教民族主义团家族努力通过教育推广印度教特性意识形态，如RSS分布于全国的教育网络就主要对印度教群体传授印度教知识，同时也灌输印度教处于危险中的意识形态。BJP执政时期改写历史教科书就是要提升印度教的荣誉感，贬低伊斯兰教，甚至放大伊斯兰教对印度教的压迫。这样排他性地解释印度历史是印度教教派主义分子所为。在RSS意识形态家戈瓦卡尔的著作中，他将穆斯林说成是嗜杀群体、自由掠夺者、敌人、破坏的力量、古老的入侵者、印度教徒的宿敌，但这些书并没有进入印度的学校课堂。随着BJP来到权力中心，情况有所改变，印度开始重新解释历史和重写历史，以让印度教徒的过去变得辉煌。自1998年开始，学校就引入了贬低少数派、抬高雅利安人或高级种姓印度教徒的历史教科书。根据新的历史书，穆斯林和基督徒是可怕的入侵者，甚至帕西人也是外来者。印度教民族主义者认为国家保护的穆斯林少数派实际是印度国内的一个外来民族，这种背景下本土“印度教民族”的呼吁也就不言自明了。[③] 通过这种片面的历史叙述，团家族在印度教年轻人中传播对伊斯兰教和穆斯林的仇恨。这种反穆斯林情绪显然强化了印度的反巴基斯坦情绪。2001年地方选举期间，BJP甚至提出了这样的口号，“巴基斯坦别想要克什米尔，我们还要把拉合尔夺回来”，“每个小孩都要为罗摩而战”。BJP的反穆斯林意识形态和反巴基斯坦趋势，只会使得印巴关系更糟糕。[④]

---

① 戈郎特：《民族的空间》（Will G. Grant, “The Space of the Nation: an Examination of the Spatial Productions of Hindu Nationalism”, *Nationalism and Ethnic Politics*, No. 11, 2005），第339页。

② 米什拉：《认同和宗教》（Amalendu Misra, *Identity and Religion: Foundations of Anti - Muslim in India*, New Delhi: Sage Publications, 2004），第3页。

③ 米什拉：《印度教民族主义和穆斯林少数派的权利》（Amalendu Misra, “Hindu Nationalism and Muslim Minority Rights in India”, *International Journal on Minority and Group Rights*, No. 7, 2000），第12页。

④ 邱永辉：《印度教民族主义与印巴关系》，《当代亚太》2003年第5期，第16页。

印度教民族主义的反穆斯林、反巴基斯坦宣传对印度国内的青少年产生了深刻的影响。2002 年 1 月，在印巴关系因印度议会大厦遭遇恐怖分子袭击而剑拔弩张的时候，印度中央邦发生了一起绑架事件。两名分别为 17 岁和 10 岁的男孩绑架了一名 8 岁的儿童，他们索要赎金的目的是购买武器，以便潜入巴基斯坦刺杀巴总统穆沙拉夫，并且希望成为印度的民族英雄。[①] 可见，印度教民族主义的极端宣传对印度年轻一代的毒害有多深。当然，巴基斯坦在推广伊斯兰意识方面也使用了这种极端化和排他性的手段，巴基斯坦的官方历史学家重视对印度历史进行选择性编纂，使穆斯林统治者成为公正、大方和虔诚的象征，认为他们给原始、野蛮的印度带来了繁荣和文明。比如来自中亚的嘎兹尼多次侵犯印度，破坏和掠夺了许多印度教寺庙，但是在巴基斯坦的学校课本中他却成了一个伟大的英雄。[②] 同时，巴基斯坦政府大力宣传印度对巴基斯坦国家生存构成的威胁，激发人民对印度的仇恨，从而凝聚国内分散的政治势力和广大的民众。

印巴分治后，克什米尔问题是印度官方世俗民族主义与巴基斯坦官方伊斯兰民族主义对立的直接产物。印度认为穆斯林居多数的克什米尔邦归于印度统治体现了印度的世俗建国原则，巴基斯坦则认为克什米尔理应归于巴基斯坦——穆斯林的家园。印巴双方对克什米尔的争夺忽略了克什米尔人民的需求，印度教民族主义政治力量在克什米尔问题上的强硬立场使得问题更趋复杂化。[③]

英殖民统治时期，克什米尔是一个相对独立的土邦。印巴分治后，在面对来自西北帕坦人的入侵时，克什米尔土邦的印度教王公请求印度派兵援助，并答应在保持自治的情况下并入印度。结果，这引起了巴基斯坦的强烈不满，其认为土邦王公并不能代表占多数的穆斯林人口的选择，于是巴基斯坦也出动军队进入克什米尔。从此以后，克什米尔邦实际被印巴双方割据，外界习惯上将其分别称为印控克什米尔和巴控克什米尔。印巴围

---

① 邱永辉：《印度教民族主义与印巴关系》，《当代亚太》2003 年第 5 期，第 17 页。

② 麦克圭尔、科普兰编：《印度教民族主义与政府治理》（John McGuire and Ian Copland eds.，*Hindu Nationalism and Governance*，New Delhi：Oxford University Press，2007），第 442 页。

③ 瓦西雷：《印度、巴基斯坦和克什米尔》（Ashutosh Varshney，“India，Pakistan，and Kashmir：Antinomies of Nationalism”，*Asian Survey*，Vol. 31，No. 11，November 1991），第 977 页。

绕克什米尔归属发动了两次战争，至今克什米尔仍然是印巴难解的结。

克什米尔一直是民族主义的竞赛场，无论是宗教还是世俗的。在20世纪80年代之前，共有四种民族主义对克什米尔问题进行了判断。第一，巴基斯坦官方民族主义。巴基斯坦以“两个民族”理论为基础，认为穆斯林是一个单独的民族，穆斯林居多数的克什米尔归于印度不合理，而克什米尔应该全部归于巴基斯坦。在1971年孟加拉国成立后，巴基斯坦更加强调国家的伊斯兰特性。这种情况下，巴基斯坦政府不可能重新考虑它的克什米尔政策。第二，印度官方民族主义。这期间，印度官方民族主义是世俗的，印度认为像克什米尔这样穆斯林居多数的邦应该归到印度，这是印度政府后殖民、后分治时代世俗特征的显现。印度政府的克什米尔政策基本没有改变，即克什米尔属于印度是不可谈判的，而克什米尔的自治程度是可以商量的。依据印度宪法370条，克什米尔在印度联邦内享有高度自治地位。事实上，克什米尔在印度联邦内的自治遭到印度中央政府机制和印度教民族主义的侵蚀。第三，印度教民族主义。印度教民族主义者宣布他们的民族是拥有地球上一块特定领域的原住民，这块领土甚至包括争议中的克什米尔。[①] 团家族依然梦想收回巴控克什米尔，以实现一个统一的印度教徒控制的印度。同时，团家族认为，由于克什米尔拥有穆斯林多数群体，它必须放弃所有特权要求，以此证明对印度国家的忠诚。因此，印度教民族主义势力认为，取消宪法370条，按照适用于所有邦的联邦体制安排，将克什米尔完全整合到印度联邦中，这是唯一的答案。第四，克什米尔民族主义。这种民族主义在性质上是世俗的，是查谟—克什米尔地区的一种文化地理民族主义，它跨越了所有宗教的分歧，其重要领导人是谢赫·阿卜杜拉（Sheikh Abdullah）。克什米尔民族主义的政治诉求游离于两极之间，认为克什米尔要么独立成一个世俗的国家，要么以最大的自治权合并到世俗的印度。虽然克什米尔民族主义不停地宣传独立的可能，但鉴于克什米尔的地缘政治现实，克什米尔完全独立似乎不可行。另外，20世纪80年代末，克什米尔峡谷第一次出现了本地的伊斯兰组织和运动，呼吁

① 戈郎特：《民族的空间》（Will G. Grant，“The Space of the Nation：an Examination of the Spatial Productions of Hindu Nationalism”，*Nationalism and Ethnic Politics*，No. 11，2005），第332页。

要么成立一个独立的伊斯兰克什米尔，要么跟伊斯兰教国家巴基斯坦合并。克什米尔伊斯兰新发展给巴基斯坦提供了机会，却给印度制造了很多麻烦。巴基斯坦三军情报局和部分军队、政府人员支持伊斯兰武装分子，在印控克什米尔发动武装斗争。印度政府不得不增加在克什米尔的驻军，结果却进一步加剧了克什米尔人民的分离倾向。①

在所有政治力量中，印度教民族主义势力在处理克什米尔问题上态度最强硬，BJP 对于克什米尔分裂现状感到非常不舒服。针对巴基斯坦在印控克什米尔支援伊斯兰极端分子反对印度政府军，一些好战的印度教民族主义精英倾向于让印度在巴控克什米尔和巴基斯坦其他地方制造麻烦。2001 年 10 月，位于斯利纳加的查谟 - 克什米尔议会大厦受到伊斯兰武装组织贾希 - 穆罕默德军（Jaish - e - Mohammed）的袭击。同年 12 月，位于新德里的印度国会大厦遭到虔诚军（Lashkar - e - Taiba）的恐怖主义袭击。BJP 联合政府立刻对巴基斯坦采取了强硬的政治军事立场，一方面强烈谴责巴基斯坦的情报局策划了这些恐怖事件，一方面迅速在边界增加军队。在穆沙拉夫表示不会让步的情况下，印度方面也表示做好了长期对峙的准备。印度国防部长费尔南德斯要求巴基斯坦必须停止越界恐怖主义，然后印度才会退兵。2002 年 5 月，印巴双方战争一触即发。为了避免两个核国家的对抗升级为核战争，国际社会进行了斡旋，印巴才缓和了这一次冲突。

事实上，1999 年印巴就围绕克什米尔的越境恐怖主义发生了卡吉尔冲突，印度 BJP 联合政府对巴展示了强硬态度，采取了不谈判和临战政策。不谈判，指的是印度以民主为由，坚决反对与巴基斯坦的穆沙拉夫军人政府谈判，同时强调只有巴基斯坦停止越界恐怖主义，才开始谈判。同时，印度宣布巴基斯坦不满足条件就向巴基斯坦动武。印度不仅加强了国内安全措施，而且将军队调动到克什米尔实控线印方一侧。新德里觉得它有机会实施战争边缘化政策，使巴基斯坦处于防御状态。印度 BJP 政府的对巴政策受到了极端印度教民族主义思维的影响，BJP 试图将巴基斯坦在克什

---

① 麦克圭尔、科普兰编：《印度教民族主义与政府治理》（John McGuire and Ian Copland eds.，*Hindu Nationalism and Governance*，New Delhi：Oxford University Press，2007），第 400 页。

米尔的越界渗透界定为恐怖主义，并将其宣传为针对印度教徒的外来穆斯林威胁。传统上看，印度人民党及其所在的团家族就对巴基斯坦建国充满了仇恨，认为是巴基斯坦造成了印度领土分裂。因此，团家族一直主张对巴基斯坦采取强硬的、不妥协的政策，为谈判设条件就是这种霸道的表现。

在克什米尔问题上，印巴双方都容易受极端民族主义情绪的影响。穆沙拉夫曾说，"克什米尔是巴基斯坦的核心国家利益，它流淌在巴基斯坦人的血液里"。瓦杰帕伊总理回应道，巴基斯坦别想得到克什米尔的一寸土地，克什米尔是印度不可分割的一部分。① 印度和巴基斯坦有些明智的人强调，为了克什米尔人民的利益，印巴双方需要在克什米尔问题上达成和解。但是，印巴都受到可怕的民族沙文主义之害，都不愿意在克什米尔问题上软化立场。② 结果，在印度政府军与巴基斯坦支持的伊斯兰极端分子对抗环境下，克什米尔人民依然生活在强烈的恐惧与不安中。

总之，BJP 一来到执政舞台，就强调要实施不同于前任政府的安全与外交政策，它想要将自己展示为保护印度国家利益和国家安全的唯一力量。BJP 联合政府决定发展核武器，推动对美、俄的大国对等外交，并且在地区事务上继续确保其霸权优势地位。印度教民族主义者相信基于实力和传统文化的民族身份，是世界认可印度大国地位的重要保证。③ 然而，肇始于"两个民族"理论的印巴矛盾让印度陷入南亚事务不能自拔，国际社会也因此长期视印度为二流国家。印度教民族主义者以祖国统一受到威胁为由，在印度社会中植入了反穆斯林、反巴基斯坦仇恨情绪。印巴围绕克什米尔的争夺，既受到各自国内极端民族主义思维的影响，也刺激了两国宗教复兴主义的增长。事实上，在 BJP 执政后期，瓦杰帕伊总理意识到印巴紧张关系并不符合印度的国家利益，只有印度与巴基斯坦享有稳定、和平和安全的关系时，印度想要在世界舞台上成为大国的梦想才能实现。

---

① 邱永辉：《印度教民族主义与印巴关》，《当代亚太》2003 年第 5 期，第 19 页。

② 张四齐、唐孟生：《克什米尔冲突中的宗教因素》，《南亚研究季刊》2007 年第 1 期，第 69 页。

③ 汉森：《全球化与民族主义想象》（Thomas Blom Hansen，"Globalization and Nationalist Imagination：Hindutva's Promise of Equality through Difference"，*Economic and Political Weekly*，March 9，1996），第 613 页。

2004年1月，南亚区域合作联盟伊斯兰堡峰会期间，印度总理瓦杰帕伊和巴基斯坦总统穆沙拉夫举行会晤，就启动印巴全面对话达成协议，双方为开启和平进程迈出了重要的一步。

第二节 印度教民族主义的海外活动探析

自成立以来，印度教民族主义运动就呼吁海外印度教徒与祖国的同胞团结起来，保护和复兴印度教文化，使印度成为一个世界文化强国。为此，印度教民族主义者主动走向海外印度教群体，仿照团家族的组织模式建立印度教民族主义海外组织，帮助海外印度教徒建构印度教身份认同。海外印度教徒积极响应团家族的“印度教特性”呼声，不仅为团家族发展项目筹集资金，而且通过在居住国发挥政治影响力，支持祖籍国印度教民族主义势力的政治发展。居住国内种族主义和多元文化主义交织，国际上伊斯兰威胁的背景与印度国内印穆冲突的情形吻合，印度国内团家族不断输出其意识形态和组织方式，这一切使得印度教民族主义者能够成功在海外印度教群体中进行印度教特性动员。

一、团家族走向海外

早在19世纪英殖民者将印度教徒向南非和加勒比地区移民时，“圣社”活动家就重视向海外印度移民传播印度教。20世纪20年代起，RSS代替了圣社，承担了向海外推广印度教的使命。1940年，戈瓦卡尔在其印度教民族主义意识形态代表作《思想集成》中用了整整一页谈论海外印度教徒，呼吁海外印度教徒担当起“民族大使”的角色。他说道，“我们生活在海外的兄弟姊妹要谨记在日常行为中保持一种强烈的民族自尊精神，为此，我们应该高度重视祖先留给我们的宝贵遗产”。[①] 他呼吁印度教徒移

---

① 戈瓦卡尔：《思想集成》（M. S. golwalkar, *Bunches of Thoughts*, Bangalore: Jagarana Prakashan, 1966），第450页。

民应该为印度教事业奉献，印度教徒需要建立这样的神圣信念：“我们是一个负有世界使命的民族，我们的神圣责任就是把印度教达摩至高真理带给整个人类，人类面临的罪恶和挑战在全面的、科学的、印度教精神观基础上才能得以成功化解。”① 戈瓦卡尔建议印度教移民给他们的后代提供印度教文明教育，建立印度教神庙，使之不要疏离居住的社会。1973 年，戈瓦卡尔的继任者德奥拉斯开始直接在海外印度教徒中执行部分 RSS 任务。1989 年，英国的大印度教协会（UK Virat Hindu Sammelan）活动中，德奥拉斯致信说，“无数印度伟人在外国宣传和推广印度教文化精神。居住在世界各地的印度教徒对居住国社会、经济和文化生活的全面发展作出了巨大贡献。当前时代需要他们以更大的热情继续从事建设和社会福利活动，并与当地人和谐相处，从而实现普天之下皆兄弟的理想”。②

据 RSS 官方介绍，在印度之外建立的第一个夏卡是在 1946 年从孟加拉开往肯尼亚蒙巴萨的一艘轮船上成立的。当两名印度教旅客在甲板上相遇时，他们发现彼此属于共同的团家族，并且一起吟唱歌颂祖国的印地语歌曲，于是第一个海外夏卡诞生了。③ 1947 年，这两名团活动家联络肯尼亚的其他印度教徒，组建了正规的夏卡，肯尼亚成为第一个正式建立夏卡的海外国家。20 世纪五六十年代，RSS 以印度志愿团（Bharatiya Swayamsevak Sangh，BSS）的名义在肯尼亚和乌干达印度移民群体中快速扩张。BSS 举办一些体育和文化项目，这成为那些国家印度教少数派社会化的重要活动。同时，在 BSS 的支持下，肯尼亚印度教徒委员会（the Hindu Council of Kenya）成立了，作为保护印度教徒的主要政治组织。印度教徒移民在乌干达也组建了夏卡，并成立了印度志愿团。④

印度教民族主义在东非的发展直接影响了团家族在西方的发展，在英

---

① 戈瓦卡尔：《思想集成》（M. S. golwalkar, *Bunches of Thoughts*, Bangalore：Jagarana Prakashan，1966），第 456 页。

② 谢夏德利：《海外的印度教徒》（Hongasandra Venkataramaiah Seshadri, *Hindus Abroad：Dilemma—Dollar or Dharma?* New Delhi：Suruchi Prakashan，1990），第 13 页。

③ 国民志愿团：《拓宽视野》（Rashtriya Swayamsevak Sangh, *Widening Horizons*, New Delhi：Suruchi Prakashan，1992），第 1 页。

④ 巴特：《英国的印度教特性运动》（Chetan Bhatt，“Dharmo Rakshati Rakshitah：Hindutva Movement in UK”，*Ethnic and Racial Studies*, Vol. 23，Issue 3，May 2000），第 577 页。

国和北美活动的许多全职活动家都来自乌干达或肯尼亚。在英国生活的第一批印度教移民群体中，几乎 1/4 的人具有非洲经历，他们对英国的印度教群体生活施加了极大的影响。1997 年，德奥拉斯的继任者拉晋德拉·辛格去肯尼亚参加 RSS 在海外 50 周年庆时，也充分肯定了东非的印度教徒移民在团家族海外发展中的重要作用。他说到肯尼亚的夏卡活动家建立了紧密的组织联系，这种成功经验有利于他们到英国和加拿大去发展夏卡。在英国，夏卡活动家首先成立了 RSS 的对等组织印度教徒志愿团（Hindu Swayamsevak Sangh，HSS）。HSS 非常重视扩大夏卡数量，在英国的伯明翰、布拉德福德这样的城市，夏卡很快就建立起来了，因为这些地方的印度教徒移民非常希望通过夏卡向他们的孩子传授印度教文化。[①] 当然，海外夏卡组织形式也适应移民的需要而进行了调整，比如减少了背诵祈祷词的时间，集体运动会代替了武术训练，甚至连早晚统一着装的现场集会也被网络会议代替了。有时候，夏卡在周末或学校假期时举行，目的是吸引更多印度教徒移民的关注。

HSS 也采用与 RSS 建立团家族的战略，在英国创建了一些姊妹组织。1972 年，英国世界印度教大会（Vishva Hindu Parishad UK，VHP – UK）成立，作为 VHP 在英国的分支。印度人民党海外之友（Overseas Friends of the Bharatiya Janata Party，OFBJP）是 BJP 在英国的联络组织，女性志愿团（Rashtra Sevika Samiti）在英国也有同名的组织。英国的主要印度教徒学生组织全国印度教徒学生论坛（National Hindu Students Forum，NHSF）是印度国内的全印学生协会在英国的姊妹组织。最后，英国服务（Sewa UK）则是 RSS 负责社会工作的分支印度服务在英国的对等组织，其主要目的是为印度教民族主义运动募集发展资金。在印度国内团家族成员特别是 RSS 的帮助下，英国的印度教民族主义团家族正式形成了。

在美国，印度教特性支持者复制了团家族的组织体系，不过首先在美国建立的不是 RSS 的对等组织，而是 1971 年成立的 VHP 对等组织（Vishva Hindu Parishad of America，VHPA）。目前，VHPA 是团家族在美国比较

---

① 伯勒特：《印度教民族主义走向全球》（Stacey Burlet，"Re – awakenings? Hindu Nationalism Goes Global"，In Starr Roy and Surrey Richmond eds.，*Asian Nationalism in the Age of Globalization*，Routledge，2001），第 13 页。

活跃的组织之一，有 40 个工作分支，成员超过一万人。20 世纪 90 年代，美国的印度软件移民成立了印度教徒志愿团（HSS），因为这些技术移民感觉很难融入美国主流社会，而 HSS 则可以给他们一种集体上和精神上的归属感。1990 年，印度教徒学生委员会（Hindu Students Council，HSC）成立，主要在大学生中开展文化活动、节日庆祝、巡回演讲以及露营等，并在网上发行有关印度教文化的电子刊物。[①] 另外，团家族在美国成立的负责社会服务工作的对等组织是印度发展和援助基金组织（India Development and Relief Fund，IDRF）。

团家族在加拿大的发展路径与美国一样，1970 年加拿大世界印度教大会（VHP - Canada）成立，第二年就在温哥华建立了一座印度教神庙。1973 年，在戈瓦卡尔的建议下，RSS 的年轻团员萨贝瓦来到加拿大，并建立了印度教徒志愿团（HSS）。在邻国美国的印度教特性活动家的帮助下，加拿大的印度教徒学生委员会（HSC）成立了。国际服务（Sewa International）则是团家族在加拿大成立的对应慈善组织，也叫作加拿大服务（Sewa Canada）。直到今天，加拿大世界印度教大会、加拿大印度教徒学生委员会和国际服务构成了加拿大印度教特性运动的主要支柱。

团家族海外成员努力掩饰其与母体组织 RSS、HSS 的联系，但是 AWAAZ[②] 的报告中指出，英国 HSS 的领导人兼任 VHP - UK 主任委员会工作，负责 VHP - UK 宗教教育的代表是来自 HSS 的领导，也是 HSS 出版物《团信息》（Sangh Sandesh）的前主编。同时，印度的 RSS 定期从南格普尔派出使者去监督海外的夏卡训练营，或者为海外 HSS 举行规范的训练课程。英国团家族成员定期参加印度团家族组织的活动，HSS 的会议上也经常宣读印度 RSS 的活动报告。更重要的是，1995 年 4 月，RSS 首领拉晋德拉·辛格将他的“团工人活动指南”发给伦敦的 HSS 团员。[③] 事实上，印度的 RSS 将世界分成几个地理区域，每个区域由一名高级领导人负责。可

① 古鲁瓦希纳：《后现代印度教的政治化》（J. Kuruvachira，*Politicisation of Hindu Religion in Postmodern India*，Jaipur：Rawat Publications，2008），第 178 页。

② AWAAZ 是一个活动在印度和英国的反教派主义组织，主要揭发团家族非法获取的外国资金，并在其报告中透露出来。

③ AWAAZ：《糟糕的信仰：英国的慈善活动与印度教极端主义》（AWAAZ—South Asia Watch Limited，*In Bad Faith? British Charity and Hindu Extremism*，London，2004），第 50 页。

见，印度教民族主义者在英国、美国和加拿大复制了团家族组织网络，海内外印度教民族主义组织体系的中心依然是 RSS。无论是印度的还是海外的印度教民族主义运动附属机构，都要对 RSS 这个决策中心保持忠诚，并且从 RSS 寻求组织和意识形态上的指导。

为了将海内外印度教徒团结起来，实现振兴印度教和印度国家的使命，团家族通过多种方式帮助海外印度教徒建构印度教认同。第一，保护和解释印度教文化。VHP 定期举行有关印度教文化知识的演讲，有时围绕印度教经典进行讨论，有时涉及印度教神祗如象头神的肖像解释，有时则是印度教与自然的关系。除了强调印度古代文化外，VHP 演讲中也强调了印度教的当代合法性。VHP 努力在移民空间中重新解读印度教思想和实践，认为印度教符合现代科学管理的精神，具有提升人们身心的功能。这种再解读被看作在移民环境下为印度教思想提供一种文化合法性。团家族努力将印度教塑造为现代的、全球的文化，证明印度教代表的东方精神取胜于西方的物质主义，即认为印度教是用来消解现代生活中焦虑和无根感的一种后现代精神。① 海外 VHP 在宣传中既强调印度教特性的古代根源，也重视印度教在现代社会中的实用性，这为移民建构印度教认同提供了合理的解释。第二，组织集体活动。VHP 举行的演讲就是把印度教徒组织成一个集体的最主要方式，同时印度教神庙举办的活动也有助于参加者形成集体观念。例如，在英国曼彻斯特的印度教神庙（Gita Bhavan）举行的周末活动中，VHP 邀请了整个曼彻斯特地区的印度教徒参加，听讲演、集体拜神、与朋友和家人共进晚餐成为这次活动的主要内容。在这种愉悦而非正式的气氛中，印度教集体得到了有效的展现。另外，曼彻斯特的 VHP 通常在每年 10 月为曼彻斯特大学新来的印度教学生举行欢迎晚宴，将新同学引入曼彻斯特印度教集体。通过以上活动，曼彻斯特的印度教共同体得到了扩大，移民的印度教认同得到了强化。然而，随着学生群体中印度教认同的增强，移民空间中排斥穆斯林的情绪也相应增强。第三，在移民空间中丑化穆斯林。英国 VHP 的宣传言辞中一个持续的特征就是污蔑穆斯林。

---

① 扎沃斯：《英国的印度教民族主义》（John Zavos, "Situating Hindu Nationalism in the UK: Vishwa Hindu Parishad and the Development of British Hindu Identity", *Commonwealth & Comparative Politics*, Vol. 48, No. 1, February 2010），第 11 页。

印度教徒移民认为穆斯林在印度的统治导致印度人丧失文化身份，并且造成印度教社会的衰败。同时，英国的印度教徒对同处移民空间中的穆斯林表示担忧，认为穆斯林人口急剧膨胀，穆斯林文化将控制英国。[①] 海外印度教徒容易刻板地将穆斯林看作极端分子、毒品走私者或性欲旺盛的繁殖者，从而强化了与守法的、安静的、掌握专业技能和经济上成功的印度教认同的区别。下层的、分离的、妖魔化的穆斯林他者为建构中产阶级、统一而自信的印度教移民群体认同提供了一种基础框架。第四，培养祖国观。海外 VHP 对移民形成印度教认同的影响还在于宣传祖国观、宣传回到祖国的可能。英国的第一代印度教徒移民总是希望在英国过半年，然后在印度过半年。英国 VHP 经常在印度教神庙里播放电影，电影中显示印度教徒的团结和慈善行为，展示祖国印度的和谐生活。在印度电影宣传下，祖国印度在海外移民群体中的印象越来越深刻。在印度教民族主义者的刻画下，祖国印度被想象为一块充满秩序、和谐的领土，这更加激发了移民返乡的渴望。

二、海外印度教徒在印度教民族主义运动中的作用

随着大量印度教徒移民到欧美国家，团家族加紧在移民中的活动，帮助移民建构印度教认同，赢得了海外印度教徒对印度教民族主义事业的支持。一方面，海外印度教徒移民为团家族的发展捐献了大量资金；另一方面，移民在居住国积极彰显文化软实力，参与政治活动，改善了居住国与祖籍国印度的关系。

海外印度教徒在经济和社会上取得了很大成功，2000 年美国的统计数据显示印裔人均年收入为 6.7 万美元，而全美人均年收入仅为 3 万美元。这样的成就让印度人尤其是印度教徒感觉到他们成为美国少数派的榜样。在英国，16—30 岁的印度教徒中有 30% 以上拥有大学学历，整个印度教徒中有 5% 拥有博士学位。由于海外印度教徒移民的这些成就，他们成为印

---

① 扎沃斯：《英国的印度教民族主义》（John Zavos，“Situating Hindu Nationalism in the UK：Vishwa Hindu Parishad and the Development of British Hindu Identity”，*Commonwealth & Comparative Politics*，Vol. 48，No. 1，February 2010），第 12 页。

度资金筹措组织的首要目标。1989 年，为了在阿约迪亚重新建立罗摩庙，团家族第一次利用海外组织从事筹集资金活动，由海外印度教徒出资制作的罗摩圣砖，被带到阿约迪亚进行展览。1992 年印度教徒强行拆毁巴布尔清真寺后，美国的印度人筹集了 35 万美元用以重新修建罗摩庙。① 此后，团家族的主要活动资金基本都来自海外，AWAAZ 发布的 2002 年和 2004 年报告披露了团家族通过 IDRF 和 Sewa UK 而建立的整个海外筹资网络，显示出英国和美国社会中印度教移民与团家族的个人及机构关系。

位于美国马里兰州的 IDRF 对外宣称是一个非赢利的非政府慈善组织，它主要在美国印度教群体中募集资金，支援印度国内的发展项目。1990—1998 年，IDRF 共募集了 200 万美元，1994 年它成立的印度教遗产保护基金（Hindu Heritage Endowment）共募集了 260 万美元。另有资料显示，1995—2000 年，IDRF 共收集了 500 万美元，并将其分发给印度 284 个组织。附属于 IDRF 的 75 个组织中，有 60 家组织是团家族的附属机构，包括印度服务、部落福利中心等。虽然印度教民族主义者利用多个保护公司，努力掩饰插手 IDRF 的集资活动。事实上，IDRF 本身由团家族掌控，IDRF 的六名副会长中就有四名是 HSS 成员，其中一位属于 VHPA 全国管理委员会。②

除了团家族成员在美国的集资活动外，加拿大的国际服务和英国的英国服务也进行了集资活动。根据加拿大服务的创建者和总书记赛特·瓦德瓦所言，这个组织成立于 20 世纪 90 年代初，到 2005 年共筹集了 22.5 万美元。2006 年 2 月他代表加拿大服务向印度的好几个项目赠送了 15 万美元。其中一些项目直接由印度服务管理，其他部落地区项目则由部落福利中心管理。根据 AWAAZ 的调查，英国的主要印度教民族主义筹资机构英国服务非常高效，其中英国的古吉拉特人成为主要资金贡献者。英国服务表示筹集了 230 万，其中 190 万被转移到印度服务古吉拉特分支，1/3 的

---

① 贾夫里罗特：《团家族和西方的印度教徒移民》（Christophe Jaffrelot, "The Sangh Parivar and the Hindu Diaspora in the West, What Kind of Long – Distance Nationalism?", *International Political Sociology*, Vol. 1 Issue 3, September 2007），第 287 页。

② 比居、维杰：《美国印度教特性的多种面孔》（Mathew Biju and Prashad Vijay, "The Protean Forms of Yankee Hindutva", *Ethnic and Racial Studies*, Vol. 23, Issue 3, May 2000），第 529 页。

资金被用于在部落地区修建学校。①

海外印度教徒的捐赠资金也被用于印度教民族主义政党 BJP 的竞选活动，BJP 高度评价了美国印度移民对其政治崛起的贡献。选举期间 BJP 领导人如阿德瓦尼亲自到美国去募集资金，而在执政后 BJP 联合政府发行的“复兴印度基金”也在美国印度移民中获得大丰收，短短几周就筹集了两亿美元。有分析人士认为，美国的印度教徒之所以愿意向 BJP 选举注资，一是希望奉行经济自由化和私有化的 BJP 在印度执政后给予移民更多投资机会，二是移民出于良心上的不安而对祖国的贫穷同胞给以救济。② 也有分析认为更加实质的原因则是 BJP 打出“保护印度教徒利益”的口号，满足了移民印度教认同的需要。③ 正如专栏作家潘特所说，“海外印度人倾向于支持祖国的右翼党派，寻求认同是他们与祖国保持联系的主要动机”。④

海外印度教徒彰显文化软实力，参与居住国政治活动，以此改变居住国对祖籍国印度的印象。⑤ 以美国的印度教群体为例，他们配合团家族积极推广印度教文化，提升印度在美国的形象。当然，这种文化推广活动的背后也隐藏着一定的政治动机。比如，印度人民党海外之友在美国公立学校进行文化演讲，在演讲内容中有意宣传团家族的印度观，以及团家族对印巴关系的看法。这一点也得到了印度 BJP 高官阿格尼霍特利的赞赏，他要求美国的印度教徒移民加大文化宣传力度，在克什米尔之类的问题上“教育美国媒体”。⑥ 甚至连瓦杰帕伊政府的安全顾问米什拉也承认人才外

---

① 贾夫里罗特：《团家族和西方的印度教徒移民》（Christophe Jaffrelot，“The Sangh Parivar and the Hindu Diaspora in the West，What Kind of Long－Distance Nationalism?”，*International Political Sociology*，Vol. 1 Issue 3，September 2007），第 288 页。

② 陈小萍：《移民的印度教认同及其对印度政治的影响》，《南亚研究季刊》2012 年第 3 期，第 79 页。

③ 贾夫里罗特：《团家族和西方的印度教徒移民》（Christophe Jaffrelot，“The Sangh Parivar and the Hindu Diaspora in the West，What Kind of Long－Distance Nationalism?”，*International Political Sociology*，Vol. 1，Issue 3，September 2007），第 288 页。

④ 潘特：《印度政治的海外移民因素和第 15 届大选》（Girijesh Pant，“Diaspora in Indian Politics and the 15th Election”，in Ajay K. Mehra ed.，*Emerging Trends in Indian Politics*，New Delhi：Routledge，2010），第 329—330 页。

⑤ 陈小萍：《远程民族主义视角下的印度教认同与美国印度移民政治》，《世界民族》2013 年第 3 期，第 75 页。

⑥ 珀查：《中印不断增长的软实力》（Jehangir Pocha，“The Rising Soft Power of India and China”，*New Perspective Quarterly*，No. 1，Winter 2003），第 8 页。

流到美国其实也是印度的一种投资，因为他们成为印度影响美国公众意见的渠道。他呼吁印度教移民学习犹太人，发挥强大的游说功能。[1]

美国的印度移民争取到了独立的政治身份即印裔美国人，不再与巴基斯坦移民一起被看作南亚移民群体。同时，印裔美国人成立了相关政治组织，以保护其群体的利益，并极力影响美国政府对印度的看法。美国的印度教徒成立了"印裔美国人政治教育论坛"（Indian American Forum for Political Education，IAFPE）、"印裔美国人政治倡议委员会"（Indian American Political Advocacy Council，IAPAC）、"印度海外政治观察中心"（India Abroad Center for Political Awareness）。印裔美国人的政治影响力不断增强，甚至在美国国会参众两院都设有相关组织，如众议院的"印度和印裔问题核心小组"（Caucus of India and Indian Americans in the House of Representatives）、参议院的"印度之友"（Friends of India）。[2] 通过上述政治组织，印裔美国人在美国政治生活中进行游说，努力争取对他们自己和祖籍国印度有利的政策。

1998 年，印度进行核试验后，美国对印度 BJP 联合政府进行严厉经济制裁。此时，印裔美国人加紧向美国官方宣传印度政府的立场并取得美方的谅解，游说美国政府撤销对印度的经济制裁。1999 年，印巴发生卡吉尔冲突，印裔美国人成功说服美国国会议员支持印度，并且向挑衅事端的巴基斯坦施压。[3] "9·11"事件后，巴基斯坦成为美国反恐阵营中的主力，印度感觉受到冷落。然而，在印裔美国人的努力下，美国政府最终承认印度受到的越界恐怖袭击之害，同时也肯定了印度在地区反恐中的重要作用。印裔美国人政治努力的结果是让美国政府改变了对印度政府尤其是 BJP 政府的态度，从而使得印美关系出现了自冷战以来逐渐升温的态势。

---

① 贾夫里罗特：《团家族和西方的印度教徒移民》（Christophe Jaffrelot，"The Sangh Parivar and the Hindu Diaspora in the West，What Kind of Long – Distance Nationalism?"，*International Political Sociology*，Vol. 1 Issue 3，September 2007），第 293 页。

② 鲁比诺夫：《美印关系中的移民因素》（Arthur G. Rubinoff，"The Diaspora as a Factor in U. S. – Indo Relations"，*Asian Affairs*，No. 3，Fall 2005），第 182 页。

③ 印度政府海外印度人事务部：《高级委员会关于海外印度人的报告，2001》（Government of India，The Ministry of Overseas Indian Affairs，*Report of the High Level Committee on the Indian Diaspora 2001*，New Delhi，2001）。

三、团家族在海外取得成功的原因

印度教民族主义团家族在海外发展顺利，其印度教特性主张吸引了大批印度教徒移民。有分析认为团家族在海外的成功与移民的社会特征有关，比如美国印度教徒中大部分是计算机科学家和小商人，他们多来自印度社会中保守的阶层，完全不适应大都市的社会生活。[①] 结果，团家族回归印度教传统的吁求满足了移民的心理需求。另外，乐勒对团家族在加拿大印度移民中的发展作出了另外的解释。他认为 20 世纪 60 年代后移民的都是高级种姓中产阶级，这些富裕的印度人发现团家族展示的婆罗门的、统一的、美好的印度教，有利于维护他们在加拿大社会和印度人群体中的主导地位。[②] 事实上，除了移民自身的因素，团家族在海外的成功还取决于以下几方面的原因。

团家族强化了它的组织网络，加速了它在海外的动员势头。1993 年，VHPA 举行了主题为“Global Vision 2000”的大型会议，来自印度和美国的约 5000 名印度教徒参加了此次会议。其中，来自印度国内 BJP 的高官乔希和巴提做了有关印度教优越和印度教徒自信的激情发言，掀起了会议高潮。[③] 1995 年，RSS 团首领拉晋德拉·辛格到欧洲访问，他以一种非常温和的语调展示了国民志愿团的全球抱负。在伦敦大学亚非学院，拉晋德拉·辛格的演讲题目“21 世纪：印度教的世纪”具有煽动性，他宣布印度将选择社会主义和资本主义之间的第三条道路，这样的道路将遵从印度教

---

① 拉贾戈帕尔：《美国的印度教民族主义》（Arvind Rajagopal，“Hindu Nationalism in the US: Changing Configurations of Political Practice”，*Ethnic and Racial Studies*，Vol. 23，Issue 3，May 2000），第 482 页。

② 乐勒：《印度移民的远程民族主义》（Jayant Lele，“Indian Diaspora's Long - Distance Nationalism: The Rise and Proliferation of ‘Hindutva’ in Canada”，in S. J. Varma and R. Seshan eds.，*Fractured Identity: The Indian Diaspora in Canada*，New Delhi: Rawat Publications，2003），第 93 页。

③ 拉贾戈帕尔：《电视之后的政治：印度教民族主义及印度公众的再塑造》（Arvind Rajagopal，*Politics after Television: Hindu Nationalism and the Reshaping of the Public in India*，Cambridge: Cambridge University Press，2004），第 238 页。

的全面特性，将是社会团结和友好的典范。[①] 辛格的出访显示出团家族加强海外印度教徒动员的努力，其演讲中也将一个繁荣的印度教过去与充满希望的现代印度联系起来，这无疑激发了海外移民对印度教民族主义的热情。

团家族在海外的成功与印度教民族主义运动在印度国内政治中主流化有关。从20世纪90年代中起，特别是1996年人民院选举后，BJP成为印度人民院第一大党。BJP的执政标志着印度教民族主义摆脱了政治边缘化地位，其印度教特性主张得到了选民的认可。BJP执政后，非常重视海外印度教徒的情感诉求，为他们实施有限的双重国籍制度。印度教民族主义对海外印度教徒的关照显然得到了回报，结果国外印度教徒相信印度教特性获得了尊敬，积极参与团家族组织的集会，并为团家族的事业慷慨筹资。

印度教徒移民群体的政治文化在20世纪90年代变得更加激进，他们容易接受团家族的印度教特性鼓动。印度教移民的激进主义部分是出于对印度国内或国外穆斯林他者的反映。1981年，南印度的明纳克希普拉姆村大量达利特改教到伊斯兰教，1985年沙·巴诺案凸显了穆斯林对印度国家整合的消极影响。团家族在上述事件中将穆斯林刻画为威胁印度教的他者，这激发了海外印度教徒的反穆斯林和反伊斯兰情绪。从国外来说，1989年拉什迪事件和伊斯兰解放党运动（Hizb ut Tahrir）[②] 在移民空间中强化了宗教认同，大学校园里不同宗教群体学生间共处越来越成问题。比如，在伦敦大学亚非学院，印度教学生和犹太学生共同努力，在学生中禁止伊斯兰解放党。同时，他们还发起一场运动，反对年轻锡克教、印度教女性与穆斯林结婚时，皈依伊斯兰教。[③] 这种背景下，团家族在印度教移

① 拉吉：《到底你认为你是谁?》（Sarhadi Dhooleka Raj，"'Who the Hell Do You Think You Are?', Promoting Religious Identity Among Young Hindus in Britain", *Ethnic and Racial Studies*, Vol. 23, Issue 3, May 2000），第549页。

② 其为苏联解体后，中亚出现的伊斯兰运动派别之一。伊斯兰解放党运动是一个国际泛伊斯兰组织，主要目的是将穆斯林国家联合成一个由伊斯兰法律统治的伊斯兰政体。

③ 贾夫里罗特：《团家族和西方的印度教徒移民》（Christophe Jaffrelot，"The Sangh Parivar and the Hindu Diaspora in the West, What Kind of Long－Distance Nationalism?", *International Political Sociology*, Vol. 1 Issue 3, September 2007），第291页。

民群体中受到欢迎，因为它满足了移民的宗教感情需求，印度教移民在此时容易接受右翼印度教意识形态。

印度教民族主义组织充分利用了英国与北美的种族主义和多元文化主义社会政治背景。在美国，多元文化主义催生了印裔少数派组织的出现，“扶持行动政策”（Affirmative Action Policy）[①] 支撑了印度教群体的努力。1977 年，印裔美国人协会努力争取将印度人纳入少数派，以从国家提供的扶持行动中获益。[②] 1982 年，亚裔中的印度血统人就要求将他们列入社会中落后的少数派，以获得特殊的照顾。2000 年，美国人口统计赋予印裔人一个单独身份范畴，使他们不再与巴基斯坦人一起被统计。在加拿大，社会呈现马赛克而不是熔炉模式，这无形中有利于印度教徒突出自己的集团特征。在欧美国家中，印度教特性支持者努力宣称他们属于文雅的多元文化中的一支，并且从国家的多元集团政策中获得了好处。

除了多元文化主义，英国、美国和加拿大社会中也存在多种形式的歧视，这变相刺激了移民的印度教认同建构。20 世纪 80 年代，美国和英国社会中出现的新右翼势力歧视少数派，攻击政府给少数派提供的权利和保护，还努力阻止印度移民进入基督教主导的国家。同时，这些国家存在着种族主义的温和形式，孩子是种族歧视的首要受害者。在美国小学和中学中，许多第二代印度教移民经常成为同学们的笑柄。同学们不仅嘲笑印度移民的肤色，而且嘲笑印度教习俗，比如素食主义、崇拜牛、指定婚姻、穿纱丽、高种姓男人带圣线等。

在欧美特殊的社会政治背景下，印度移民创建了各种印度教保护组织，比如美国的印度教协会联盟（the Federation of Hindu Associations）、美国印度教徒反污蔑联盟（American Hindu Anti - Defamation Coalition, AHADC）。AHADC 的主要目的就是确保有关印度教的图像和文字中没有传达反对印度教的偏见。同样，在加拿大也成立了加拿大希望（Canadian Hope）和加拿大印度教徒大会（the Hindu Conference of Canada），以检查

---

① 欧美国家支持、鼓励聘用女性、少数族裔等受歧视者的积极行动或措施。

② 比居、维杰：《美国印度教特性的多种面孔》（Mathew Biju and Prashad Vijay，“The Protean Forms of Yankee Hindutva”，*Ethnic and Racial Studies*，Vol. 23，Issue 3，May 2000），第 519—520 页。

和保护全国媒体中对印度教徒形象的宣传。居住国内的多元文化主义和种族歧视催生了印度教群体保护组织，这些组织迅速响应了团家族在海外的族群动员。2003 年 9 月，一些英国印度教论坛的成员和几位印度血统的议员发起了“印度教徒选票行动”（Operation Hindu Vote），这场运动表明支持民族主义和极端印度教观点的印度教人群在英国政治中逐渐成为一支重要的力量。同时，印度教特性进入学生联盟，NHSF 鼓励它的成员在全国学生联盟和学生政治中踊跃表现。英国的印度教特性活动家从这些运动中得到了政治支持，并将自己展示为整个印度教群体的发言人。

总之，印度教民族主义团家族建立了海外分支机构，努力在海外印度教群体中推广印度教文化。在团家族庞大的海内外组织体系内，RSS 依然是支撑中心。团家族帮助海外移民建构印度教认同，移民则为团家族的组织发展提供资金和政治支持。团家族的活动让海外印度教徒心系祖国印度的发展，同时努力提升居住国与祖籍国的关系。印度教民族主义运动在欧美印度教移民群体中获得成功的原因是多方面的，如移民环境下激进的宗教政治文化与移民的宗教认同需求，印度教民族主义在印度逐渐政治主流化，团家族加大了海外动员势头，以及居住国的种族主义和多元文化主义等。

小 结

民族主义的安全关切主要通过民族国家和国际政治两个层面显现出来，印度教民族主义也不例外。受到威胁和不安全感始终是印度教民族主义形成和发展的心理根源，确保国家安全成为 BJP 执政后的头等大事。BJP 政府成立了国家安全委员会，对印度的安全环境作出全面评估，扩充军备来确保国家安全。同时，BJP 政府重视对外安全合作，不仅继续保持与美、俄等大国的安全合作，而且努力寻求与以色列的合作共识。BJP 基于实力的国家安全观加速了印度的大国地位诉求，印度进行核试验、开展大国外交、确保地区霸权优势的举措都是为了获取世界对其大国地位的认可。然而，印巴分治的前因后果注定了当代印巴关系依然受两国极端民族主义所害。印巴围绕克什米尔问题的博弈将印度陷入南亚事务而不能自拔，这势必阻碍了印度世界大国地位梦想的实现。

随着印度教移民群体的扩大，团家族加速了向海外扩散的步伐。团家族在英国、北美的印度教移民群体中发展了与印度国内一样的组织网络。海外团家族与印度国内的团家族都以 RSS 为领导核心，接受 RSS 的组织和意识形态指导。团家族帮助海外印度教徒建构印度教认同，彰显印度教文化软实力，并极力渲染其他文化对印度教的威胁。海外印度教徒对印度国内的印度教民族主义运动予以了高度关注和支持，不仅为阿约迪亚重建罗摩庙贡献大量资金，而且为 BJP 的竞选和执政提供大量资金支持。同时，海外印度教徒以其经济上的成就和文化上的影响力，逐渐在居住国成为一股重要的政治力量，极力改变居住国对印度和 BJP 政府的印象。团家族在海外的发展是全球化背景下印度教民族主义发展的新趋势，通过印度教认同建构，从文化和政治上振兴印度成为海内外印度教徒的共同使命。

结　语

英国早期的民族学者盖尔纳认为，“当且只当两个人共享同一种文化，而文化又意味着一种思想、符号、联系体系以及行为和交流方式时，则他们同属于一个民族”，“民族主义不是民族自我意识的觉醒，民族主义发明了原本并不存在的民族”。[①] 另一位多产的英国民族主义学者斯密斯则将民族定义为：“具有名称，占有领土的人类共同体，拥有共同的神话、共享的历史和普通的公共文化，所有成员生活在单一经济之中并且有着同样的权利和义务。”[②] 同时，斯密斯认为民族主义就是“一种为某一群体争取和维护自治、统一和认同的意识形态运动，该群体的部分成员认为有必要组成一个事实上的或潜在的‘民族’”。[③] 斯密斯认为民族主义在某个层面上表现为政治意识形态，而在另一些层面上则表现为一种公共文化和一种代理的政治宗教仪式，民族主义是一种带有数种面貌的全球现象。[④] 美国学者安德森直接认为民族和民族主义是“特色的文化人造物”，他给民族下了这样的定义：“民族是一种想象的政治共同体——并且，它被想象为本质上是有限的，同时也享有主权的共同体。”[⑤] 安德森认为作为文化形式的宗教朝圣和印刷品传播加速了民族想象的步伐。从以上关于民族和民族主

---

① 厄内斯特·盖尔纳，韩红译：《民族与民族主义》，中央编译出版社2002年版，第9页。

② 安东尼·史密斯，叶江译：《民族主义：理论、意识形态、历史》，上海人民出版社2005年版，第14页。

③ 同上书，第10页。

④ 同上书，第36—37页。

⑤ 本尼迪克特·安德森，吴叡人译：《想象的共同体：民族主义的起源与散布》，上海人民出版社2011年版，第6—8页。

义的定义中可以看出，文化在民族认同建构过程中发挥了必不可少的作用，民族变成了文化的人造物。[①] 如果不考虑到广泛的文化认同问题，作为身份范畴标志的民族和民族主义就不能得到充分建构。宗教作为文化的一个重要方面，宗教认同甚至发挥了文化认同的作用，必然会在民族主义历史发展过程中留下烙印。

对于宗教在民族认同建构中的作用，民族学者予以了相当的重视。汉斯汀认为宗教是许多文化、主要族群和一些国家必不可少的部分，至少在基督教社会，《圣经》提供了民族的原型，没有《圣经》以及基督教的解释和实施，民族和民族主义可能就不会在欧洲出现。[②] 安德森也曾经这样说，“民族主义的想象如此关切死亡与不朽，这正暗示了它和宗教的想象之间有着密不可分的关系”；[③] “想象的宗教共同体的现实性深深地依靠不停的旅行，虽然宗教的朝圣或许是最动人而壮观的想象之旅，但是世俗（教育和行政）朝圣也一直存在着”。[④] 由此，安德森肯定了由宗教朝圣而带动的世俗朝圣对建构民族共同体想象的重要作用。威尔继续证明了安德森的观点，认为“民族是想象的共同体，宗教提供了对世界的特殊想象，也提供了相互交流的特殊方式。根据宗教意识形态，这些想象是自然的、天定的、不可改变的。从这个方面说，宗教意义和实践的产生是民族认同历史建构的一部分”。[⑤] 宗教认同通过宗教仪式话语和实践得以建构；宗教认同并不是固定传统内化的原始感情，而是不断变化的宗教组织和传播形式的特殊产物。人们通过神话传说发现传统，再现过去的黄金岁月，对于过去辉煌的认知则直接与现在创立的习俗、节日和仪式联系起来，这样

---

① 金瓦尔：《民族主义、宗教和特定伤害》（Catarina Kinnvall，“Nationalism，Religion and the Search for Chosen Traumas：Comparing Sikh and Hindu Identity Constructions”，*Ethnicities*，Vol. 2，No. 1，2002），第 82 页。

② 汉斯汀：《民族建构：族群、宗教和民族主义》（Ardrian Hastings，*The Construction of Nationhood：Ethnicity，Religion and Nationalism*，Cambridge：Cambridge University Press，1997），第 3—4 页。

③ 本尼迪克特·安德森，吴叡人译：《想象的共同体：民族主义的起源与散布》，上海人民出版社 2011 年版，第 9 页。

④ 同上书，第 53 页。

⑤ 韦尔：《宗教民族主义：印度教徒和穆斯林》（Peter Van Der Veer，*Religious Nationalism：Hindus and Muslims in India*，California：University of California Press，1994），第 84 页。

“我们”作为一个整体便被赋予了历史地位，并且被想象为永远存在。[①] 可见，民族认同的建构总是借助宗教/文化认同的形式来实现，人们甚至直接将宗教/文化共同体等同于民族共同体，这就产生了宗教民族主义或文化民族主义。在印度教民族主义倡导的“印度教特性”意识中，印度教认同和民族认同是等同的。[②]

自19世纪晚期印度民族独立运动以来，印度教先进知识分子就善于运用印度教宗教文化力量进行民族认同建构，从而达到民族解放的目的。甘地领导的国大党使用印度教伦理准则“真理”和“非暴力”，努力在世俗和宗教力量之间达成妥协，以形成一股合力赢得民族独立。随着民族运动的深入，甘地和国大党的印度教色彩进一步加重。可以说，为了推翻英殖民者的统治，印度人最大限度地利用了印度教。[③] 从这种意义上说，宗教，更确切地说是印度教，在印度独立运动中发挥了重要作用，这决定了印度民族想象中的印度教特征。尽管独立后执政国大党宣称世俗主义建国原则，但是正如韦尔所指出的那样，印度最重要的民族想象将继续是宗教的，而不是世俗的。[④] 印度著名社会学家马旦甚至认为，世俗主义并不适合印度的文化环境，世俗主义本质上是外来的，并不能在印度扎根。[⑤]

独立运动期间，印度教民族主义组织是在对印度民族定义进行持续斗争的背景下产生的。印度教大会主席萨瓦卡尔提出“印度教特性”主张，即宣称印度教在国家政治生活中的主导地位，印度教徒在国家经济政治生活中的主要作用。“印度教特性”支持者认为印度教徒因宗教的、文化的、历史的亲缘关系而结成了一个同质的民族，那就是印度教民族，印度教民

---

① 森韦拉特尼：《认同、意识和过去》（H. L. Senviratne, *Identity*, *Consciousness and the Past*: *Forging of Caste and Community in India and Sri－Lanka*, Delhi: Oxford University Press, 1997），第5页。

② 金瓦尔：《民族主义、宗教和特定伤害》（Catarina Kinnvall, “Nationalism, Religion and the Search for Chosen Traumas: Comparing Sikh and Hindu Identity Constructions”, *Ethnicities*, Vol. 2, No. 1, 2002），第92页。

③ 邱永辉：《印度教、民族主义与印度人民党》，《南亚研究季刊》1998年第4期，第43页。

④ 韦尔：《宗教民族主义：印度教徒和穆斯林》（Peter Van Der Veer, *Religious Nationalism*: *Hindus and Muslims in India*, California: University of California Press, 1994），第22页。

⑤ 马旦：《理想的世俗主义》（T. N. Madan, “Secularism in Its Place”, *Journal of Asian Studies*, Vol. 46, No. 4, 1987），第747页。

族就是指那些把印度当作祖国也当作圣地的人民。印度教大会的成立和“印度教特性”思想的提出，标志着印度教民族主义正式形成。事实上，从19世纪中叶开始，围绕民族定义的斗争中就包括了建构印度教认同和恢复伟大印度教传统的努力。以世俗民族主义著称的国大党虽然使用印度教精神力量进行殖民解放动员，但是其宣称要建立一个印度教徒和其他信仰者兼容并蓄的多元世俗国家。穆斯林联盟则直接以伊斯兰教团结印度的穆斯林，努力争取穆斯林的独立自治，并最终以两个民族理论掀起了巴基斯坦建国运动。印度教民族主义则是对以上两种政治势力的直接反映，其呼吁印度应该是印度教民族的国家，印度教文化应该用来规范全民思想，统一全民行动。虽然以上三种政治势力都为印度获得殖民解放发挥了不同程度的作用，但是它们之间充斥着权力竞争和利益角逐，并最终导致了英属印度的分治。分治后的印度，国大党取得暂时胜利，并制定了国家建设的世俗主义原则。然而，印度社会的宗教性决定了独立后印度政治发展与宗教并不可能真正分离，正如圣雄甘地所说，“那些认为宗教与政治可以分离的人，既不了解宗教，也不了解政治”。[①] 印度的弱世俗政治环境为印度教民族主义在独立后的教派和政治动员中创造了条件，印度教民族主义势力的政治崛起是与国内宗教少数派、低种姓、部落民协商的结果，同时也是它内部极端与温和派较量的结果。

民族认同建构需要创建一个敌人（他者），他者被说成是威胁民族健康和繁荣的不纯洁的、危险的、病态的因素。[②] 在民族身份认同建构中，自我和他者总是相互联系在一起，通过重现“特定伤害”（Chosen Trauma）[③] 的方式，自我与他者之间的界限被合理化。为了寻求民族，民族主义需要证明它希望建立的民族一直都存在，而让民族陨落的“特定伤害”位于民族寻求的中心。宗教和文化仪式可能起到了持续伤害的目的，并将

---

① 艾耶尔编：《圣雄甘地的道德和政治书写》（Raghavan Iyer ed., *The Moral and Political Writings of Mahatma Gandhi*, Oxford: Clarendon Press, 1986），第374页。

② 夏特吉：《印度教民族主义的生态政治》（Angana P. Chatterji, “The Biopolitics of Hindu Nationalism: Mournings”, *Cultural Dynamics*, No. 16, 2004），第322页。

③ “特定伤害”指一个群体感到被另一个群体伤害、羞辱的特定历史事物，它常常被再现为群体身份建构中的重大标志。印度教民族主义用“印巴分治”和“巴布尔清真寺”这些“特定伤害”来建构印度教民族认同。

他者持续妖魔化，同时把自我神圣化。在不断提及的“特定伤害”中，他者被贬低为非人性的，甚至被妖魔化，对他者的仇恨和恐惧贯穿于现在、未来和发现的过去之间。事实上，这些并不是原本就存在的仇恨感情或者根深蒂固的敌意，相反它们是反映在“特定伤害”事件中的结构性和心理性制造物。他者其实是个思维形象，自我把自己或群体不想要的（建构的）特征置于他者身上。[①] 正如马拉姆帕里所说，并不是中产阶级经济利益需求而是“命名他者”的政治潜力，塑造和鼓动了宗教民族主义。印度教民族主义的发展正是因为成功建构了“他者”，利用了高度感情化的神话象征。[②]

印度教自我认同需要依赖印度教徒与他者（非印度教徒）之间的宗教/文化对立来建构。韦尔也指出宗教民族主义者利用仪式崇拜和性别化的暴力宣传，以此区别并征服他者，从而强化民族的自我。[③] 印度教徒将宽容建构为印度教精神性的实质，并将不宽容置于他者（穆斯林）身上，通过这种方式成功地建立了印度教多数人的宗教民族主义。印度教民族主义通过展示他者对印度教徒的伤害和印度教徒对他者的恐惧感，来达到建构印度教民族的目的。首先，印巴分治就是一个“特定伤害”，在印穆教派骚乱、印巴卡吉尔冲突时它不断被印度教徒提及。印度教民族主义成功地将印度教徒建构为一个自我认同范畴，并将建构的事实置于他者（主要指穆斯林）身上。比如，穆斯林被认为要为神圣印度教家园的分治负责，因为他们在 1947 年宣布穆斯林是一个单独的民族。在建构穆斯林他者的过程中，穆斯林通常被说成不是真正的印度人，而是危险的外来者。分治的受伤经历加深了印度教徒和穆斯林之间的不信任，这样的感情关系因印巴之间持续的矛盾而进一步恶化。其次，巴布尔清真寺代表了第二个“特定

① 金瓦尔：《民族主义、宗教和特定伤害》（Catarina Kinnvall，“Nationalism，Religion and the Search for Chosen Traumas：Comparing Sikh and Hindu Identity Constructions”，*Ethnicities*，Vol. 2，No. 1，2002），第 85 页。

② 马拉姆帕里：《评析 20 世纪 80、90 年代马克思主义者和后现代主义者对印度教民族主义的反映》（Chandra Mallampalli，“Evaluating Marxist and Post – modernist Responses to Hindu Nationalism during the Eighties and Nineties”，*South Asia Research*，Vol. 19，No. 2，1999），第 186 页。

③ 韦尔：《宗教民族主义：印度教徒和穆斯林》（Peter Van Der Veer，*Religious Nationalism：Hindus and Muslims in India*，California：University of California Press，1994），第 3 页。

伤害”，即莫卧儿时期穆斯林对印度教徒的压迫。印度电影和电视中经常播放宗教故事，1987年国家电视台播放的《罗摩衍那》连续剧将宗教带入千千万万印度教徒的生活中。通过电视演播，观众中形成了“阿约迪亚就是罗摩出生地”的共识，这有助于世界印度教大会以印度教民族的名义解放罗摩出生地。电视形象使得阿约迪亚的罗摩圣地更加真实，它在大众想象中赋予了更多的感情，印度教自我的本质化与他者的建构交织起来。阿约迪亚的清真寺被转变成威胁印度教多数派的象征，为了保护印度教集体自我，印度教徒的宗教狂热和暴力行动被解释为很自然和很关键的。所有这些因素使得印度教民族主义者容易将穆斯林当作目标，将他们转变成一个遭印度教徒鄙视和恐惧的他者。国民志愿团意识形态家将穆斯林的特征妖魔化和本质化，将他们与所谓的纯洁的印度教价值观做比较。结果，在不断强化穆斯林他者构成的伤害和威胁时，基于印度教认同的民族认同便得到了有力建构。

在后殖民主义学者看来，印度教民族主义思潮是后殖民印度对殖民者话语霸权的反映，目的是宣称印度人自己的话语权。印度教民族主义在文化领域显示出与西方显著的不同，然而却利用了西方惯用的规训权（Disciplinary Power）形式。① 受到殖民者话语压制的属下群体（宗教少数派、女性和部落民），在印度教民族主义团家族发动的印度教特性运动中继续处于社会边缘化的地位。2002年古吉拉特教派骚乱中，印度教徒多数派发动了针对穆斯林少数派的复仇行动，使得穆斯林与印度教徒之间裂痕加深，穆斯林更加难以融入印度主流社会。印度教民族主义女性组织为女性参与政治提供了机会，但是女性获得的权利是有限的，仅仅是为了维护男性在印度教民族主义运动和印度社会中的控制地位。团家族在部落地区不断建构基督他者的威胁，大力推行印度教同质化活动，其目的仅仅是为了将部落民吸引到印度教民族事业中来，却无视了部落民的文化传统和真正的社会经济需求。实际上，团家族在属下群体中推行的是印度教多数人的话语霸权，属下群体继续处于社会边缘地位，难以融入国家主流中，印度

① 马拉姆帕里：《评析20世纪80、90年代马克思主义者和后现代主义者对印度教民族主义的反映》（Chandra Mallampalli, “Evaluating Marxist and Post – modernist Responses to Hindu Nationalism during the Eighties and Nineties”, *South Asia Research*, Vol. 19, No. 2, 1999），第173页。

教特性运动让印度国家民族整合更显艰难。

美国学者亨廷顿认为未来世界的主要冲突将发生在文明核心国家之间，这被印度教民族主义者视为印度国家安全构想与对外政策的圭臬。印度教民族主义强调印度教身份认同，极力歌颂印度教文化，同时伴随着对其他宗教文化的贬损和排斥。在团家族眼里，印度教是世界上最伟大的宗教，印度教化的印度是例外的，也是永恒的，印度教的精神魅力足以让印度在世界上享有受尊敬的地位。正是出于这种心理，印度确立了地区霸权地位，欲以一种大哥姿态保护它的南亚小兄弟。然而，巴基斯坦自成立之日起，就公开与印度叫板，主要原因却是印度独立运动期间就已结怨的印穆关系。印度教民族主义运动排斥穆斯林的情绪直接影响了印度与伊斯兰邻国的关系。同时，印度教民族主义政党 BJP 执政期间奉行强国政策（如公开核试验、扩充军备、开展大国外交等），延续了印度一直以来的大国地位追求。另外，印度教民族主义团家族以传播印度教文化为由从事跨国政治活动，不仅影响了印度国内的政治，而且影响着移民所在国的政治。欧美国家印度移民努力保持印度教认同，积极响应印度教民族主义运动的吁求，在跨国政治空间中为提升印度教和印度国家而奋斗。跨国活动是认识印度教民族主义的新维度：一方面，团家族通过印度教认同建构将海内外的印度教群体团结起来，为印度政治服务；另一方面，通过在海外展示印度教文化魅力将印度塑造为全球精神领袖。显然，印度教民族主义运动怀揣国家和全球抱负，肩负着宗教和政治上振兴印度的双重使命，即建立印度教在国内乃至世界精神文明中的领导地位，实现基于印度教认同的印度强国和大国梦。

参考文献

一、英文文献

1. 萨瓦卡尔：《印度教特性》（V. D. Savarkar, *Hindutva: Who is a Hindu?*, Bombay: S. S. Savarkar, 1969）。

2. 戈瓦卡尔：《我们或我们民族性的界定》（M. S. Golwalkar, *We or Our Nationhood Defined*, Nagpur: Bharat Prakashan, 1939）。

3. 戈瓦卡尔：《思想集成》（M. S. Golwalkar, *Bunches of Thoughts*, Bangalore: Jagarana Prakashan, 1966）。

4. 国民志愿团：《拓宽视野》（Rashtriya Swayamsevak Sangh, *Widening Horizons*, New Delhi: Suruchi Prakashan, 1992）。

5. 世界印度教大会编：《母性的力量》（Vishwa Hindu Parishad ed., *The Power of Motherhood*, New Delhi: Vishwa Hindu Parishad, 2000）。

6. 瓦杰帕伊：《十字路口的印度》（Atal Bihari Vajpayee, *India at the Crossroads*, New Delhi: Bharatiya Janata Party Publications, 1980）。

7. 辛格：《保卫印度》（Jaswant Singh, *Defending India*, London: Macmillan, 1999）。

8. 卡伦果：《国民志愿团的政治勾结》（Pralay Kanungo, *RSS's Tryst with Politics: from Hedgwar to Sudarshan*, Delhi: Manohar, 2002）。

9. 阿塔尔：《操纵政治：瓦杰帕伊东山再起》（Yogesh Atal, *Mandate for Political Transition: Reemergency of Vajpayee*, Jaipur: Rawat Publications, 2000）。

10. 贾夫里罗特编：《印度教民族主义文摘》（Christophe Jaffrelot ed., *Hindu Nationalism: a Reader*, New Jersey: Princeton University Press, 2007）。

11. 古鲁瓦希纳：《后现代印度教的政治化》（J. Kuruvachira, *Politicisation of Hindu Religion in Postmodern India*, *Jaipur*: Rawat Publications, 2008）。

12. 古鲁瓦希纳：《现代印度的印度教民族主义者》（J. Kuruvachira, *Hindu Nationalist of Modern India: a Critical Study of the Intellectual Genealogy of Hindutva*, Jaipur: Rawat Publications, 2006）。

13. 印度人民党：《印度人民党 1996 年选举宣言》（Bharatiya Janata Party, *Bharatiya Janata Party Election Manifesto 1996*, New Delhi: Bharatiya Janata Party, 1996）。

14. 印度人民党：《经济发展的人本主义路径》[Bharatiya Janata Party, *Humanistic Approach to Economic Development* (*A Swadeshi Alternative*), New Delhi: Bharatiya Janata Party, 1992]。

15. 印度人民党：《1991 年 5 月人民院中期选举》（Bharatiya Janata Party, *Mid – term Poll to Lok Sabha, May 1991: Our Commitments towards Ram Rajya*, New Delhi: Bharatiya Janata Party, 1991）。

16. 印度人民党：《印度人民党 1989 年选举宣言》（Bharatiya Janata Party, *Bharatiya Janata Party Election Manifesto: lok Sabha Elections, 1989*, New Delhi: Bharatiya Janata Party Publications, 1989）。

17. 印度人民党：《五项原则》（Bharatiya Janata Party, *Our Five Commitments*, New Delhi: Bharatiya Janata Party Publications, 1980）。

18. 印度人民党：《全国执行委员会会议》（Bharatiya Janata Party, *National Executive Meeting October 8 and 9 1985*, *National Council Meeting, October 10 1985*, *National Study Group Meeting October 11, 12 and 13, 1985*, New Delhi: Bharatiya Janata Party, 1986）。

19. 印度人民党：《印度人民党主席阿德瓦尼致辞》（Bharatiya Janata Party, *Bharatiya Janata Party Presidential Address by L. K. Advani*, New Delhi: Bharatiya Jjanata Party, 1986）。

20. 印度人民党：《对国大党两年行政无能的指控》（Bharatiya Janata Party, *Two Years of Congress Misrule: a Charge Sheet*, New Delhi: Bharatiya Janata Party, 1986）。

21. 《1998 年 BJP 选举宣言》，（BJP Manifesto 1998, http://bjpelectionmanifesto.com/pdf/manifesto1998.pdf）。

22. 印度政府新闻信息局：《联名部长的改革国家安全体制的报告》（Government of India, Press Information Bureau, *Group of Ministers' Report on Reforming the National Security System*, May 23, 2001, http://pib.nic.in/archieve/lreleng/lyr2001/rmay2001/23052001/r2305200110.html）。

23. 《印度精英得有集体感》（"Elite Has to Have Community Feeling", *Organiser*, February 29, 2004）。

24. 查卡拉瓦提：《重振司瓦德希精神》（Nikhil Chakravarty, "Recapture the Spirit of Swadeshi", *Organiser*, July 5, 1990）。

25. 卡马特：《中国要干什么?》（M. V. Kamath, "What is China up to?", *Organiser*, May 19, 2013）。

26. 马哈真：《贸易抵制是最好的战略》（Ashwani Mahajan, "Boycott is the Best Strategy", *Organiser*, May 27, 2013）。

27. 马哈真：《威胁中国龙》（Ashwani Mahajan, "Intimidate the Dragon", *Organiser*, May 19, 2013）。

28. 《惊醒印度的最后一次闹铃》（"The Last Wake-up Call for India: the Depsang Valley Incursion", *Organiser*, May 19, 2013）。

29. 库马尔：《中国的入侵是印度的战略失败》（Arun Kumar, "Chinese Incursion Was a Strategic Failure", *Organiser*, May 19, 2013）。

30. 《不要让印度成为中国商品的倾销地》（"Don't Allow India to Be a Dumping Ground for Chinese Goods", *Organiser*, May 27, 2013）。

31. 辛格：《屈膝意味着自杀》（V. K. Singh, "Knee-bending Approach Proving Suicidal", *Organiser*, May 27, 2013）。

32. 《国大党联合政府极不负责任的行为》（"Huge Irresponsible Act by Congress-NCP Govt: Arunachal BJP", *Organiser*, May 27, 2013）。

33. 印度政府海外印度人事务部：《高级委员会关于海外印度人的报

告，2001》（Government of India, The Ministry of Overseas Indian Affairs, *Report of the High Level Committee on the Indian Diaspora 2001*, New Delhi, 2001）。

34. 印度政府法律和司法部：《印度宪法》（Government of India, Ministry of Law and Justice, *The Constitution of India*, New Delhi, December 1, 2007）。

35. 道森：《印度教神话、宗教、地理、历史和文学辞典》（John Dowson, *A Classical Dictionary of Hindu Mythology and Religion, Geography, History, and Literature*, London: Routledge, 1953）。

36. 贾夫里罗特：《印度教民族主义运动和印度政治：1925—1990 年代》（Christophe Jaffrelot, *The Hindu Nationalist Movement and Indian Politics, 1925 – 1990s: Strategies of Identity – building, Implantation and Mobilisation*, New Delhi: Viking, 1996）。

37. 夏尔玛：《印度教育处于十字路口》（R. Sharma, *Indian Education at the Crossroads*, Delhi: Shubhi Publications, 2002）。

38. 齐扬康达特、米特拉编：《印度的选举政治》（Chiryankandath and Mitra eds., *Electoral Politics in India: a Changing Landscape*, New Delhi: Segment Books, 1992）。

39. 恩吉尼尔：《1947 年前后的印穆关系》（A. A. Engineer, "Hindu – Muslim Relations before and after 1947", in S. Gopal ed., *Anatomy of a Confrontation: the Rise of Communal Politics in India*, London: Zed Books, 1995）。

40. 南迪：《世俗主义政治和宗教容忍的回归》（Ashis Nandy, "The Politics of Secularism and Recovery of Religious Tolerance", in Das Veena ed., *Mirrors of Violence: Communities, Riots and Survivors in South Asia*, Delhi: Oxford University Press, 1992）。

41. 阿德雷、赛斯编：《联合政治与印度教民族主义》（Katharine Adeney and Lawrence Saez eds., *Coalition Politics and Hindu Nationalism*, Oxon: Routledge, 2005）。

42. 阿西拉夫：《印度的政治文化》（Ali Ashraf, *Political Culture in In-*

dia, New Delhi: Hira Publications, 1995)。

43. 巴克尔:《现代欧洲的宗教民族主义》(Philip W. Barker, *If God Be for us: Religious Nationalism in Modern Europe*, The University of Colorado, 2005)。

44. 巴特:《印度教民族主义:起源、意识形态和现代神话》(Chetan Bhatt, *Hindu Nationalism: Origins, Ideologies and Modern Myths*, Oxford: Berg, 2001)。

45. 布利斯特:《全球化和经济民族主义》(Thomas Edward Brister, *Globalization and Economic Nationalism: India's Politics of Swadeshi*, University of Virginia, 2000)。

46. 查克拉巴提:《独立后印度政治与社会》(Bidyut Chakrabarty, *Indian Politics and Society since Independence: Events, Processes and Ideology*, Oxon: Routledge, 2008)。

47. 查克拉伯提:《性别、宗教与民族主义》(Chandrima Chakraborty, *Gender, Religion and Nationalism: the Trope of Ascetic Nationalist in Indian Literature*, York Universtiy, September 2004)。

48. 恰普曼:《南亚地缘政治》(Graham P. Chapman, *The Geopolitics of South Asia: from Early Empire to the Nuclear Age*, Hants: Ashgate, 2003)。

49. 夏特吉:《民族主义思想与殖民世界》(Partha Chatterjee, *Nationalist Thought and the Colonial World*, Delhi: Oxford University Press, 1986)。

50. 乔普拉:《折中观:技术和印度民族主义》(Rohit Chopra, *Mediated Visions: Technology and Nationalism in India from the Colonial Era to the Internet Age*, Emory Universtiy, 2006)。

51. 康勒里:《认同/差异:政治矛盾中的民主协商》(William E. Connolly, *Identity / Difference: Democratic Negotiations of Political Paradox*, New York: Cornell University Press, 1991)。

52. 科普雷:《公共和私人领域的印度教》(Antony Copley ed., *Hinduism in Public and Private*, New Delhi: Oxford University Press, 2003)。

53. 科布里吉、哈里斯:《重新发现印度:自由化、印度教民族主义和大众民主》(Stuart Corbridge and John Harriss, *Reinventing India: liberaliza-*

tion, *Hindu Nationalism and Popular Democracy*, Cambridge: Polity Press, 2000)。

54. 丹尼尔森:《争议中的乌托邦》(Craig Danielson, *Contesting Utopia: Hindu Nationalism, the Cleansing Counter-polity, and the Critique of Categories*, University of Virginia, May 2009)。

55. 达斯:《20 世纪 90 年代末印度核政策中的印度教特性》(Runa Das, *Encountering Hindutva, Reading Security, and Engendering a Hindu Masculinity in India's Nuclear Policies, late 1990s*, Northern Arizona University, 2004)。

56. D. 科斯达:《南亚的民族建构、性别与战争犯罪》(Bina D' Costa, *Nationbuilding, Gender and War Crimes in South Asia*, Oxon: Routledge, 2011)。

57. 厄尔斯特:《阿约迪亚运动及其之后》(Koenraad Elst, *Ayodhya and After: Issues before Hindu Society*, New Delhi: Voice of India, 1991)。

58. 法兹欧:《印度教民族主义》(Helen Asquine Fazio, *Hindu Nationalisms: Revisiting Mythology and in Indian Fiction and Art*, The State University of New Jersey, May 2004)。

59. 冈嘎里:《种姓、殖民主义和反现代性》(Debjani Ganguly, *Caste, Colonialism and Counter-modernity: Notes on a Postcolonial Hermeneutics of Caste*, Oxon: Routledge, 2005)。

60. 高龙江:《持续的竞争》(John W. Garver, *Protracted Contest: Sino-Indian Rivalry in the Twentieth Century*, Seattle: University of Washington Press, 2001)。

61. 嘎伊:《印度的续迪运动》(R. K. Ghai, *Shuddhi Movement in India*, New Delhi: Commonwealth Publishers, 1990)。

62. 戈希:《印度人民党和印度教民族主义的演变》(Partha S. Ghosh, *BJP and the Evolution of Hindu Nationalism: From Periphery to Centre*, New Delhi: Manohar, 1999)。

63. 高尔德:《美好的旅程:拉贾斯坦朝圣之路》(Ann Gold, *Fruitful Journeys: The Ways of Rajasthani Pilgrims*, Berkeley: University of California

Press, 1988)。

64. 特勒:《作为社会进程的朝圣》(Victor Turner, "Pilgrimages as Social Processes", in V. Turner ed. , *Dramas, Fields, and Metaphors Symbolic Action in Human Society*, Ithaca and London: Cornell University Press, 1975)。

65. 戈兹乔克:《超越印度教徒和穆斯林:印度农村叙事中的多元身份》(Peter Gottschalk, *Beyond Hindu and Muslim: Multiple Identity in Narratives from Village India*, New York: Oxford University Press, 2000)。

66. 高尔德:《殖民晚期的印度教民族主义和语言政治》(William Gould, *Hindu Nationalism and the Language Politics in Late Colonial India*, Cambridge: Cambridge University Press, 2004)。

67. 格拉汉姆:《印度教民族主义与印度政治:印度人民同盟的产生与发展》(Bruce Graham, *Hindu Nationalism and Indian Politics: the Origins and Development of the Bharatiya Jana Sangh*, Cambridge: Cambridge University Press, 1990)。

68. 古普塔:《印度政府和政治》(P. C. Gupta, *Indian Government and Politics*, Jaipur: Sublime Publications, 2009)。

69. 霍尔编:《文化认同问题》(Stuart Hall ed. , *Questions of Cultural Identity*, London: Sage Publications, 1996)。

70. 汉森:《橘黄色风潮:现代印度的民主与印度教民族主义》(Thomas Blom Hansen, *The Saffron Wave: Democracy and Hindu Nationalism in Modern India*, New Jersey: Princeton University Press, 1999)。

71. 汉斯汀:《民族的建构:族群、宗教和民族主义》(Adrian Hastings, *The Constuction of Nationhood: Ethnicity, Religion and Nationalism*, Cambridge: Cambridge University Press, 1997)。

72. 霍雷编:《原教旨主义与性别》(John S. Hawley ed. , *Fundamentalism and Gender*, New York: Oxford University Press, 1994)。

73. 赫韦特:《印度的政治运动和民主》(Vernon Hewitt, *Political Mobilisation and Democracy in India: States of Emergency*, Oxon: Routledge, 2008)。

74. 艾耶尔编:《圣雄甘地的道德和政治书写》(Raghavan Iyer ed. ,

The Moral and Political Writings of Mahatma Gandhi，Oxford：Clarendon Press，1986）。

75. 贾戈莫汉：《动荡的克什米尔》（Jagmohan，*My Frozen Turbulence in Kashmir*，New Delhi：Allied Publishers，1991）。

76. 贾亚：《印度的化身》（Priya Jha，*To Incarnate India：Gender，Sexuality，and the Making of National Culture*，University of Colorado，2001）。

77. 约瑟夫：《全球化和激进印度教民族主义》（Rev. Satish Antony Joseph，*Globalization and Militant Hindu Nationalism：the Nnew Context for Theology in India*，University of Dayton，2009）。

78. 卡卡尔：《暴力的色彩：文化认同、宗教和冲突》（Sudhir Kakar，*The Colors of Violence：Cultural Identities，Religion and Conflict*，Chicago：The University of Chicago Press，1996）。

79. 卡尼尔：《印度教民族主义的思想世界——分析一种政治意识形态》（Christian Karner，*The Thought World of Hindu Nationalism：Analyzing a Political Ideology*，New York：The Edwin Mellen Press，2006）。

80. 卡尔、巴利克：《解决冲突：也谈甘地》（R. K. Kar and N. K. Barik，*Resolution of Conflict：Relevance of Gandhi*，New Delhi：Dominant Publishers and Distributors，2009）。

81. 卡韦拉吉：《印度政治》（Sudipta Kaviraj，*Politics in India*，Delhi：Oxford University Press，1997）。

82. 金瓦尔：《全球化和印度的宗教民族主义》（Catarina Kinnvall，*Globalization and Religious Nationalism in India：the Search for Ontological Security*，Oxon：Routledge，2006）。

83. 卢顿编：《让印度印度教化》（David Ludden ed.，*Making India Hindu*，New Delhi：Oxford University Press，2005）。

84. 马利克：《克什米尔：族群冲突与国际纠纷》（Iffat Malik，*Kashmir：Ethnic Conflict International Dispute*，Karachi：Oxford Universtiy Press，2005）。

85. 马利克、辛格：《印度的印度教民族主义者：印度人民党的崛起》（Yogendra K. Malik and V. B. Singh，*Hindu Nationalists in India：the Rise of*

the Bharatiya Janata Party, New Delhi: Vistaar Publications, 1994)。

86. 麦克吉:《重新想象印度》(Jeremy A. McGee, *Reimagine India: Communal Politics and the Hindu Right*, University of Calgary, 2007)。

87. 麦克圭尔、科普兰编:《印度教民族主义与政府治理》(John McGuire and Ian Copland eds., *Hindu Nationalism and Governance*, New Delhi: Oxford University Press, 2007)。

88. 梅赫拉:《印度政治发展趋势》(Ajay K. Mehra, *Emerging Trends in Indian Politics: the 15th General Election*, New Delhi: Routledge, 2010)。

89. 梅赫塔:《拉·甘地和罗摩王国》(Ved Mehta, *Rajiv Gandhi and Rama's Kingdom*, New Haven: Yale University Press, 1994)。

90. 米什拉:《认同和宗教》(Amalendu Misra, *Identiy and Religion: Foundations of Anti-Muslim in India*, New Delhi: Sage Publications, 2004)。

91. 摩提末:《伊斯兰政治》(Mortimer, *The Politics of Islam*, London: Faber & Faber, 1982)。

92. M. R. T:《印度的民族主义冲突》(M. R. T., *Nationalism in Conflict in India*, Delhi: Discovery Publishing House, 1986)。

93. 慕克吉:《不同的印度观:泰戈尔和维韦卡南达》(Gangeya Mukherji, *An Alternative Idea of India: Tagore and Vivekananda*, New Delhi: Routledge, 2011)。

94. 南迪:《创造民族》(Ashis Nandy et al., *Creating a Nationality: the Ramjanmabhoomi Movement and Fear of the Self*, Delhi: Oxford University Press, 1995)。

95. 纳雅尔:《全球化与民族主义》(Baldev Raj Nayar, *Globalization and Nationalism*, New Delhi: Sage Publications, 2001)。

96. 欧登伯格:《印度、巴基斯坦和民主》(Philip Oldenburg, *India, Pakistan and Democracy: Solving the Puzzle of Divergent Paths*, Oxon: Routledge, 2010)。

97. 帕马尔:《印度分治文学和电影中的民族主义和暴力再现》(Prabhjot Parmar, *Divided Land, Divided Bodies: Representations of Nationalism and Violence in Literature and Films of the Partition of India*, The University of West-

ern Ontario, 2007)。

98. 帕塔奈克：《印度的印度教民族主义》(D. D. Pattanaik, *Hindu Nationalism in India*, Vol. 1, New Delhi, 1998)。

99. 普利：《后殖民印度的女性、身体和欲望》(Jyoti Puri, *Women, Body, Desire in Post - colonial India: Narratives of Gender and Sexuality*, New York: Routledge, 1999)。

100. 拉贾戈帕尔：《电视之后的政治：印度教民族主义及印度公众的再塑造》(Arvind Rajagopal, *Politics after Television: Hindu Nationalism and the Reshaping of the Public in India*, Cambridge: Cambridge University Press, 2004)。

101. 拉吉普特：《了解印度东北部》(Madhu Rajput, *Understanding Northeast India: Cultural Diversities, Insurgency and Identities*, New Delhi: Manak Publications, 2011)。

102. 罗易、沃勒思编：《印度政治和1998年选举》(Ramashray Roy and Paul Wallace eds., *Indian Politics and the 1998 Election*, New Delhi: Sage Publications, 1999)。

103. 桑加里、维德：《重新塑造女性》(Kumkum Sangari and Sudesh Vaid eds., *Recasting Women*, New Delhi: Kali for Women, 1989)。

104. 萨卡尔：《印度教妻子、印度教民族》(Tanika Sarkar, *Hindu Wife Hindu Nation*, Bloomington: Indiana University Press, 2001)。

105. 森韦拉特尼：《认同、意识和过去》(H. L. Senviratne, *Identity, Consciousness and the Past: Forging of Caste and Community in India and Sri - Lanka*, Delhi: Oxford University Press, 1997)。

106. 项迪亚：《神圣的主题：南亚神话中的性别和民族》(Krupa Kirit Shandilya, *Sacred Subjects: Gender and Nation in South Asian Fiction*, Cornell Universtiy, August 2009)。

107. 夏尼：《教派主义、种姓和印度教民族主义：古吉拉特邦的暴力骚乱》(Ornit Shani, *Communalism, Caste and Hindu Nationalism: the Violence in Gujarat*, Cambridge: Cambridge University Press, 2007)。

108. 谢利编：《欧洲文化认同》(M. Shelly et al. eds., *Aspects of Euro-*

pean Cultural Diversity, London：Routledge, 1995）。

109. 希德胡、袁竞东：《中国和印度：合作或冲突?》（Waheguru Pal Singh Sidhu and Jing – dong Yuan, *China and India*：*Cooperation or Conflict*? Boulder CO：Lynne Rienner, 2003）。

110. 斯利瓦思特瓦：《印度的政治体制：印度政府和政治》（L. N. Srivastva, *Indian Politcal System*：*Indian Government and Politics*, Delhi：SBD Enterprises, 1987）。

111. 苏德：《自由主义、印度教民族主义和邦：古吉拉特邦民族志》（Nikita Sud, *Liberalizatiion*, *Hindu Nationalism and the State*：*a Biography of Gujarat*, New Delhi：Oxford University Press, 2012）。

112. 塔伯特：《发现民族：印度和巴基斯坦》（Ian Talbot, *Inventing the Nation*：*India and Pakistan*, Bloomsbury USA, 2000）。

113. 塔利亚：《印度社会和政治》（S. P. Taneja, *Society and Politics in India*, Delhi：Swastik Publishers & Distributors, 2009）。

114. 瓦雷克：《印度的教派主义》（Achin Vanaik, *The Furies of Indian Communalism*：*Religion*, *Modernity and Secularization*, London：Verso, 1997）。

115. 瓦雷克：《痛苦的转型》（Achin Vanaik, *The Painful Transition*：*Bourgeois Democracy in India*, London：Verso, 1990）。

116. 玛亚：《印度的族群、安全和分离主义》（Chadda Maya, *Ethnicity*, *Security and Separatism in India*, New York：Columbia University Press, 1997）。

117. 维纳：《透视暴力》（Das Veena ed., *Mirrors of Violence*：*Communities*, *Riots and Survivors in South Asia*, Delhi：Oxford University Press, 1992）。

118. 韦尔：《宗教民族主义：印度教徒和穆斯林》（Peter Van Der Veer, *Religious Nationalism*：*Hindus and Muslims in India*, California：University of California Press, 1994）。

119. 维勒：《大地之子：印度的移民和族群冲突》（M. Weiner, *Sons of the Soil*：*Migration and Ethnic Conflict in India*, Princeton：Princeton Universi-

ty Press, 1978)。

120. 威腾、戈德弗雷编:《群体认同》(David A. Whetten and Paul C. Godfrey eds. , *Identity in Organizations*, *Building Theory through Conversations*, London: Sage Publications, 1998)。

121. 夏特吉:《民族主义者对女性问题的解决》(Partha Chatterjee, "The Nationalist Resolution of the Women's Question", in Kumkum Sangari and Sudesh Vaid eds, *Recasting Women*, New Delhi: Kali for Women, 1989)。

122. 钱德拉巴布、提拉嘎瓦特:《女性及其解放斗争史》(B. S. Chandrababu and L. Thilagavathi, *Woman*, *Her History and Her Struggle for Emancipation*, Chennai: Bharathi Puthakalayam, 2009)。

123. 霍雷:《印度教:撒提及其捍卫者》(John S. Hawley, "Hinduism: Sati and its Defenderss", in John S. Hawley ed. , *Fundamentalism and Gender*, New York: Oxford University Press, 1994)。

124. 迪克希特:《印度的外交与周边国家》(Jyotindra Nath Dixit, *India's Foreign Policy and its Neighbours*, New Delhi: Gyan Books, 2001)。

125. 谢夏德利:《海外的印度教徒》(H. V. Seshadri, *Hindus Abroad*: *the Dilemma*, *Dollar or Dharma*? New Delhi: Suruchi Prakashan, 1990)。

126.《推翻体制》("Subverting the System", *The Hindustan Times*, April 8, 2002)。

127. 韦亚斯:《团家族凌驾于法律之上?》(Neena Vyas, "Sangh Parivar above the Law?", *The Hindu*, October 21, 2002)。

128.《乔希谈历史学家》("Book Historian under POTO? Listen to Joshi", *The Indian Express*, December 20, 2001)。

129.《司瓦德希自由主义》("Swadeshi Liberalism", *The Times of India*, April 15, 1998)。

130. 皮特洛达:《民族建构与技术使命》(Sam Pitroda, "Nation Building and Technology Missions", Bombay, April 1998)。

131. 拉姆:《核鹰派的危险》(N. Ram, "The Risks of Nuclear Hawkishness", *Frontline*, April 11 – 24, 1998)。

132.《核冲击波》("Nuclear Shock Waves", *India Today International*,

May 25, 1998)。

133.《烈火战车》(“Chariot of Fire”, *The Hindu*, August 23, 2002)。

134. 安德鲁:《克什米尔时光》(Whitehead Andrew, “Killing Time in Kashmir”, *New Statesman and Society*, September 3, 1993)。

135.《阿富汗涌现的新伊斯兰男士》(“New Warriors of Islam Advance in Afghanistan”, *Guardian*, December 5, 1994)。

136.《大选结果意味着什么》(“General Election: What the Results Mean”, *India Today*, July 15, 1991)。

137. 乔拉、巴德瓦尔:《危险的信号》(Prabhu Chawla and Inderjit Badhwar, “Danger Signals: the Steady Spread of the Communal Virus”, *India Today*, June 15, 1987)。

138. 阿赫莫德、阿瓦斯提:《搅乱局面》(Farzand Ahmed and Dilip Awasthi, “Stirring the Cauldron: Hindu and Muslim Organization Roll up Their Sleeves for Another Bloodbath”, *India Today*, November 30, 1988)。

139. 阿南德:《焦虑的性》(Dibyesh Aanand, “Anxious Sexualities: Masculinity, Nationalism and Violence”, *Political Studies Association*, Vol. 9, 2009)。

140. 阿特尔:《禁欲、性和北印度民族主义中的性别转变》(Joseph S. Alter, “Celibacy, Sexuality, and the Transformation of Gender into Nationalism in North India”, *The Journal of Asian Studies*, Vol. 53, No. 1, February 1994)。

141. 穆拉利达兰、切里安:《印度人民党的核试爆》(Sukumar Muralidharan and John Cherian, “The BJP's Bomb”, *Frontline*, June 5, 1998)。

142. 安克乐萨利亚:《核竞赛的后果很严重》(Swaminathan S. Anklesaria, “Bomb Race Fallout May Be Explosive”, *The Economic Times*, May 29, 1998)。

143. 巴勒吉:《武装的男子气、印度教民族主义与女性政治参与》(Sikata Banerjee, “Armed Masculinity, Hindu Nationalism and Female Political Participation in India”, *International Feminist Journal of Politics*, Vol. 8, No. 1, March 2006)。

144. 巴勒吉：《性别与民族主义》（Sikata Banerjee，“Gender and Nationalism：the Masculinization of Hinduism and Female Political Participation in India”，*Women's Studies International Forum*，Vol. 26，No. 2，2003）。

145. 巴勒吉：《女性、男权民族主义和印度教》（Sikata Banerjee，“Women，Mascular Nationalism and Hinduism in India”，*Totalitarian Movements and Political Religions*，Vol. 11，No. 3 －4，September －December 2010）。

146. 巴勒吉：《使印度印度教化和男性化》（Himani Bannerji，“Making India Hindu and Male：Cultural Nationalism and the Emergence of the Ethnic Citizen in Contemporary India”，*Ethnicities*，No. 6，2006）。

147. 巴素：《印度教民族主义的崛起》（Amrita Basu，“The Rise of Hindu Nationalism in India”，*Harvard International Review*，July 1996）。

148. 巴素：《女性活动与印度教民族主义的起落》（Armrita Basu，“Women's Activism and the Vicissitudes of Hindu Nationalism”，*Journal of Women's History*，Vol. 10，No. 4，Winter 1999）。

149. 贝戈伦德：《印度教民族主义和公民社会中的性别》（Henrik Berglund，“Hindu Nationalism and Gender in the Indian Civil Society”，*International Feminist Journal of Politics*，Vol. 13，No. 1，March 2011）。

150. 比居、维杰：《美国印度教特性的多种面孔》（Mathew Biju and Prashad Vijay，“The Protean Forms of Yankee Hindutva”，Ethnic and Racial Studies，Vol. 23，Issue 3，May 2000）。

151. 邦夏：《无止境的仇恨运动》（Dionne Bunsha，“A Relentless Hate Campaign”，*Frontline*，May 11，2002）。

152. 查卡拉瓦提：《金钱的颜色》（Nikhil Chakravarty，“The Color of Money，”*The Times of India*，April 19，1987）。

153. 夏特吉：《印度教民族主义的生态政治》（Angana P. Chatterji，“The Biopolitics of Hindu Nationalism：Mournings”，*Cultural Dynamics*，No. 16，2004）。

154. 达斯：《安全/不安全是对威胁的文化加工》（Runa Das，“Revisiting（In）－Security as the Cultural Production of Danger：Nationalism，Xeno-

phobia and the Role of Religious Ideology in the Indian Political Space", *Journal of Muslim Minority Affairs*, Vol. 25, No. 1, April 2005)。

155. 达塔：《印度教民族主义或实用政党政治：印度教政党研究》(Rekha Datta, "Hindu Nationalism or Pragmatic Party Politics? A Study of India's Hindu Party", *International Journal of Politics, Culture and Society*, Vol. 12, No. 4, 1999)。

156. 福克斯：《甘地式社会主义和印度教民族主义》(R. G. Fox, "Gandhian Socialism and Hindu Nationalism: Cultural Domination in the World System", *The Journal of Commonwealth and Comparative Politics*, Vol. 25, No. 3, November 1987)。

157. 弗洛勒：《强调他者》(Peggy Froerer, "Emphasizing 'Others': the Emergence of Hindu Nationalism in a Central Indian Tribal Community", *Journal of Royal Anthropological Institute*, Vol. 12, No. 1, March 2006)。

158. 高龙江：《中印关系中的安全困境》(John W. Garver, "The Security Dilemma in Sino - Indian Relations", *India Review*, Vol. 1, No. 4, October 2002)。

159. 冈古里：《对 BJP 的钟爱》(Amulya Ganguli, "Affection for BJP", *The Hindustan Times*, January 5, 1998)。

160. 雅布拉汉姆：《博克兰核试爆：民主首先受害》(Amrita Abraham, "The Pokhran Blasts, First Casualty is Democracy", *The Indian Express*, May 15, 1998)。

161. 吉尔：《印度人民党面临的挑战》(S. S. Gil, "The Challenge before the BJP", *The Indian Express*, June 28, 1991)。

162. 冈达勒卡尔、巴达恰亚：《全印印度教大会和英殖民统治的终结》(Nandini Gondhalekar and Sanjoy Bhattacharya, "The All India Hindu Mahasabha and the End of British Rule in India, 1939 - 1947", *Social Scientist*, Vol. 27, No. 7/8, July - August 1999)。

163. 戈顿：《印度教大会和印度国大党：1915—1926》(Richard Gordon, "The Hindu Mahasabha and the Indian National Congress, 1915 to 1926", *Modern Asian Studies*, Vol. 9, No. 2, 1975)。

164. 戈郎特：《民族的空间》（Will G. Grant，“The Space of the Nation：an Examination of the Spatial Productions of Hindu Nationalism”，*Nationalism and Ethnic Politics*，No. 11，2005）。

165. 戈林维：《印度教民族主义抹黑了印度的面孔》（H. D. S. Greenway，“Hindu Nationalism Clouds the Face of India”，*World Policy Journal*，Vol. 18，No. 1，Spring 2001）。

166. 汉森：《恢复阳刚气：印度教民族主义、暴力和对穆斯林他者的排斥》［Thomas Blom Hansen，“Recuperating Masculinity：Hindu Nationalism，Violence and the Exorcism of Muslim Other”，*Critique of Anthropology*，Vol. 16（2），1996］。

167. 汉森：《受控制的解放》（Thomas Blom Hansen，“Controlled Emancipation：Women and Hindu Nationalism”，*The European Journal of Development Research*，Vol. 6，Issue 2，1994）。

168. 汉森：《全球化与民族主义想象》（Thomas Blom Hansen，“Globalization and Nationalist Imagination：Hindutva's Promise of Equality through Difference”，*Economic and Political Weekly*，March 9，1996）。

169. 胡维兴：《印度的核试爆和未来的中印关系》（Richard Weixing Hu，“India's Nuclear Bomb and Future Sino – Indian Relations”，*East Asia*，Spring 1999）。

170. 贾夫里罗特：《印度教民族主义者对朝圣的再解读》（Christophe Jaffrelot，“The Hindu Nationalist Reinterpretation of Pilgrimage in India：the Limits of Yatra Politics”，*Nations and Nationalism*，Vol. 15，No. 1，2009）。

171. 贾夫里罗特：《团家族和西方的印度教徒移民》（Christophe Jaffrelot，“The Sangh Parivar and the Hindu Diaspora in the West，What Kind of Long – Distance Nationalism?”，*International Political Sociology*，Vol. 1，Issue 3，September 2007）。

172. 简恩：《印度教反冲》（Girila Jain，“ The Hindu Backlash”，*The Times of India*，September 10，1986）。

173. 卡巴戈：《费尔南德斯的话引起的骚乱》（Chaitanya Kalbag，“Growing Uproar at Fernandes' Remarks”，*India West*，May 8，1998）。

174. 卡马特、马修：《勾画全球化时代的政治暴力：以印度教民族主义为例》（Sangeeta Kamat and Biju Mathew，“Mapping Political Violence in a Globalized World：the Case of Hindu Nationalism”，*Social Justice*，Vol. 30，No. 3，2003）。

175. 金瓦尔：《民族主义、宗教和特定伤害》（Catarina Kinnvall，“Nationalism，Religion and the Search for Chosen Traumas：Comparing Sikh and Hindu Identity Constructions”，*Ethnicities*，Vol. 2，No. 1，2002）。

176. 克里希南：《一切为了生存》（Vankitesh Rama Krishnan，“All for Survival”，*Frontline*，April 11 –24，1998）。

177. 库马尔：《冲突的民族观念》（H. M. Sanjeev Kumar，“Competing Conceptions of Nationhood：The Cultural Dimensions of India – Pakistan Conflict and the Subcontinental Security Dynamics”，*The International Journal of Interdisciplinary Social Sciences*，Vol. 5，No. 9，2011）。

178. 库马尔：《印度教改良主义与中北印度的教育》（Krishna Kumar，“Hindu Revivalism and Education in North – Central India”，*Social Scientist*，Vol. 18，No. 10，October 1990）。

179. 马旦：《理想的世俗主义》（T. N. Madan，“Secularism in Its Place”，*Journal of Asian Studies*，Vol. 46，No. 4，1987）。

180. 马茂德：《锡克教徒动乱与印度教徒的秩序观》（Cynthia Keppley Mahmood，“Sikh Rebellion and the Hindu Concept of Order”，*Asian Survey*，Vol. 29，No. 3，March 1989）。

181. 《核焦虑》（“Nuclear Anxiety：India's Letter to Clinton on Nuclear Testing”，*New York Times*，May 13，1998）。

182. 马拉姆帕里：《评析20世纪80、90年代马克思主义者和后现代主义者对印度教民族主义的反映》（Chandra Mallampalli，“Evaluating Marxist and Post – modernist Responses to Hindu Nationalism during the Eighties and Nineties”，*South Aisa Research*，Vol. 19，No. 2，1999）。

183. 马利克、瓦吉佩伊：《印度教武装分子的出现》（Yogendra K. Malik and Dhirendra K. Vajpeyi，“The Rise of Hindu Militancy：India's Secular Democracy at Risk”，*Asian Survey*，Vol. 29，No. 3，March 1989）。

184. 曼森：《竞争的民族主义》（G. P. Manson，“Contending Nationalisms：China and India March into the Twenty – First Century”，*Asian Affairs：An American Review*，No. 37，2010）。

185. 马丁：《认同选择》（Denis Constant Martin，“The Choice of Identity”，*Social Identity*，Vol. 1，No. 1，1995）。

186. 马克斯维尔：《1962 年的“中国进攻”与“印度教核弹”》（Neville Maxwell，“China's ‘Aggression in 1962’ and the ‘Hindu Bomb’”，*World Policy Journal*，Summer 1999）。

187. 麦克唐纳：《心理爱国者》（McDonald，Ian，“Physiological Patriots：the Politics of Physical Culture and Hindu Nationalism in India”，*International Review for Sociology of Sport*，Vol. 34，No. 4，1999）。

188. 麦克唐纳德：《印度教民族主义、文化空间和行为实践》（Ian McDonald，“Hindu Nationalism，Cultural Spaces and Bodily Practices in India”，*American Behavioral Scientist*，Vol. 46，No. 11，July 2003）。

189. 梅侬：《我们将成为吉伽巴伊》（Kalyani Devaki Menon，“We Will Become Jijabai：Historical Tales of Hindu Nationalist Women in India”，*The Journal of Asian Studies*，Vol. 64，No. 1，Febuary 2005）。

190. 米勒斯：《印度教民族主义、不可接触者改革和南印度村子里印度教仪式》（Diane P. Mines，“Hindu Nationalism，Untouchable Reform，and the Ritual Production of a South Indian Village”，*American Ethnologist*，Vol. 29，No. 1，February 2002）。

191. 米什拉：《印度教民族主义和穆斯林少数派的权利》（Amalendu Misra，“Hindu Nationalism and Muslim Minority Rights in India”，*International Journal on Minority and Group Rights*，No. 7，2000）。

192. 南迪：《不确定的时期》（Ashis Nandy，“The Twilight of Certitudes：Secularism，Hindu Nationalism and Other Masks of Deculturation”，*Postcolonial Studies*，Vol. 1，No. 3，1998）。

193. 南迪：《反世俗主义宣言》（Ashis Nandy，“An Anti – secularist Manifesto”，*Seminar*，October 1985）。

194. 纳雅尔：《印度经济民族主义的局限》（Baldev Raj Nayar，“The

Limits of Economic Nationalism in India: Economic Reforms under the BJP - Led Government, 1998 - 1999", *Asian Survey*, Vol. 40, No. 5, Sep. - Oct., 2000)。

195. 诺布:《中印关系中的西藏因素》(Dawa Norbu, "Tibet in Sino - Indian Relations: The Centrality of Marginality", *Asian Survey*, Vol. 37, No. 11, November 1997)。

196. 欧门:《宗教民族主义和民主政治》(T. K. Oommen, "Religious Nationalism and Democratic Polity: The Indian Case", *Sociology of Religion*, Vol. 55, No. 4, Winter 1994)。

197. 帕拉夏:《神圣与亵渎》(Swati Parashar, "The Sacred and the Sacrilegious: Exploring Women's 'Politics' and 'Agency' in Radical Religious Movements in South Asia", *Totalitarian Movements and Political Religions*, Vol. 11, No. 3 - 4, September - December 2010)。

198. 帕巴伊:《印度教特性中的妖魔》(M. Reza Pirbhai, "Demons in Hindutva: Writing an Theology for Hindu Nationalism", *Modern Intellectual History*, Vol. 5, Issue 01, April 2008)。

199. 珀查:《中印不断增长的软实力》(Jehangir Pocha, "The Rising Soft Power of India and China", *New Perspective Quarterly*, No. 1, Winter 2003)。

200. 普利:《种姓、地区和意识形态能抑制印度教复兴浪潮吗?》(Balraj Puri, "Can Caste, Region and Ideology Stem Hindu Wave?" *Economic and Political Weekly*, January 6, 1990)。

201. 拉吉:《到底你认为你是谁?》(Sarhadi Dhooleka Raj, "'Who the Hell Do You Think You Are?', Promoting Religious Identity Among Young Hindus in Britain", *Ethnic and Racial Studies*, Vol. 23, Issue 3, May 2000)。

202. 鲁比诺夫:《美印关系中的移民因素》(Arthur G. Rubinoff, "The Diaspora as a Factor in U. S. - Indo Relations", *Asian Affairs*, No. 3, Fall 2005)。

203. 卢帕勒利亚:《政治温和化机制理论再思考》(Sanyay Ruparelia, "Rethinking Institutional Theories of Political Moderation: the Case of Hindu

Nationalism in India, 1996 – 2004", *Comparative Politics*, Vol. 38, No. 3, April 2006)。

204. 萨卡尔：《印度教右翼实用政治》(Tanika Sarkar, "Pragmatics of the Hindu Right: Politics of Women's Organisations", *Economic and Political Weekly*, August 31, 1991)。

205. 色特：《对遁世的批评》(Sanjay Seth, "The Critique of Renunciation: Bal Gangadhar Tilak's Hindu Nationalism", *Postcolonial Studies*, Vol. 9, No. 2, 2006)。

206. 西克利：《印中关系中的西藏因素》(Rajiv Sikri, "The Tibet Factor in India – China Relations", *Journal of International Affairs*, Vol. 64, No. 2, Spring/Summer 2011)。

207. 辛格：《反对核歧视》(Jaswant Singh, "Against Nuclear Apartheid", *Foreign Affairs*, Vol. 77, No. 5, September/October 1998)。

208. 辛格：《印度"世俗"宪法中的印度教偏见》(Pritam Singh, "Hindu Bias in India's 'Secular' Constitution: Probing Flaws in the Instruments of Governance", *Third World Quarterly*, Vol. 26, No. 6, 2005)。

209. 辛格：《博克兰 – II 对中印关系的影响》(Swaran Singh, "Pokhran – II: Implications for Sino – Indian Ties", *Mainstream*, May 30, 1998)。

210. 辛哈：《全球化是司瓦德希最好的形式》(Yashwant Sinha, "Globalization is the Best Form of Swadeshi", *Business Today*, January 22, 1999)。

211. 索霍沃迪：《印度教民族主义与印度教女性的政治作用》(Syed Hussain Shaheed Soherwordi, "Hindu Nationalism and the Political Role of Hindu Women: Ideology as a Factor", *A Research Journal of South Asian Studies*, Vol. 28, No. 1, January – June 2013)。

212. 苏德：《古吉拉特印度教族群宗教认同的建构与冲突》(Nikita Sud, "Constructing and Contesting a Gujarati – Hindu Ethno – religious Identity through Development Programmes in an Indian Province", *Oxford Development Studies*, Vol. 35, No. 2, June 2007)。

213. 苏利：《印度政府高调进行核试爆，警告巴基斯坦》(Ajay Suri, "High on Tests, Govt. Warn Pakistan", *The Indian Express*, May 19, 1998)。

214. 塔帕尔：《想象的宗教共同体》（Romila Thapar, "Imagined Religious Communities? Ancient History and the Modern Search for a Hindu Identity", *Modern Asian Studies*, Vol. 23, No. 2, 1989）。

215. 涂特亚、戈鲁瓦：《20 世纪初期旁遮普印度教教派意识的出现》（K. L. Tuteja, and O. P. Grewal, "Emergence of Hindu Communal Ideology in Early Twentieth Century Punjab", *Scientist*, Vol. 20, No. 7/8, July – August 1992）。

216. 瓦雷克：《军备竞赛的危险》（Achin Vanaik, "Danger of an Arms Race", *The Hindustan Times*, May 16, 1998）。

217. 瓦西雷：《印度、巴基斯坦和克什米尔》（Ashutosh Varshney, "India, Pakistan, and Kashmir: Antinomies of Nationalism", *Asian Survey*, Vol. 31, No. 11, November 1991）。

218. 瓦西雷：《后现代主义、公民参与和族群冲突：理解印度》（Ashutosh Varshney, "Postmodernism, Civic Engagement, and Ethnic Conflict: A Passage to India", *Comparative Politics*, Vol. 30, No. 1, October 1997）。

219. 瓦西雷：《印度的民族认同、印度教民族主义和焦虑政治》（Ashutosh Varshney, "Contested Meanings: India's National Identity, Hindu Nationalism, and the Politics of Anxiety", *Daedalus*, Vol. 122, No. 3, Summer 1993）。

220. 瓦利亚瓦拉：《印度的宗教和民族主义》（Bharat Wariavwalla, "Religion and Nationalism in India, Ram the God of the Hindu Nation", *The Round Table*, No. 357, 2000）。

221. 沃尔森、幕克吉：《印度政治中的橘黄色风潮》（Robert G. Wirsing and Debolina Mukherjee, "The Saffron Surge in Indian Politics: Hindu Nationalism and the Future of Secularism", *Asian Affairs*, Vol. 22, No. 3, Fall 1995）。

222. 扎沃斯：《英国的印度教民族主义》（John Zavos, "Situating Hindu Nationalism in the UK: Vishwa Hindu Parishad and the Development of British Hindu Identity", *Commonwealth & Comparative Politics*, Vol. 48,

No. 1，February 2010)。

223. 扎沃斯：《圣社与印度教民族主义的源头》(John Zavos，"The Arya Samaj and the Antecedents of Hindu Nationalism"，*Internatioanl Journal of Hindu Studies*，Vol. 3，No. 1，April 1999)。

224. 巴特：《英国的印度教特性运动》(Chetan Bhatt，"Dharmo Rakshati Rakshitah：Hindutva Movement in UK"，*Ethnic and Racial Studies*，Vol. 23，Issue 3，May 2000)。

225. 伯勒特：《印度教民族主义走向全球》(Stacey Burlet，"Re－awakenings? Hindu Nationalism Goes Global"，In Starr Roy and Surrey Richmond eds.，*Asian Nationalism in the Age of Globalization*，Routledge，2001)。

226. 潘特：《印度政治的海外移民因素和第15届大选》(Girijesh Pant，"Diaspora in Indian Politics and the 15th Election"，in Ajay K. Mehra ed.，*Emerging Trends in Indian Politics*，New Delhi：Routledge，2010)。

227. 拉贾戈帕尔：《美国的印度教民族主义》(Arvind Rajagopal，"Hindu Nationalism in the US：Changing Configurations of Political Practice"，*Ethnic and Racial Studies*，Vol. 23，Issue 3，May 2000)。

228. 乐勒：《印度移民的远程民族主义》(Jayant Lele，"Indian Diaspora's Long－Distance Nationalism：The Rise and Proliferation of 'Hindutva' in Canada"，In S. J. Varma and R. Seshan eds.，*Fractured Identity：The Indian Diaspora in Canada*，New Delhi：Rawat Publications，2003)。

二、中文文献

1. 爱德华·W. 萨义德，王宇根译：《东方学》，三联书店1999年版。

2. 埃里克·霍布斯鲍姆，李金梅译：《民族与民族主义》，上海人民出版社2005年版。

3. A. L. 巴沙姆主编，闵光沛等译：《印度文化史》，商务印书馆1997年版。

4. 安东尼·吉登斯，赵旭东、方文译：《现代性与自我认同》，三联书店1998年版。

5. 安东尼·史密斯，龚维斌、良警宇译：《全球化时代的民族与民族主义》，中央编译出版社 2002 年版。

6. 安东尼·史密斯，叶江译：《民族主义：理论、意识形态、历史》，上海人民出版社 2005 年版。

7. 本尼迪克特·安德森，吴叡人译：《想象的共同体：民族主义的起源与散布》，上海人民出版社 2011 年版。

8. 陈峰君：《东亚与印度：亚洲两种现代化模式》，经济科学出版社 2000 年版。

9. 厄内斯特·盖尔纳，韩红译：《民族与民族主义》，中央编译出版社 2002 年版。

10. 高鲲、张敏秋主编：《南亚政治经济发展研究》，北京大学出版社 1995 年版。

11. 何平：《文明的碰撞和融合：阿富汗史》，三民书局 2003 年版。

12. 何平：《欧洲文化与国际关系》，四川人民出版社 2007 年版。

13. 黄心川主编：《南亚大辞典》，四川人民出版社 1998 年版。

14. 贾瓦哈拉尔·尼赫鲁，齐文译：《印度的发现》，世界知识出版社 1956 年版。

15. 卡尔·马克思：《不列颠在印度的统治》，《马克思恩格斯全集》第 9 卷，人民出版社 1999 年版。

16. 雷启淮主编：《当代印度》，四川人民出版社 1998 年版。

17. 李德昌：《巴基斯坦的政治发展（1947—1987）》，四川大学出版社 1989 年版。

18. 李云霞：《中印现代化比较研究》，社会科学文献出版社 2010 年版。

19. 林承节：《印度史》，人民出版社 2004 年版。

20. 林良光主编：《印度政治制度研究》，北京大学出版社 1995 年版。

21. 林良光、叶正佳、韩华：《当代中国与南亚国家关系》，社会科学文献出版社 2001 年版。

22. 林太：《印度通史》，上海社会科学院出版社 2012 年版。

23. 马加力：《关注印度：崛起中的大国》，天津人民出版社 2002

年版。

24. 马克思·韦伯，康乐、简惠美译：《印度的宗教：印度教与佛教》，广西师范大学出版社 2010 年版。

25. 毛世昌编：《印度文化词典》，兰州大学出版社 2010 年版。

26. 毛世昌、刘雪岚主编：《辉煌灿烂的印度文化的主流——印度教》，中国社会科学出版社 2011 年版。

27. 内维尔·马克斯维尔：《印度对华战争》，三联书店 1971 年版。

28. 邱永辉等：《南亚国家的经济改革与民主化浪潮》，四川大学出版社 1998 年版。

29. 邱永辉：《印度教概论》，社会科学文献出版社 2012 年版。

30. 邱永辉、欧东明：《印度世俗化研究》，巴蜀书社 2003 年版。

31. 塞缪尔·亨廷顿，周琪等译：《文明的冲突与世界秩序的重建》，新华出版社 2002 年版。

32. 尚会鹏：《种姓与印度教社会》，北京大学出版社 2001 年版。

33. 斯蒂芬·科亨，刘满贵等译：《大象和孔雀：解读印度大战略》，新华出版社 2002 年版。

34. 孙培钧主编：《印度国情与综合国力》，北京大学出版社 2001 年版。

35. 孙士海主编：《南亚的政治、国际关系与安全》，中国社会科学出版社 1998 年版。

36. 孙士海主编：《印度的发展及其对外战略》，中国社会科学出版社 2000 年版。

37. 宋德星：《“重新发现印度”：印度人民党政府的国际政治思想、基本战略及主要实践》，中国人民大学博士学位论文，2005 年。

38. 宋丽萍：《印度人民党的崛起与执政》，北京大学博士学位论文，2003 年。

39. 谭中主编：《中印大同：理想与实现》，宁夏人民出版社 2007 年版。

40. 谭中、耿引曾：《印度与中国——两大文明的交往和激荡》，商务印书馆 2006 年版。

41. 王宏纬：《喜马拉雅情结：中印关系研究》，中国藏学出版社 1998 年版。

42. 王联等编：《南亚上空的蘑菇云：印巴核试验前前后后》，新华出版社 1998 年版。

43. 王树英：《南亚印度教与文化》，中央民族大学出版社 1999 年版。

44. 吴晓黎：《社群、组织与大众民主——印度喀拉拉邦社会政治的民族志》，北京大学出版社 2009 年版。

45. 吴永年、季平：《当代印度宗教研究》，上海外语教育出版社 1998 年版。

46. 杨翠柏：《印度政治与法律》，巴蜀书社 2004 年版。

47. 尹锡南：《印度的中国形象》，人民出版社 2010 年版。

48. 赵伯乐：《当代南亚国际关系》，中国社会科学出版社 2003 年版。

49. 赵蔚文：《印中关系风云录》，时事出版社 2000 年版。

50. 张高翔：《印度教派冲突研究》，社会科学文献出版社 2012 年版。

51. 张力：《冷战后时期印度的外交与战略安全》，四川大学博士学位论文，2006 年。

52. 朱明忠：《恒河沐浴——印度教概览》，四川民族出版社 1994 年版。

53. 朱明忠、尚会鹏：《印度教：宗教与社会》，世界知识出版社 2003 年版。

54. 陈金英：《价值与工具：印度人民党意识形态诉求的政治学分析》，《武汉大学学报》（哲学社会科学版）2008 年第 5 期。

55. 陈小萍：《印巴恢复和平进程：动因与制约》，《南亚研究季刊》2010 年第 4 期。

56. 陈小萍：《“9·11”事件后印度的大国外交——以美国、俄罗斯为中心》，《南亚研究季刊》2005 年第 2 期。

57. 陈小萍：《移民的印度教认同及其对印度政治的影响》，《南亚研究季刊》2012 年第 3 期。

58. 陈小萍：《远程民族主义视角下的印度教认同与美国印度移民政治》，《世界民族》2013 年第 3 期。

59. 邓常春：《从2004年人民党大选落败看近年来印度经济改革的社会影响》，《南亚研究季刊》2004年第3期。

60. 何文华：《1947年至1954年印度对藏政策的两面性探析》，《南亚研究季刊》2012年第1期。

61. 姜景奎：《印度教民族主义及其影响》，《东方研究》，国际文化出版公司，2002年11月。

62. 姜景奎：《印度印穆冲突的历史文化因素浅析》，《当代亚太》2003年第8期。

63. 姜运仓：《印度对中国西藏政策的利益取向》，《西藏大学学报》（社会科学版）2011年第4期。

64. 江亦丽：《当代印度教》，《世界宗教研究》1995年第3期。

65. 蓝建学：《民族主义视角中的南亚国际关系》，《当代亚太》2005年第9期。

66. 李盟：《外部威胁与民族主义》，《国际政治科学》2007年第2期。

67. 李珉：《印度教与印度民族主义》，《南亚研究季刊》2004年第4期。

68. 刘善国、李竹梅：《印度人民党执政以来的政治经济形势浅析》，《南亚研究》2000年第2期。

69. 刘中民：《关于冷战后世界民族主义的若干认识》，《世界民族》1999年第4期。

70. 刘中民：《从族群与国家认同矛盾看阿拉伯国家的国内冲突》，《阿拉伯世界研究》2008年第3期。

71. 刘中民：《试析冷战后世界民族主义的成因与影响》，《宁夏社会科学》2005年第4期。

72. 吕昭义：《麦克马洪线的由来及其实质》，《世界历史》2005年2期。

73. 欧东明：《现代中印关系中的文化因素》，《南亚研究季刊》2000年第4期。

74. 欧东明：《近代印度的宗教民族主义——以提拉克和甘地为例》，《南亚研究季刊》2004年第1期。

75. 邱永辉：《印度教、民族主义与印度人民党》，《南亚研究季刊》1998 年第 4 期。

76. 邱永辉：《从宗教角度认识印度》，《现代国际关系》2004 年第 10 期。

77. 邱永辉：《印度教认同与印度人民党》，《四川大学学报》1999 年第 1 期。

78. 邱永辉：《浅析印度人民党的观念变化》，《南亚研究季刊》1999 年第 3 期。

79. 邱永辉：《浅析“印度教特性”政治》，《南亚研究季刊》2003 年第 2 期。

80. 邱永辉：《解读古吉拉特教派冲突》，《南亚研究》2002 年第 1 期。

81. 邱永辉：《印度教民族主义与印巴关系》，《当代亚太》2003 年第 5 期。

82. 邱永辉：《印度的历史教科书及其相关问题》，《南亚研究季刊》2002 年第 2 期。

83. 沙拉德 · K. 索尼、丽娜 · 玛尔瓦，吴宗翰译：《影响印度对中国研究的西藏因素》，《国外社会科学》2010 年第 3 期。

84. 沈曙东：《印度教民族主义者的女性观及其影响——兼论印度电影〈火〉引发的争议》，《南亚研究季刊》2013 年第 1 期。

85. 宋丽萍：《印度人民党意识形态的发展变化》，《唐都学刊》2008 年 11 月，第 24 卷第 6 期。

86. 宋丽萍：《试析印度人民党的双重属性》，《当代世界社会主义问题》2005 年第 4 期。

87. 宋丽萍：《印度独立以来历史教科书问题与教、俗之争》，《世界历史》2005 年第 6 期。

88. 王红生：《二十世纪印度教民族主义的历史与社会探源》，《北大史学》第 4 集，1997 年。

89. 文富德：《从瓦杰帕伊大选失败看印度经济改革的几点教训》，《南亚研究季刊》2005 年第 2 期。

90. 薛克翘：《印度近年来宗教热分析》，《当代亚太》2005 年第 3 期。

91. 张骥、张泗考:《印度文化民族主义及其对印度社会政治的影响》,《当代世界社会主义问题》2006 年第 1 期。

92. 张力:《印度走向核军备化: 战略动因的再认识》,《南亚研究季刊》2006 年第 4 期。

93. 张淑兰:《印度经济改革与选举政治的互动意义》,《南亚研究》2005 年第 1 期。

94. 张四齐、宋丽萍:《透视印度宗教危机管理机制——古吉拉特教派冲突个案分析》,《南亚研究季刊》2004 年第 1 期。

95. 张四齐、唐孟生:《克什米尔冲突中的宗教因素》,《南亚研究季刊》2007 年第 1 期。

96. 张文木:《印度的地缘战略与中国西藏问题》,《战略与管理》1998 年第 5 期。

97. 朱明忠:《印度教民族主义的兴起与印度政治》,《当代亚太》1999 年第 8 期。

98. 朱明忠:《"印度教国家"理论与印度的教派斗争》,《当代亚太》1996 年第 3 期。

三、常用报刊与网站

1. 《南亚研究》。

2. 《南亚研究季刊》。

3. 《世界经济与政治》。

4. 《当代亚太》。

5. 《现代国际关系》。

6. 《国际问题研究》。

7. *Contemporary South Asian Studies*《当代南亚研究》,由英国劳特里奇出版集团发行。

8. *South Asian Survey*《南亚概览》,由印度查谟大学主办。

9. *South Asia Research*《南亚研究》,由英国伦敦大学亚非学院主办。

10. *Asia Survey*《亚洲概览》,由加利福尼亚大学出版社发行。

11. *Asian Affairs*《亚洲事务》，由英国皇家亚洲事务协会主办。

12. *Journal of Asian Studies*《亚洲研究》，由美国亚洲研究协会主办。

13. *Asian Perspective*《亚洲视角》，由韩国庆南大学远东研究所主办。

14. *Journal of South Asian and Middle Eastern Studies*《南亚和中东研究》，由巴裔美国人基金组织主办。

15. *Harvard Journal of Asiatic Studies*，《哈佛亚洲研究学刊》，由哈佛—燕京学社主办。

16. *India Today*《今日印度》，http：//indiatoday. intoday. in/。

17. *Seminar*《探索》，http：//www. india – seminar. com/。

18. *Economical and Political Weekly*《经济政治周刊》，http：//www. epw. in/。

19. *Organiser*《组织者》，http：//www. organiser. org/。

20. *The Hindu*《印度教徒报》，http：//www. thehindu. com/。

21. *The Hindustan Times*《印度斯坦时报》，http：//www. hindustan-times. com/。

22. *The Times of India*《印度时报》，http：//timesofindia. indiatimes. com/。

23. *The Indian Express*《印度快报》，http：//indianexpress. com/。

24. 国民志愿团的网站：http：//rss. org。

25. 世界印度教大会的网站：http：//vhp. org。

26. 印度人民党的网站：http：//www. bjp. org。

27. 南亚分析集团网站：http：//www. saag. org。

28. 印度政府网站：http：//www. indiaegov. org。

附　　录

附录1　主要印度教民族主义组织

(Sangh Parivar) 团家族
(Hindu Mahasabha) 印度教大会
(Rashtriya Swayamsevak Sangh, RSS) 国民志愿团
(Vishwa Hindu Parishad, VHP) 世界印度教大会
(Bharat Jana Sangh, BJS) 印度人民同盟
(Bharatiya Janata Party, BJP) 印度人民党
(Shiv Sena) 湿婆军
(Bajrang Dal) 神猴团
(Rashtra Sevik Samiti) 女性志愿团
(Mahila Morcha) 妇女阵线
(Sadhvi Shakti Parishad) 女圣徒性力会
(Durga Vahini) 杜尔迦女兵团
(Akhil Bharatiya Vidyarthi Parishad, ABVP) 印度学生协会
(Bharatiya Mazdoor Sangh, BMS) 印度工会
(Bharatiya Kisan Sangh, BKS) 印度农民协会
(Swadeshi Jagran Manch, SJM) 司瓦德希群众阵线
(Vanavasi Kalyan Ashram, VKA) 部落福利中心
(Vidya Bharati) 印度知识协会

(Sewa Bharati) 印度服务

(the All India Nationalist Forum) 全印民族论坛

(UK Virat Hindu Sammelan) 英国的大印度教协会

(Bharatiya Swayamsevak Sangh, BSS) 印度志愿团

(the Hindu Council of Kenya) 肯尼亚印度教徒委员会

(Hindu Swayamsevak Sangh, HSS) 印度教徒志愿团

(Vishva Hindu Parishad UK, VHP－UK) 英国世界印度教大会

(Overseas Friends of the Bharatiya Janata Party, OFBJP) 印度人民党海外之友

(National Hindu Students Forum, NHSF) 全国印度教徒学生论坛

(Sewa UK) 英国服务

(Vishva Hindu Parishad of America, VHPA) 美国世界印度教大会

(Hindu Students Council, HSC) 印度教徒学生委员会

(India Development and Relief Fund, IDRF) 印度发展和援助基金

(Vishva Hindu Parishad of Canada, VHPC) 加拿大世界印度教大会

(Sewa International) 加拿大国际服务

附录2　独立以来印度联邦政府的更替

执政时间	组成政府的党或政党联盟	总理
1947年8月15日—1964年5月27日	国大党政府	贾瓦哈拉尔・尼赫鲁
1964年5月28日—1966年1月24日	国大党政府	古・南达；夏斯特里
1966年1月25日—1977年3月24日	国大党政府	英・甘地
1977年3月25日—1980年1月14日	人民党联合政府	莫・德赛；查兰・辛格
1980年1月15日—1984年10月31日	国大党（英）政府	英・甘地
1984年11月1日—1989年12月1日	国大党（英）政府	拉・甘地
1989年12月2日—1990年11月10日	全国阵线政府	维・普・辛格
1990年11月11日—1991年6月21日	人民党（社）政府	钱德拉・谢卡尔
1991年6月22日—1996年5月16日	国大党（英）政府	纳拉辛哈・拉奥
1996年5月17日—1996年6月1日	印度人民党政府	阿・比・瓦杰帕伊
1996年6月2日—1997年4月21日	联合阵线政府	德韦・高达

1997 年 4 月 22 日—1998 年 3 月 18 日	联合阵线政府	英·库·古杰拉尔
1998 年 3 月 19 日—1999 年 10 月 13 日	全国民主联盟	阿·比·瓦杰帕伊
1999 年 10 月 14 日—2004 年 5 月 21 日	全国民主联盟	阿·比·瓦杰帕伊
2004 年 5 月 22 日—2014 年 5 月 25 日	统一进步联盟	曼莫汉·辛格
2014 年 5 月 26 日—	全国民主联盟	纳伦德里·莫迪

后　　记

本书是在我的博士论文基础上略加修订而成的。印度是一个宗教色彩浓郁的国度，宗教甚至在印度政治领域也打下了深深的烙印。英殖民政府玩弄分而治之的手法，为印度植入了宗教多数派与宗教少数派的仇隙。此后，印度主体人群的宗教——印度教在印度政治生活中扮演了重要的角色。印度教民族主义是自英殖民晚期逐渐发展起来的一股社会政治思潮，它将印度教认同等同于民族认同，努力建构一个强大的印度教民族。印度教民族主义势力逐渐成为独立后印度政治生活中不可小觑的一股力量，并在独立以来的半个多世纪里多次执掌中央领导权。2014 年 5 月 26 日，纳伦德拉·莫迪宣誓就任印度新一届总理，印度教民族主义势力再次跃上了印度政治巅峰。为了开拓新型中印关系，我们非常有必要了解印度当下的政治发展及其缘由，有必要对当前印度执政党及其所代表的印度教民族主义“团家族”进行深入研究。鉴于此，本书致力于探索印度教民族主义势力的发展历程，以及它对印度国内、国际政治的影响。

书稿虽已完成，我却没有感到格外轻松。就印度宗教政治领域来说，我才刚刚开始而已，仍然需要持之以恒地深入探究。长期以来，印度饱受教派冲突之患。一定程度上说，印度教民族主义势力既是教派对立的产物，也助长了教派之间的冲突。当前，中东的“伊斯兰国”恐怖势力迅速蔓延，阿巴地区局势动荡，这些将对印度乃至南亚地区产生一定溢出效应。在此背景下，我们不禁想问：强势的印度莫迪政府将如何处理国内的印穆关系？如何处理与穆斯林国家的关系？同时，印度教民族主义者奉行软、硬实力至上的现实主义信条，怀揣复兴印度教民族和振兴印度国家的梦想，莫迪政府将如何在美、俄、中、日等大国之间周旋渔利，以早日实现印度的大国梦想？上述问题指明了本课题未来研究的方向。

2010 年秋，我有幸成为四川大学历史文化学院何平教授的博士研究生。本书得以完成，主要归功于导师何平教授的悉心栽培。先生治学严谨、为人谦和，在求学路上给了我莫大的鼓舞和信心。在他的课堂上，我学习到国际关系“英国学派”、建构主义、多元文化主义、文化认同等概念和理论。受此启发，我遂萌发了从文化视角研究印度政治的想法。我深深地知道，先生为这篇论文的成形倾注了大量心血。从论文选题、资料收集到内容结构，先生都予以了精心指导，后期论文修改也耗费了他许多的心力。每每看到密密麻麻的红笔修改处，无尽感激便涌上心头……

同时，我还要感谢四川大学南亚研究所的领导和老师们在求学期间给予我的关心。前任所长文富德教授一直鼓励我在学业上不断提升自己，并建议我从事印度政治研究，以弥补国内该领域研究的不足。现任常务副所长李涛教授也非常关心我的学术成长，曾耐心听取了我的博士论文选题设想，并从其民族宗教研究的敏锐视角出发，建议我将该选题置于国际宗教政治背景下予以研究，这为我确定论文框架提供了重要的启示。我的硕士导师张力教授亲手将我引入南亚研究之门，并一直以其宽阔的学术视野影响着我。尹锡南教授于我有知遇之恩，他对学术研究的执着精神时刻激励着我积极进取。为了帮助我解读资料中的大量梵语和印地语词汇，他不仅提供了《印度教神话、宗教、地理、历史和文学辞典》等珍贵资源，而且随时为我解答各种印度文化知识中的疑惑。原南亚研究所研究员、现中国社科院世界宗教所研究员邱永辉女士就论文选题提过中肯建议，令我获益匪浅，在此一并致谢！

我的学业工作能够顺利推进，还得益于身边众多良师益友的帮助与支持。栗力老师一直关心我的读博进展，热心地为我提供涉及论文选题的内部参考资料，给予我完成论文的强大动力。雷鸣老师在我借阅外文图书时予以额外照顾，并时常敦促我兼顾好方方面面的生活。王娟娟老师与我通力合作，协调工作安排，以保证我有足够的写作时间。李建军老师在相关行政事务的衔接办理中给予了很多方便。曾祥裕老师是我的硕士和博士同门，平时惯以姐相称，每逢节日即问候祝贺，令我感动不已，也倍觉珍惜这段同窗友谊。当然，还有很多学业工作中给予我帮助的人，恕未能一一提及，唯有在此表达我深深的谢意！

陈小萍

2015 年 5 月 12 日

图书在版编目（CIP）数据

印度教民族主义与独立后印度政治发展研究/陈小萍著．—北京：时事出版社，2015.7
ISBN 978-7-80232-864-8

Ⅰ.①印…　Ⅱ.①陈…　Ⅲ.①印度教—民族主义—研究②政治文化—研究—印度　Ⅳ.①B982②D735.10

中国版本图书馆 CIP 数据核字（2015）第 149384 号

出版发行：时事出版社
地　　址：北京市海淀区万寿寺甲 2 号
邮　　编：100081
发行热线：（010）88547590　88547591
读者服务部：（010）88547595
传　　真：（010）88547592
电子邮箱：shishichubanshe@sina.com
网　　址：www.shishishe.com
印　　刷：北京昌平百善印刷厂

开本：787×1092　1/16　印张：18.25　字数：285 千字
2015 年 7 月第 1 版　2015 年 7 月第 1 次印刷
定价：75.00 元
（如有印装质量问题，请与本社发行部联系调换）